Elogios ao *Entrando no Jardim de Hécate*

"Cyndi Brannen pegou as sementes da tradição e os conhecimentos ancestrais clássicos e cultivou algo exuberante, bonito, novo e extremamente benéfico para qualquer bruxa moderna, ao mesmo tempo em que manteve as raízes históricas. Gosto muito de todos os trabalhos e livros de Cyndi, mas *Entrando no Jardim de Hécate* é de longe o meu favorito até agora. Sei que será um livro que consultarei frequentemente em minha prática pessoal de magia e meu trabalho devocional."

– Mat Auryn, autor de *Bruxa Psíquica: um guia metafísico para meditação, magia & manifestação*

"Cyndi Brannen escreveu uma obra profunda, complexa e rica em beleza. Para aqueles que foram chamados por Hécate, o conhecimento botânico e as práticas deste livro servem para aprofundar um caminho e uma prática devocional potencialmente transformadores. Eu realmente acredito que estamos testemunhando um '*download sagrado*' de sabedoria e orientação por meio dos livros de Cyndi."

– Elena Rego, criadora e proprietária do The Witches Box

"Não se pode falar de Hécate sem eventualmente falar de Medeia e Circe. Não se pode discutir a magia dessas feiticeiras sem falar das plantas. Para os gregos, *pharmakeia* (arte farmacêutica, botica) era sinônimo de magia. Em *Entrando no Jardim de Hécate*, Cyndi Brannen consegue fornecer uma cornucópia de magia vegetal que será útil para qualquer pessoa interessada na magia hecateana. Espero fazer referência às receitas e à tradição nos próximos anos."

– Jason Miller, autor de *The Elements of Spellcrafting*

Entrando no Jardim de Hécate inicia o leitor no reino mágico das ervas, da medicina natural e da feitiçaria dos espíritos das plantas, revelando conhecimento, ritos, infusões de ervas, receitas e feitiços feitos para a bruxa séria e verdadeira. Brannen usa Hécate e suas 'filhas', discípulas, Medeia e Circe para navegar pelo mundo oculto da flora e da mitologia. Lindamente escrito, *Entrando no Jardim de Hécate* é necessário para cada bruxa e estudante do ofício!"

– Lawren Leo, autor de *Horse Magick: Spells and rituals for self-empowerment, protection, and prosperity*

"*Entrando no Jardim de Hécate*, de Cyndi Brannen, maravilhosamente escrito, não é um herbário comum. Suas instruções claras, seus exercícios diretos, registros e seus verbetes individuais de plantas incrivelmente detalhados serão uma ferramenta valiosa por muito tempo para qualquer bruxa que já tenha manchado os dedos de verde, bem como para aquelas que ainda não pisaram no jardim. Se você trilha o Caminho do Veneno (*Poison Path*), leia este livro. Se você é um herbalista, leia este livro. Se você acha que não consegue ouvir as vozes dos espíritos das plantas, definitivamente leia este livro. As tochas estão acesas e o portão foi aberto. Hécate espera!"

–Tara-Love Maguire, coautora de *Besom, Stang and Sword: A guide to traditional witchcraft, the six-fold path, and the hidden landscape*

"*Entrando no Jardim de Hécate* remove o véu que separa o leitor e o mundo mágico das plantas. Cyndi Brannen generosamente compartilha sua sabedoria sobre trinta e nove espécies de plantas associadas a Hécate. Seus profundos *insights* sobre identificação, colheita, preparação e feitiçaria só podem ser descritos como magistrais. Certamente, inspirará qualquer pessoa interessada em aprofundar sua conexão com o herbalismo ou a bruxaria hecateana moderna."

– Astrea Taylor, autora de *Intuitive Witchcraft: How to use intuition to elevate your craft*

CYNDI BRANNEN

ENTRANDO NO JARDIM DE HÉCATE

Magia, Medicina e os Mistérios da Bruxaria com os Espíritos das Plantas

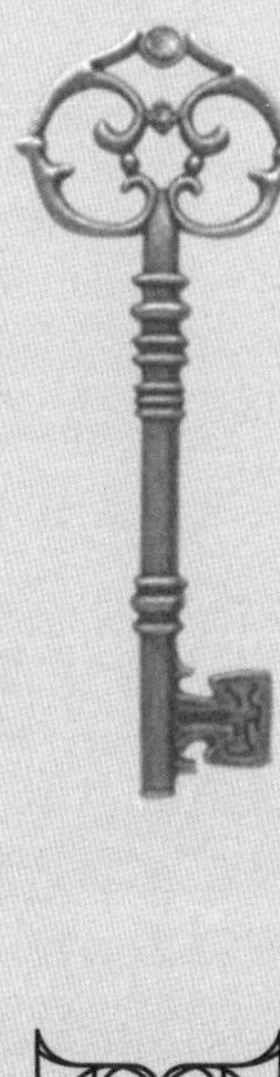

ALFABETO

Publicado originalmente pela Weiser Books, e impresso pela Red Wheel/
Weiser, llc. 2020.
Publicado no Brasil pela Editora Alfabeto, 2025.

Direção Editorial: Edmilson Duran
Produção Editorial: Rackel Accetti
Tradução: Karina Gercke
Revisão: Ana Prôa e Momsen Constancio
Capa: Sky Peck Design
Diagramação: Décio Lopes
Design da capa por Kathryn Sky-Peck
Ilustrações por Vlada Young/Shutterstock

DADOS INTERNACIONAIS DE CATALOGAÇÃO NA PUBLICAÇÃO (CIP)

Brannen, Cyndi

Entrando no Jardim de Hécate: Magia, Medicina e os Mistérios da Bruxaria com os Espíritos das Plantas / Cyndi Brannen – 1ª edição – São Paulo: Editora Alfabeto, 2025.

ISBN: 978-65-87905-82-2
Título original: *Entering Hekate's Garden: The Magick, Medicine & Mystery of Plant Spirit Witchcraft*

1. Bruxaria 2. Espiritualidade 3. Magia I. Título

ALFABETO
www.editoraalfabeto.com.br

EDITORA ALFABETO
Rua Ângela Tomé, 109 - Rudge Ramos | CEP: 09624-070
São Bernardo do Campo/SP | Tel: (11)2351.4168
editorial@editoraalfabeto.com.br

Para A e T, meus galhos e raízes.

Sumário

Este livro contém conselhos e informações relacionados a ervas e não se destina a diagnosticar, tratar ou prescrever. Ele deve ser usado para complementar, não substituir, o conselho do seu médico ou de outro profissional de saúde habilitado. Se você sabe ou suspeita que tem um problema de saúde, está apresentando sintomas físicos ou se não se sente bem, procure a orientação do seu médico antes de embarcar em qualquer programa ou tratamento alternativo. Algumas das substâncias discutidas neste livro podem ser letais se manuseadas incorretamente ou ingeridas em quantidades inadequadas. Recomenda-se extremo cuidado no manuseio e uso. Os leitores que usam as informações contidas neste livro o fazem inteiramente por sua conta e risco, e o autor e a editora não aceitam qualquer responsabilidade caso sejam causados efeitos adversos.

O Jardim da Deusa acena, motiva.
Hécate é a Mãe do Jardim Eterno,
Com seu primeiro suspiro ela criou
o Mundo Verde e suas bruxas.
As filhas dela são nossas irmãs.
Eternas Circe e Medeia,
E outras.
Elas são as grandes mestras e
companheiras das bruxas.
Altas Sacerdotisas do Jardim.
Elas oferecem as chaves para sua magia,
medicina natural e mistério.
Você irá aceitar o chamado?

I. PRÓLOGO

A Verdade de Medeia

Há muitas histórias contadas sobre nós. Poucas delas são verdadeiras. Você já sabe disso, pois é um de nós. Esta não é uma história nova para você, mas uma memória há muito esquecida, agora despertada. As plantas da nossa Mãe clamaram e você respondeu. Retorne comigo agora para o Jardim dela. Sente-se em seu bosque sagrado e lembre-se.

No princípio, havia apenas escuridão e luz. Elas deram à luz uma criança que se tornou nossa Mãe. Com seu primeiro suspiro, ela criou o Universo, e com o segundo, seus filhos. Em sua infinita sabedoria, nos fez dela, exclusivamente criados para que pudéssemos invocar os espíritos do mundo que ela criou para nos servir. Hécate sabia que, sem desafios para moderar nossos talentos, rapidamente ficaríamos inquietos, então ela criou os "outros" para que pudéssemos aprender com eles. O amor e o ódio deles nos ensinaram as lições necessárias para que conseguíssemos transcender nossas fraquezas. Eles eram os humanos, e nós, as bruxas.

A Mãe sabe o melhor, embora muitas vezes não consigamos ver isso. Criou a mim e minha irmã, e todas as bruxas, incluindo você, são nossas descendentes. Ela nos ensinou medicina natural para curar a nós mesmos e aos outros. Essa medicina não apenas aliviou nosso sofrimento, mas nos ofereceu acesso aos seus mistérios. Ela queria que entendêssemos a dor para que pudéssemos sentir alegria. Adquirimos poder por meio da fraqueza e esperança por meio do desespero. Nossos companheiros eram seus *Pharmakoi Kyrios*, os mestres das plantas, que tecíamos, incluíamos, em nossos encantos e feitiços. Eles nos protegeram dos danos dos humanos que nos temiam. Nós éramos, e continuamos sendo, um com suas plantas.

Nossos modos e caminhos não eram bem-vindos por aqueles que temiam nosso poder. Nas mãos deles, sofremos muito. Por meio de suas palavras, fomos insultadas. Agora é hora de você se lembrar da verdade e deixar de lado as mentiras deles. Nós estamos evoluindo, nos elevando.

Os homens criaram seus próprios deuses, sempre lembrando à Mãe que ela também deveria suportar seus fardos. Esses deuses, feitos à imagem dos homens, temiam a Mãe.

Eles tentaram nos roubar a herança que nos é de direito, a do Mundo Verde. Por meio da chamada civilização, eles corromperam os costumes naturais. Mas você já sabe disso.

Quando eu era jovem, achava que sabia tudo. Eu não daria ouvidos à Mãe. Ela sabia que minha obstinação precisava ser temperada pela experiência, então não interferiu na minha tolice. Provavelmente, você já aprendeu isso. Mãe espera. Ela nos recebe em seu bosque sagrado quando estamos prontos. Há momentos em que corremos para o seu Jardim sem pensar. Talvez você, como eu, tenha menosprezado os tesouros dela para agradar a um homem. Esse foi meu fracasso, ou pelo menos é o que parece, se você acredita nas histórias que contam sobre mim. Verdade seja dita, foi uma lição necessária para mim. Tive que aprender a não entregar meu poder aos indignos.

Jasão veio até mim, não por afeição, mas por ganância. Ele tinha ouvido falar dos meus poderes, tais como eles eram, quando eu era jovem. Eles estão muito mais fortes agora. Mesmo na minha juventude, eram consideráveis. Os deuses de Jasão se aproveitaram de suas ambições. Eles o instruíram sobre como me seduzir. Solitária como eu estava, sucumbi facilmente. Não apenas o recebi no Jardim de Hécate, mas também lancei um feitiço no guardião de um dos *pharmakoi* mais sagrados, a quem vocês chamam de carvalho. Esta era a Árvore do Conhecimento, cujos galhos continham a cura mais poderosa. A serpente que protegia essa cura, esse remédio, eu coloquei para dormir em nome do meu desejo. Grande parte da história é verdade.

A maior parte do que você ouviu foi distorcida para me tornar a vilã. Isso é mentira. Jasão era um príncipe violento e ganancioso. Fiquei arrasada depois de tudo o que fiz para ganhar sua afeição. Veja, eu ressuscitei seu pai dos mortos, bani seus inimigos e assegurei seu poder, apenas para ser posta de lado por seu capricho. O que eles dizem é que eu matei meus filhos. Se eu me preocupasse com as crenças dos humanos, essa seria a única parte da história que me incomodaria. Olhe dentro do seu coração, pois o meu está dentro do seu. Você sabe que eu não os matei. Eles ainda vivem, como seus anjos e guias. Eu apenas os poupei dos fardos da humanidade. Quanto à serpente que guardava o carvalho, ela puxou minha carruagem pelo Caminho Estrelado, pela jornada cósmica, desde então.

Minha irmã sempre foi mais forte que eu. Você sabe o nome dela, pois ela retornou ao seu mundo. Circe falou. Todos nós devemos prestar atenção. Sim, ainda posso ter meus momentos de rancor quando se trata dela. Eu definhava com Jasão enquanto ela florescia em sua ilha. Ela contaria como sofreu nas mãos dos homens – as histórias que narra sobre Odisseu, a teia de enganos que ele teceu em torno dela até que ela não soubesse mais seu próprio nome. O filho dela também continua vivo. Direi isto da minha irmã: o encanto dela é a revelação. Ela não transformava os homens em porcos; eles sempre foram assim. O mesmo aconteceu com aquela donzela que era um monstro disfarçado.

Há aqueles que falaram mal da Mãe ao longo dos séculos, o mesmo tipo de gente que inventou falsos mitos sobre mim e Circe. Eles criaram sua falsa religião para nos controlar e buscavam apenas destruir a medicina do Mundo Verde. Torturaram e assassinaram seus filhos. Fomos forçados a nos proteger. Esse tempo já passou.

Agora chegou a hora de você se lembrar da magia, da medicina e do mistério. Retorne ao Jardim da Mãe.

Medeia

II. NYSSA

O Chamado

Entro como Nyssa.
Hesitante.
Parando para apreciar a beleza que me cerca.
Há tanto para ver, para sentir,
Para saber.
Falam comigo em sussurros,
O vento traz suas vozes até mim.
Conheça-nos, contemple nossos mistérios.
Busque por nossa senhora,
A Rainha deste Jardim.
Pois seu espírito vive em cada uma de nós,
E em você.

Se você está se sentindo chamado a retornar à magia, à medicina natural e ao mistério da feitiçaria espiritual das plantas – talvez pela própria Hécate ou por suas filhas, Medeia e Circe – ou se outra força o estiver motivando, acenando para você, seja bem-vindo. A magia das plantas é a forma mais antiga, praticada pelas bruxas de Hécate antes que o tempo se tornasse linear. Vá devagar, aos poucos. Com estudo e prática, a magia das plantas, na tradição de Hécate e suas bruxas imortais, abre uma rica compreensão do mundo mais profundo.

A feitiçaria das plantas incorpora a magia, a medicina natural e o mistério dos vegetais por meio do uso de suas propriedades físicas e de sua essência espiritual. A magia ocorre quando lançamos nossos feitiços evocando seus poderes; a medicina natural cura quando utilizamos seus atributos físicos e espirituais para acabar com doenças e desordens. O mistério se manifesta quando experimentamos a sacralidade de uma conexão profunda com o mundo invisível, cruzando o limiar da nossa existência visível e material em direção ao Jardim espiritual da Deusa. Este livro vem com o espírito de reunificação da prática sagrada da feitiçaria espiritual das plantas. Isso quer dizer que incluí as propriedades espirituais, físicas e mágicas das plantas porque não há separação entre o que é magia, o que é medicina natural e como vivenciamos o mistério do Mundo Verde.

O Jardim de Hécate, a grande Deusa Mãe de quem todo o mundo flui, é o lar espiritual para a prática da *pharmakeia*, a antiga arte, ofício e ciência da magia das plantas. Essa prática usa plantas para os propósitos físicos, a elaboração de formulações mágicas e a arte de transcender. É uma arte holística transmitida por Hécate e suas bruxas para nosso uso hoje. Entre em seus mistérios com o espírito do início – o espírito da encruzilhada em que entramos quando respondemos ao chamado de Hécate para retornar à prática da bruxaria holística das plantas.

Hécate é a Deusa Tríplice da magia, da medicina natural e do mistério. Ela também é a Mãe de todos os praticantes da magia das plantas. Uma de suas filhas, a deusa Circe, é a mestra da medicina espiritual das plantas. A outra, Medeia, é a senhora do Caminho do Veneno. Juntas, essas três formam as Deusas Tríplices da nossa arte. Circe e Medeia se equilibram e representam as naturezas criativa e destrutiva do Mundo Verde. Conectar-se com as Deusas Tríplices e com outras divindades, plantas, espíritos e semelhantes é natural para as bruxas. Não é natural, nem saudável, quando negamos a nós mesmos essas associações. Esses espíritos, forças, energias e semelhantes são tão vitais para nós quanto o ar. Assim como nascemos sabendo respirar, chegamos a esta vida programados para a conexão. Estamos em sintonia com nossas almas. O conhecimento flui livremente dentro de nós, entre nós e o mundo externo, visível e invisível.

Reivindicar a prática da *pharmakeia* é um retorno ao lar. Nós ouvimos isso em um sussurro de Hécate, descobrimos em um tom inesperado, nos maravilhamos em um feitiço lançado com sucesso. Quando experimentamos a sensação de estar em fluxo, sintonizamos a nós mesmos e nossas almas. Estamos nos conectando com os espíritos que trabalham em nossos melhores interesses. Nossas almas são recuperadas e nossas sombras, curadas, para nos tornarmos companheiros de confiança em vez de adversários. Quando começamos a dança do *pharmaka*, entramos em nossa verdade e totalidade, confrontando a ilusão de separação que vem dos atos e das leis do homem. Quando você estiver pronto para destruir essa ilusão, então estará preparado para a *pharmakeia*.

O Mundo Verde tem suas próprias leis e mestres. Os espíritos das plantas são governados pelo ciclo de vida-morte-renascimento. Eles seguem os princípios da natureza. Nós nos sintonizamos com as plantas – é a experiência sinérgica da alma ígnea que vive dentro de todas as criaturas do Mundo Verde, também conhecida como *Anima Mundi*.

Pharmakeia é a prática holística da magia das plantas, que inclui o corpóreo, o mágico e o espiritual. Não há divisão entre os três. *Pharmakeia* quebra a ilusão de separação e revela como o Mundo Verde reflete a dualidade dentro de nós. A medicina alopática – a assistência médica convencional – quer nos fazer acreditar que as plantas tratam apenas o Eu físico. Mas a verdade é que essa é uma evolução recente na prática da *pharmakeia*. Se abrirmos nossos espíritos, mentes e corações, poderemos ouvir o chamado do *Anima Mundi*. Atenda ao chamado de Hécate para entrar em seu Jardim eterno.

Este Jardim contém todo o Mundo Verde. É o epicentro místico dos espíritos mestres das plantas conhecidos como *pharmakoi*. Selecionei trinta e nove desses espíritos vegetais para inclusão neste guia – alguns que estão historicamente conectados com Hécate, bem como outros que associei por meio de pesquisa e gnose. Isso inclui plantas do cotidiano, do milho ao alho, além de exóticas, como olíbano e mirra. Você encontrará diversas plantas e árvores que crescem abundantemente na América do Norte, como a mandrágora americana (maçã-de-maio), a bétula e a mil-folhas. Dependendo de onde você mora, algumas dessas plantas são "*pharmakoi* selvagens", "curandeiras selvagens", que se desenvolvem naturalmente sem intervenção humana, enquanto outras são cultivadas ou crescem em safras. Você encontrará uma mistura de plantas bem estabelecidas, como artemísia e mil-folhas, assim como aquelas frequentemente esquecidas, como musgo e algas marinhas. Foi difícil reduzir a lista para trinta e nove.

Escolhi esse número porque representa a natureza tripla da Deusa, multiplicada por treze – é o número mais sagrado para as bruxas. Assim, as treze seções e os trinta e nove verbetes são, em si mesmos, talismãs de magia, medicina e mistério que compartilho com você agora. Os verbetes foram desenvolvidos usando meu próprio Livro da Vida, os registros sagrados da minha prática pessoal como bruxa da magia das plantas. Eles são uma combinação de conhecimento padrão e gnose pessoal. Todas as formulações e práticas foram testadas por mim e meus alunos. O perfil de cada *pharmakoi*[1] é ampliado com correspondências que podem ser usadas para fortalecer o poder da planta – seja escolhendo outras semelhantes ou complementares diferentes, mas que tragam a energia geral que você está invocando.

O Jardim da Deusa é incomparável. É nosso lar espiritual eterno. Hécate nos oferece a chave dos seus mistérios para nos ajudar a lembrar do que vive dentro de nós. Na mitologia conhecida, esse Jardim era o domínio de suas bruxas, de onde elas colhiam as plantas para a prática de seus sacerdócios. Essas bruxas, abençoadas por sua rainha, praticavam a arte, o ofício e a ciência da *pharmakeia*. Ao contrário do herbalismo moderno, que muitas vezes é dividido entre o físico, o mágico e o espiritual, a antiga *pharmakeia* adotava uma abordagem holística. Quando comecei a ensinar e escrever sobre isso, meus leitores e alunos concordaram plenamente que fazia muito mais sentido do que as práticas mais comuns. Este não é um livro de herbalismo clínico, de fitoterapia. As práticas, os rituais, os feitiços e as técnicas encontrados aqui trabalham nos níveis do corpóreo, do mágico e do espiritual em graus variados, com base no foco escolhido. *Pharmakeia* é uma magia holística das plantas.

Se você é novo na bruxaria hecateana, talvez não tenha reconhecido alguns dos termos que já usei nesta introdução. O vocabulário da *pharmakeia* é uma fusão de história, gnose e prática. Por exemplo,

1. *Pharmakoi* é um termo grego com significados multifacetados. No contexto da Grécia Antiga, designava indivíduos exilados ou sacrificados ritualmente como bodes expiatórios, carregando simbolicamente os males da comunidade. Em práticas mágicas e espirituais, "pharmakoi" pode ser entendido como os espíritos ou energias das plantas, que, assim como os exilados, carregam o poder de absorver, transformar e purificar, simbolizando a dualidade entre cura e veneno.

eu utilizo "magia" para descrever as forças gerais que conspiram com as bruxas, enquanto "magia consciente" descreve nosso uso intencional dessas forças. Eu me refiro aos rótulos e termos que os elementos botânicos querem, sob a orientação das Deusas Tríplices. Muitas vezes, recebi essas informações, transmissões, por meio de jornadas e rituais, os estados alterados de consciência necessários para a conexão com os espíritos. O uso de plantas para experiências espirituais é fundamental na minha prática pessoal.

Da mesma forma, meu uso de palavras inspiradas em termos gregos e latinos antigos às vezes é uma tradução literal, às vezes é mais criativo. A utilização dessas palavras, como todo o livro, é uma combinação de magia, medicina natural e mistério. Quaisquer discrepâncias percebidas por você podem refletir minha adaptação inspirada de uma nova palavra que tem raízes em uma antiga.

As propriedades e correspondências dos ingredientes botânicos incluídos neste livro também retratam as propriedades padrão e minha experiência pessoal nas últimas duas décadas. Adaptei a sabedoria tradicional observando-a através de uma lente contemporânea. As propriedades e correspondências de qualquer espírito vegetal são vastas e, muitas vezes, diversas. Eu encorajo você a mergulhar no mundo do herbalismo para aprender mais sobre essas características das plantas contidas nestas páginas.

Os treze capítulos deste livro representam o *Kleis Maleficarum* – os passos em todas as práticas da *pharmakeia*. Depois de ouvir a verdade de Medeia – a história de fundo que impulsiona nossa intenção –, respondemos ao chamado de Hécate na pessoa de seu antigo arquétipo, *Nyssa*. Este é o ponto de virada sagrado, a inicialização, o próprio começo. Nosso caminho mágico começa com *Origio*, a fonte das deusas ou outros espíritos que incluiremos em nosso trabalho. Em seguida, vem a *Praeparatio*, a base sobre a qual construiremos nossa prática, seguida pela estrutura, o método, conhecido como *Ratio*. Então determinamos o processo, a *Practica*.

Geralmente, na bruxaria botânica, há algum envolvimento do *Hieros Pyr* – o fogo sagrado – seja o tipo que aquece nossas chaleiras por meio de uma faísca de eletricidade, seja o tipo mais óbvio criado para queimar incenso, que é essencial para nossa arte. Em seguida, avançamos para a seleção das plantas que utilizaremos, nos baseando em nosso conhecimento, a *Gnosis*. Dependendo do nosso foco, podemos lançar um feitiço (*Magikeia*), usar nossas habilidades psíquicas (*Sibylika*) ou realizar um ritual (*Agia*). O ingrediente final em qualquer trabalho é *Sophia* – a sabedoria, a parte adicional que não pode ser facilmente explicada. Por último, todos os trabalhos passam por *Initio*, sua iniciação no mistério, na totalidade. A jornada de nossas bruxas percorre essas etapas, com muitas acontecendo simultaneamente, circulando para frente e para trás no glorioso ciclo do tempo que é a Roda de Hécate.

Espírito de ousadia é necessário para toda magia verdadeira, assim como curiosidade, criatividade e soberania. A verdade, acima de tudo, deve ser buscada e honrada. O que é verdade para o Mundo Verde também é para as bruxas. Nós, assim como as plantas, somos complexas, confusas, estruturadas, mas impulsivas; eternas, mas sempre transformadoras; sensuais, maldosas, apaixonadas, gentis, combativas, desconhecidas, mas familiares; e profundamente programadas para o crescimento. Somos força e forma, bênção e maldição. *Pharmakeia* é a arte da alma, a expressão do anseio e do desejo de reconexão. Ela está respondendo aos clamores e sussurros ardentes dos espíritos das plantas por um retorno aos costumes antigos. Devemos atender aos seus apelos a partir da nossa perspectiva moderna. O passado já morreu há muito tempo; este é um novo ciclo de crescimento.

Entre agora no Jardim da Deusa; responda aos espíritos e recupere seu poder. Ofereço este livro a você como um método para fazer isso. Que você se inspire.

Este livro é abençoado com a sabedoria de Hécate,
Anima Mundi, Bruxa Mãe, Mãe de Todos.
Mãe do Jardim Eterno.
Os poderes de suas bruxas imortais, Circe e Medeia,
e outros são tecidos em cada linha.
Os espíritos de suas plantas anseiam pelo seu toque.
Eu os honro ao compartilhar esta Grande Obra.
Que você seja muito abençoado.
Sempre com você na magia, na medicina natural
e no mistério do Jardim de Hécate,

Cyndi Brannen

III. ORIGIO

A Fonte

Lembre-se de quem você é.
Escolhido de Hécate.
Nunca quebrantado.
Evoluindo mais forte.
Guardiões das chaves,
Buscadores de mistério.
Praticantes do ofício.
Andarilhos do fogo.
Portadores da tocha.
Lança-chamas.
Caminhantes das sombras.
Vitoriosos.
Domadores de dragões.
Banidores do profano,
Aprisionadores do mal,
Abençoadores da verdade.
Falem com os espíritos do meu Jardim,
Permitindo que eles cumpram seu propósito como sua verdadeira magia, sua verdadeira cura.

A Mãe se pronunciou.

Entre neste livro com o espírito de *Nyssa* – o ponto de virada, a encruzilhada, o chamado, o início de uma nova parte da nossa jornada. Não é necessário qualquer conhecimento prévio de herbalismo para começar esta aventura. Os espíritos das plantas trouxeram você até este lugar. Eles foram guiados pela Mãe. Muitas vezes, me perguntam como saber se Hécate lançou o seu chamado a você. Minha resposta é sempre a mesma: você está aqui agora. Este é o retorno ao seu lar espiritual, o Jardim sagrado dela.

A prática da *pharmakeia* é, por natureza, a de trabalhar com o mundo espiritual. As propriedades físicas das plantas são apenas o começo da beleza, da magia e do mistério dos *pharmakoi*. Esses espíritos mestres das plantas são forças arquetípicas que nos cercam sempre. Eles aguardam a sua atenção e o seu toque.

Pode ser assustador entrar nessa prática mais profunda de herbalismo. O mundo espiritual pode estar chamando você, assim como nossa Mãe, mas você ainda pode estar preso à ilusão comum de separação entre o material e o místico. Seja como for, já que você foi chamado para este momento, seja bem-vindo.

Hécate é a fonte de toda energia, o fogo sagrado conhecido como *Hieros Pyr*. O Jardim é sua criação e morada. Ela detém domínio sobre os reinos animal, vegetal e mineral. É a líder da Horda de todos os espíritos – aqueles com forma corpórea e aqueles puramente etéricos – que são da terra. É a *Regina Pharmakeia*, Rainha da Bruxaria do Mundo Verde. As bruxas imortais de Hécate são emissárias e guardiãs do Jardim visível e invisível. Suas filhas guardam a magia sagrada, a medicina natural e o mistério do Jardim eterno. Medeia é a *Regina Venificarum*, Rainha do Veneno; Circe, a *pharmaka* original; e Medeia, sua aluna mais querida.

A história sobre o relacionamento entre Hécate, Circe e Medeia vem em muitas formas diferentes. Embora Medeia tenha compartilhado sua verdade no início deste livro, pensei que uma revisão dos mitos mais conhecidos seria útil à medida que você aprofunda seu relacionamento com as Deusas Tríplices.

Em um relato do antigo historiador Diodoro, Hécate é mãe de Circe e Medeia. A energia e o arquétipo de Medeia conversam com nossos "eus sombrios"; Circe nos convoca a abraçar a transformação encontrada ao falar nossa verdade com ousadia. Embora o registro histórico forneça confirmação externa para o que sei em meu coração, a maneira como essas deusas são tipicamente apresentadas em obras de arte e literatura é frequentemente problemática. Observadas pelas lentes dos homens que escreveram originalmente sobre elas e daqueles que fizeram as traduções, essas figuras são retratadas como brutais, egoístas e cruéis. Releituras e traduções modernas buscam corrigir isso, assim como eu. Eu adoro as Deusas Tríplices da bruxaria. Nelas, encontrei afinidade, conforto, apoio e grande sabedoria.

O Despertar

A lembrança da magia, da cura que é *pharmakeia*, despertará partes de você há muito adormecidas. Será uma recuperação da sua verdade. Hécate e suas filhas sussurraram para você voltar para casa. Este período de despertar será emocionante. Você estará ansioso para ler este livro, para se aprofundar nos mistérios e levar sua magia a níveis mais elevados. Entre gentilmente no Jardim de Hécate.

Este despertar é um período de grande transformação, que geralmente é acompanhado de emoções intensas, novas formas de pensar e mudanças radicais de comportamento. Se você é um entusiasta do tarô, pense nisso como o tempo da Torre, quando velhos hábitos são deixados de lado para revelar sua verdade mais profunda. Alguns dos sintomas de tal atualização espiritual incluem a sensação de que você está em chamas no centro do coração, uma vibração no seu Terceiro Olho e uma intensa ativação da raiz. Essa é uma maneira educada de dizer que seu desejo sexual, sua experiência feminina, pode mudar radicalmente. Outros sintomas físicos podem incluir dores de cabeça e problemas digestivos. Você terá sonhos vívidos e mudanças no sono. Espere acordar no meio da noite com seu corpo vibrando. Sonhos com Hécate, Circe e Medeia podem acontecer. Você pode até ter visões de certas plantas que antes desconhecia.

Hécate e seus Filhos

Hécate, como *Anima Mundi*, a alma de todo o mundo, é a origem de todas as forças e espíritos. Ela não é vista como uma deusa encarnada que concede favores, mas, sim, como a fonte primordial. Da *Anima Mundi* fluem as sete forças sagradas dos Três Mundos e os quatro elementos. Essas forças são as forças mestras nas quais todas as outras, incluindo o espírito de cada elemento botânico, estão aninhadas. A prática da bruxaria abrange esses mundos de forma e força, quebrando a ilusão de separação. Bruxaria é o uso dessas forças e desses espíritos de maneira intencional. Utilizamos pensamentos, ações e emoções para interagir com eles em nossos seres corpóreos e espirituais. Sua energia cria forma a partir da força, dos espíritos das características, das habilidades e dos poderes.

Assim como nós, o Mundo Verde é espírito e corpo, forma e força. O mundo botânico é nossa matéria medicinal, a alma essencial da terra. É natural que as bruxas sejam profunda e espiritualmente sintonizadas com isso. O Mundo Verde é a fonte primordial de todos os espíritos do planeta. É governado pelo Demônio Verde, pela Rainha do Musgo e por inúmeros outros espíritos do lugar. Eles são aspectos da *Anima Mundi*, a força sagrada do fogo que alimenta toda a criação.

A bruxaria flui da *Anima Mundi*, representada pelos poderes de Hécate e suas filhas, Circe e Medeia. Juntas, elas são as *Triformis Pharmakeia*, as Deusas Tríplices da magia dos espíritos vegetais. Circe é a bruxa original, a transmissora do conhecimento de Hécate como Bruxa Mãe, a guardiã das chaves dos mistérios. Medeia é a aluna original, aprendendo os segredos de Circe. A Mãe, a Anciã e a Donzela. Por meio da conexão holística direta com seus espíritos, e da prática epíteta, fortalecemos nossa magia consciente. Essas Deusas Tríplices da *pharmakeia* nos guiarão profundamente em seu Jardim sagrado. Assim como elas, temos um verdadeiro Eu e uma sombra. O objetivo da jornada da(o) bruxa(o) é aprender com a sombra e progredir em direção à autenticidade. Praticar *pharmakeia* é um caminho espiritual de iluminação, uma jornada pela escuridão em direção à nossa verdade.

Hécate – *Regina Maleficarum*

Hécate é a Bruxa Mãe, a Rainha das Bruxas, a *Regina Maleficarum*. Ao longo da história, e antes dela, ela é a fonte do poder de todas as bruxas. Por meio de ritos secretos sob a lua, cantando canções para ela e amaldiçoando em seu nome, Circe, Medeia e outras, ao longo dos séculos, se voltaram para sua Bruxa Mãe. Hécate é uma deusa complexa, o que é mais adequado à verdadeira *Regina Maleficarum*. Suas bruxas antigas e contemporâneas são tão complexas quanto ela, trazendo bênçãos e infortúnios para si mesmas e para os outros por meio de sua bruxaria.

Hécate, como a Deusa de três formas dentro de si mesma, é a metamorfa primordial, se movendo de uma forma para outra, mudando sua aparência e personalidade. Ela é *Anima Mundi*, alma do mundo, que se apresenta como qualquer arquétipo necessário ao seu observador. É a guardiã da nossa jornada no Mundo Inferior de cura do corpo e integração da sombra e da alma. É nossa guia enquanto caminhamos pelo Mundo Médio da vida cotidiana, e a dona do Caminho Estrelado, que nasceu das estrelas e da escuridão do Mundo Superior.

Hécate é a força benevolente que alimenta o mundo, levando o Universo sempre em direção à expansão. Ela é a personificação da força que entendemos como a Deusa. Traz morte, vida e tudo o que há entre esses dois extremos. Ela é primitiva. Todas as coisas, nada. Além do tempo e do próprio tempo. É o poder que percorre suas bruxas e a prática delas de *pharmakeia*.

Quando Hécate nos chama, vivenciamos o despertar do feminino divino primordial interior. Ela nos convida para retornar ao seu Jardim sagrado para adentrar nos mistérios da magia das plantas. Do seu Jardim flui o poder da magia medicinal. Ela é temida por aqueles que buscam controlar o feminino e guardar os segredos para si mesmos. É a *Anima Mundi* que existe além das leis de todos os homens, incluindo qualquer designação religiosa. É mais antiga que o tempo e temos lutado para entendê-la há milênios.

Nos registros da História, Hécate provavelmente era conhecida por outros nomes, como parte de uma grande Deusa Mãe. Essa deusa evoluiu e viajou para a Anatólia e outras partes da Ásia Menor, se espalhando para o que hoje é a Europa Oriental e os Bálcãs.

Hécate, Regina Maleficarum

Anima Mundi, Espírito de Tudo.
Rainha das Bruxas.
Eu a saúdo, Hécate, Chthonia
Eu a saúdo, Hécate, Enodia
Eu a saúdo, Hécate, Astrodia.
Mãe dos Mistérios,
Mãe da Magia Consciente
Mãe da Medicina Natural.
Mãe da Bruxaria,
A ti eu me volto.

Ela se tornou Hécate, adotada pelos gregos como sua filha, e mais tarde foi admitida pelos romanos. Os primeiros registros de Hécate, datados de cerca de três mil anos, nos dizem que os humanos a entendiam como uma Deusa Mãe, governando a terra, o mar e o céu.

O culto a Hécate se espalhou por toda a antiga região do Mediterrâneo, até que a prática regular de a venerar na Lua Negra se tornou comum em certas áreas da Grécia Antiga. Escritores e filósofos da Antiguidade escreveram eloquentemente sobre seus muitos poderes. Seu papel como Bruxa Mãe foi consolidado em muitos contos e por praticantes do passado. Ela era *Kleidoukhos*, a Guardiã das Chaves de todo o Universo.

Na arte e na literatura, assim como nos registros existentes de praticantes e escribas escrevendo sobre seus antigos seguidores, Hécate é sempre associada à bruxaria. Enquanto alguns temiam seu poder, outros descreviam uma deusa da cura benevolente, porém feroz. Os filósofos a tratavam como *Anima Mundi*, e os praticantes recorriam a ela para realizar seus feitiços. Já os religiosos a veneravam como uma deusa poderosa.

Com a ascensão do cristianismo, a reverência por Hécate e suas companheiras foi extinta, muitas vezes com grande violência. Suas bruxas esconderam a si mesmas e as chaves dela. Veio a escuridão completa. Agora, contudo, a Lua Nova chegou. Hécate está ascendendo, convocando suas bruxas para retornarem à generosidade de seu sagrado Jardim.

Somos nutridos por Hécate. Ela é o Jardim, a fonte do nosso poder e de toda a vida. É o fogo dentro de cada um de nós que está conectado à força espiritual do Jardim. Nosso cordão umbilical espiritual nos une a ela de maneiras que desafiam a compreensão mundana. Ela é a nossa Mãe que nos sustenta ao longo de nossa jornada. Somos eternamente dela, e cada encarnação faz parte do ciclo de vida e morte. Nós caminhamos em sua Roda, aquela serpente da vida, o verdadeiro cordão que cria e destrói. No coração da Roda está o Mundo Inferior, o útero, que fica nas profundezas do coração do seu Jardim. Como todas as crianças, temos nossas próprias lições a aprender. Não há melhores exemplos disso do que nas histórias de suas filhas originais, Circe e Medeia.

Banindo o Profano

À medida que desperta para o fogo sagrado do *pharmaka* dentro de si, você se tornará consciente do profano em sua própria vida. A Bruxa Mãe deseja apenas nutrir seus filhos, mas ela oferece o banimento sagrado daquilo que não apresenta sustento. O banimento do profano pelo poder de Hécate é o primeiro ato da medicina de feitiçaria, da medicina "magística", da magia natural. Por meio da desintoxicação da mente, do corpo, do espírito e de outras pessoas em seu espaço e lugar, você se limpa do miasma – o lixo espiritual acumulado em nós de outras pessoas, espíritos e lugares. Isso deve ser removido antes que qualquer bruxaria possa ser praticada. O ritual sagrado de banir tudo o que causa dano é a prática fundamental – a *anima sacrum* – da magia das plantas. Depois de removermos o dano, podemos nos proteger de problemas futuros e então abençoar a nós mesmos e aos nossos entes queridos por meio do uso de magia e medicina das plantas.

Ritual Khernips

Khernips é o processo de combinar os três reinos da terra, do mar e do céu usando plantas, fumaça e água para purificação. Este ritual sagrado, do poder transformador das três forças primordiais, foi transmitido pelas bruxas de Hécate por milhares de anos. O método de combinar as essências da terra, do mar e do céu usando água, plantas e fumaça evoca sua presença antiga. É primordial, eficaz e útil para todas as situações que exigem limpeza.

O ideal é que a água sagrada usada neste ritual seja feita pela combinação de água salgada com água doce de fontes naturais (chuva, neve, gelo). Você pode substituir por água mineral ou água filtrada com sal marinho para representar a água salgada. Precisará de um raminho de uma planta purificadora seca, como zimbro ou tomilho (veja no capítulo *Gnosis*).

Se estiver usando elemento botânico fresco, deixe-o secar por alguns dias para que seja mais fácil queimá-lo. Geralmente, coloco uma vela preta acesa e um pedaço de obsidiana no recipiente do ritual Khernips. A obsidiana pode ser usada no lugar do raminho em chamas. Também gosto de utilizar panos pretos para limpar. O recipiente ou tigela pode ser o que você desejar. Uma pequena tigela de bronze funciona bem.

Elementos

- Água pura, filtrada
- Um raminho de zimbro ou tomilho
- Recipiente para rituais, recipiente sagrado
- Isqueiro ou fósforos

Orientações

- Fique em frente à água preparada e acenda o raminho de tomilho com o isqueiro ou fósforo.
- Mergulhe rapidamente o raminho na água antes que apague.
- Segure o recipiente voltado para o céu, depois para baixo para simbolizar as profundezas do mar e, finalmente, no centro do seu coração para representar a terra.
- Lave as mãos com a água e depois o rosto.
- Limpe a raiz (osso púbico), o centro do coração e o Terceiro Olho com três movimentos circulares no sentido anti-horário.
- Tire a água quando terminar. Enquanto você estiver limpando, libere na água o miasma dos seus dedos. Ao dispensar, sinta o alívio. Em cada centro de energia, diga:

  "Eu limpo a mim mesmo com água sagrada".
- Purifique todos os outros presentes e, em seguida, borrife ou asperja no ambiente a água lustral consagrada (*khernips*) com a mão esquerda e proclame:

  "Os indesejados são banidos".
- Depois de terminar de aspergir, cubra a água com um pano preto. Descarte-a do lado de fora, se possível na composteira ou numa área em que você e seus entes queridos não frequentam.

Esta técnica bane todos os tipos de espíritos nocivos de um lugar ou pessoa. Comece sempre por você mesmo, depois passe para os outros e, finalmente, para o ambiente. Imagine o miasma saindo de você e um escudo protetor se formando depois que ele desaparece, especialmente se a concentração de toxinas for alta. Pode ser um trabalho intenso fazer o ritual Khernips corretamente e igualmente profundo. Este ritual pode ser realizado sempre que necessário. Ele o protegerá de espíritos indesejados enquanto você desperta como *pharmaka*.

Circe – *Regina Pharmakeia*

Circe é a bruxa original, a primeira filha de Hécate. A ela nossa Mãe deu a arte sagrada da *pharmakeia*, o uso dos espíritos do mundo natural - plantas, animais e minerais - para tecer sua magia.

A mitologia de Circe conta histórias variadas, mas em todas elas Circe desfruta de um relacionamento de mãe e filha com Hécate. Em algumas, é filha biológica de Hécate; em outras, o relacionamento é mais espiritual por natureza. A infância de Circe, como a de muitas de nós, não foi feliz. Ela era uma desajustada, não se encaixava na família em que cresceu. Talvez esta tenha sido sua escola terrestre onde aprendeu as lições necessárias para reivindicar seu lugar como a bruxa original. A voz humana de Circe era particularmente problemática para sua família adotiva, e aí pode estar a origem da tradição de que a voz de uma bruxa é diferente da de outras pessoas.

Segundo o mito, Circe transformou uma bela donzela chamada Cila em um monstro marinho porque um semideus que ela desejava tinha uma queda pela ninfa. Essas foram algumas de suas primeiras incursões na magia de transformação e na feitiçaria reveladora da verdade. Circe usou sua poção de revelação para tornar Cila o monstro que ela realmente era. Como punição, foi banida para a ilha de Ea, onde sua metamorfose na *pharmaka* original realmente começou.

Sozinha, abandonada e cercada de problemas por todos os lados, Circe poderia ter escolhido cuidar de seus assuntos docilmente. Em vez disso, aprendeu sozinha a *pharmakeia*. Ela domesticou os animais selvagens da ilha, incluindo leões, panteras e lobos. E aproveitou seu isolamento para desenvolver todas as suas aptidões. Há muito a aprender com o período de isolamento de Circe, e não menos importante é a lição de que vivenciamos magia, medicina natural e mistério por meio da conexão profunda com o Mundo Verde visível ao nosso redor.

Com o tempo, visitantes apareceram na ilha de Circe, incluindo Jasão, Medeia e Odisseu. Circe abençoou Jasão e Medeia ao longo da jornada, que acabaria sendo desastrosa. Seu relacionamento com Odisseu, por outro lado, era incrivelmente complexo. Usando seu feitiço de revelação do verdadeiro eu, ela transformou seus homens em porcos. Nesse feitiço, utilizou a erva *moly* (uma planta mítica, não necessariamente identificada como uma espécie real), que alguns historiadores acreditam ser um tipo de alho, enquanto outros a associam a plantas completamente diferentes.

Circe, Regina Pharmakeia

Bruxa Original,
Feiticeira Divina,
Rainha dos Animais, Plantas e Minerais.
Reveladora da Verdade,
Oradora Espiritual,
Que abre os Caminhos da Bruxa.

Esta planta foi dada a ela por Hermes e usada extensivamente por Circe em suas poções, eventualmente se tornando sua planta auxiliar mais próxima. Odisseu finalmente deixou Circe com seu filho pequeno, e ela retornou aos seus hábitos solitários.

Conectando-se com Circe

Recorra a Circe para se conectar com sua bruxa interior e pedir seu favor em todos os tipos de magia. Suas ferramentas antigas incluíam a varinha, o cálice (para as poções), o tear (ela é uma ótima tecelã de feitiços e muito mais) e a lâmina. Sua casa e uma versão de sua ascendência a associam firmemente ao sol, embora seus poderes fossem ctônicos (relacionados ao Mundo Inferior). Ela é, portanto, uma deusa do Mundo Superior e do Mundo Inferior, mais uma maneira pela qual ela representa os opostos. Emocional e intelectual. Básica e refinada. Circe encontrou força na fraqueza. Ela era hábil em mudanças, em revelar as coisas exatamente como elas eram e em aceitar o inevitável. Odisseu teve que ir embora, não importa o que ela sentisse por ele.

O verdadeiro Eu da bruxa original só foi totalmente revelado após o triunfo sobre o trauma. A verdadeira "autofeitiçaria" de Circe é imbatível. Peça a ajuda dela para revelar sua própria verdade. Espero que você não se transforme em um porco.

Adoro me conectar com Circe enquanto faço enquanto busco plantas e outros recursos na natureza (forrageamento selvagem) e quando preciso realizar alguma mágica séria, especialmente para descobrir a verdade sobre um assunto. Uma técnica simples é criar um talismã, usando um amuleto feito de plantas associadas a ela. Recorra a Circe quando precisar falar a sua verdade. Ela também pode se envolver em trabalhos com espíritos animais, pois está fortemente associada a eles, tanto selvagens quanto domésticos. Nesse sentido, Circe controla as feras. Então, entre nesses rituais e jornadas com essa mentalidade. Domine aqueles leões e lobos.

Amuleto de Proteção de Circe

A medicina da feitiçaria segue os estágios de banimento, proteção e cura. O banimento – limpeza de toxinas – é realizado com o ritual *Khernips* mostrado anteriormente. É a fonte do qual todas as outras *pharmakeia* fluem. Sem uma primeira limpeza, nenhuma magia subsequente será tão eficaz quanto desejado. O ritual a seguir cria um amuleto, um dos métodos fundamentais do *pharmaka* que descende das práticas de Circe.

O amuleto é um "patuá" botânico envolto em tecido ou papel preto, geralmente carregado no corpo. Esse amuleto de proteção consiste em uma folha de louro envolta nesse tecido ou papel, o qual deve ser mantido com você o tempo todo (veja "Louro", no capítulo *Gnosis*). Para criar esse amuleto, invoque Nobilis, o espírito da folha de louro, um item básico da cozinha. Os *pharmakoi* estão ao nosso redor, aguardando o toque de nossas bruxas. O louro é um excelente exemplo disso. É fantástico para proteção, profecia e prosperidade. Para criar o amuleto, você invocará Nobilis com a *vox magikeia*, sua poderosa voz de bruxa.

Elementos

- 3 folhas de louro
- Um pedaço de pano preto
- Barbante preto
- Um pedaço de papel

Orientações

- Purifique-se com o ritual Khernips.
- Segure as folhas de louro com as duas mãos no centro do coração e diga:

  "Adorável Nobilis, conceda-me sua proteção.
  Adorável Nobilis, conceda-me sua profecia.
  Adorável Nobilis, conceda-me sua prosperidade."
- Agora, segure as folhas de louro sobre a raiz, a área ao redor do osso púbico, e recite o encantamento novamente.
- Segure as folhas sobre o seu Terceiro Olho (o centro da sua testa) e diga:

  "Com estas palavras, eu ativo seus poderes agora.
  Com gratidão pelo seu poder, Nobilis,
  Enquanto eu falo, isso se torna real."
- Enrole as três folhas no pano preto. Enquanto você enrola o barbante em volta do seu amuleto, recite o encantamento.
- Depois de dar o nó, recite o encantamento uma última vez.

Agora seu amuleto está pronto. Você pode amarrar o barbante para pendurá-lo ou guardá-lo na bolsa ou no bolso. Assim, está bem-preparado para o retorno ao Jardim de Hécate.

Medeia – *Regina Venificarum*

Medeia era filha espiritual de Hécate e, em algumas versões da mitologia, também era sua descendência biológica. Medeia representa o Caminho do Veneno inerente à prática da bruxaria hecateana. Ela tece sua magia por meio da bênção e da maldição de poções tóxicas.

Em contraste com a verdade que ela compartilhou conosco no início deste livro, sua mitologia a pinta como uma feiticeira horrível. Seu avô era Hélios, o próprio sol. Ela era uma filha-sacerdotisa de

Hécate. Quando Jasão, o Argonauta, chegou em busca de sua ajuda para adquirir algo que ele realmente queria (um trono, o que exigia a aquisição de um velo de ouro – artefato lendário, como a pele dourada de um carneiro mágico, símbolo de poder e legitimidade), Medeia matou seu próprio irmão para que isso acontecesse. Jasão, em seguida, seduziu Medeia a usar suas poderosas habilidades de cura para fazer "renascer" seu pai em seu caldeirão (ou seja, restaurar sua saúde). Ela foi persuadida a realizar o mesmo com o seu tio, o que acabou levando à morte de seu pai, o rei. Jasão e Medeia fugiram do local. Após uma série de eventos complexos, Jasão, sedento de poder, abandonou Medeia por outra mulher politicamente mais vantajosa. Medeia – indesejada em sua ilha natal por ter matado seu irmão e rejeitada na Grécia, onde era estrangeira – se sentiu encurralada. O rei de Atenas lhe ofereceu refúgio em troca da cura de sua esterilidade.

Medeia, então, iniciou uma onda de assassinatos, matando seus próprios filhos e a nova "esposa troféu" de Jasão (a quem ela deu uma coroa e um vestido envenenados), além de causar estragos em geral. Por fim, ela escapou em uma carruagem puxada por dragões. Tudo isso parece ter sido orquestrado por uma deusa com rancor contra o tio de Jasão. Em algumas versões de seu mito, Medeia fugiu para Atenas, se casou com o rei e tentou, sem sucesso, envenenar seu filho.

Medeia, Regina Venificarum

Senhora da Cura e da Dor,
Rainha do Fogo e da Paixão,
Deusa das Sombras,
Aquela que comanda o caldeirão do renascimento
E empunha a carruagem do dragão,
Entoa os mistérios do veneno para aqueles que ouvem.

A história de Medeia pode ser uma inspiração e um aviso para qualquer um que use o rótulo de "bruxa" – e até mesmo para aqueles que não o fazem. Medeia é misteriosa e perigosa, é ao mesmo tempo, atraente e assustadora. Além disso, ela é o símbolo das "bruxas fora da lei" que se recusam a seguir as regras. Embora tenha compartilhado sua verdadeira história conosco, a visão popular dela como uma feiticeira maligna e manipuladora permanece. Aqueles que temem o poder feminino sempre espalharam, e provavelmente sempre espalharão, mentiras sobre nós.

Conectando-se com Medeia

Medeia, como *Regina Venificarum*, oferece muitos temas para incorporarmos em nossa própria bruxaria. Ela era uma habilidosa artesã de ervas, bem treinada por Circe e sua mãe, Hécate. Uma bruxa poderosa, de fato. Como todas as bruxas, sua magia e medicina não eram nem boas, nem ruins. Ela as usou muitas vezes para cura, inclusive em seus feitiços de rejuvenescimento.

Na verdade, seu caldeirão era uma ferramenta altamente eficaz, não importava como ela o usasse. Ele fluía do caldeirão primordial da Mãe Hécate. Clame pelo seu próprio renascimento no caldeirão da Mãe. Tome um banho ritual usando frutos não tóxicos do Jardim de Hécate, como lavanda. Imagine estar imerso no caldeirão de Medeia enquanto ela faz você renascer como o seu verdadeiro Eu, o libertando da sua dor. Hécate espera do outro lado.

Ritual do Caldeirão do Renascimento

O banho ritual em água sagrada (*animarum aqua*) é uma maneira profunda de entrar no útero espiritual simbolizado pelo caldeirão. Dentro dele, dissolvemos todo o nosso miasma. Emergindo de seu interior, somos reconstruídos em nossa verdade como uma das bruxas de Hécate. Esta é a bênção das Deusas Tríplices.

Elementos

- Sal de Epsom ou sal marinho (sem perfume)
- Lavanda
- Pétalas de rosa
- Azeite de oliva
- Uma vela

Orientações

- Leia o poema a seguir para se preparar para a jornada.
- Realize o ritual Khernips se o seu ambiente estiver com muitos miasmas ou se você estiver se sentindo tenso. Depois, deixe a água correr para o seu banho.
- Primeiro, adicione o sal, enviando sua intenção de ser purificado do passado e renascer em um *pharmaka* sagrado, um praticante de bruxaria vegetal, magia natural, na tradição de Hécate e suas bruxas. Em seguida, adicione o azeite, a lavanda e as pétalas de rosa. Enquanto você mistura a água, contemple o poder das Deusas Tríplices.
- Fique na água com a vela nas mãos e diga:

  "Medeia, me abençoe enquanto entro no Caldeirão de nossa Mãe.
  Circe, me envolva com sua proteção.
  Hécate, bane tudo o que me bloqueia e me prende."
- Acenda a vela e a coloque na borda da banheira.
- Permita que sua mente viaje até o caldeirão, usando sua respiração para criar o espaço para que a jornada ocorra.
- Recite o poema para ajudá-lo a entrar em transe e poder viajar completamente em direção ao caldeirão espiritual.
- Enquanto a água envolve seu ser físico, sinta o caldeirão espiritual abraçá-lo.
- Permita que o processo de libertação ocorra, confiando em Hécate e suas bruxas para guiá-lo pela experiência. Você é livre para parar a qualquer momento e voltar ao seu Eu físico.
- Quando retornar, expresse gratidão às Deusas Tríplices.

Registre a experiência em seu diário.

Tão fundo que me aventurei pela caverna de Hécate
Que eu encontrei o caldeirão dela,
De onde a lua nasce e se põe.
Cuidada por suas companheiras mais próximas,
Entrarei no caldeirão?
Isso foi decidido quando comecei esta jornada.
Meu caminho de transformação em direção
À bruxa que nasci para ser.
Eu deslizo na poção quente,
Abraçada pelos espíritos do seu jardim,
Lavando as feridas,
Limpando meu corpo,
Até que finalmente tudo o que resta
É a minha verdade.
As mãos de Medeia e Circe gentilmente me puxam para fora do útero,
Enquanto nossa Regina observa do seu trono.
Sua magia se move rapidamente,
Me tecendo de volta à forma
Usando os fios da minha alma.
Eu renasci de seus esforços,
Minha Rainha me unge com o fogo vermelho de suas tochas.
Elas me queimam com força,
E minhas mãos agora seguram
As chaves da magia e do mistério,
Sabedoria e verdade,
Soberania,
Paz.
Plenitude.
O poder da pharmakeia.
"Entre no meu Jardim, criança", diz a Rainha,
E eu entro.

IV. PRAEPARATIO

A Preparação

A separação é uma ilusão. O fogo sagrado é encontrado por dentro. Esse fogo é conhecido por muitos nomes, mas em sua essência, é a mesma força vital. Essa força alimenta o Mundo Verde e vive com a bruxa. A chave desse fogo é a busca pela compreensão do propósito da minha vida dentro do misterioso tecido do Universo pelos mistérios da pharmakeia.

Os *pharmaka* enchem seu boticário com plantas domésticas e selvagens, seguindo o caminho de Hécate e suas bruxas imortais. Sabemos que o fogo sagrado deste Mundo Verde – o *Mundi Viridis* – é o remédio de que precisamos para curar a nós mesmos, aos outros e ao mundo. Essa dissolução da ilusão da separação faz parte da nossa Grande Obra. Reconectar-se com o Mundo Verde é uma parte vital do nosso desenvolvimento como bruxas poderosas.

Assim como nós, as criaturas do Mundo Verde habitam tanto o corpóreo quanto o etéreo. Somos forma e força combinadas, para sempre interligadas dentro de nós mesmos e uns com os outros. Quanto mais nos aprofundamos na energia do Mundo Verde, mais o muro da separação desmorona. Isso não requer mudança para a floresta. O fogo verde sagrado queima intensamente ao nosso redor. Por meio do Mundo Verde material, nos reconectamos ao nosso ponto de origem sagrado do Jardim de Hécate.

Entrando no Mundo Verde

A chave para entrar no Mundo Verde – o *kleis viridis* – é simplesmente acabar com a ilusão de separação e penetrar no mundo da magia e do mistério. Essa chave, que é oferecida gratuitamente, é a mesma que nos reconecta à nossa própria chama sagrada. Podemos nos afastar dessa verdade por meio de experiências de vida. Se você relembrar sua infância, gostava de estar na natureza? Você encontrou magia lá? Essa magia desapareceu?

A ilusão de separação resulta da nossa desconexão moderna do Mundo Verde. Porém, também é sintomática da desconexão da verdade de que todas as coisas são parte de nós e nós somos parte delas. As bruxas sabem disso intuitivamente, mas podem cair na ilusão de separação por conta de trauma, invalidação e medo. Quando o Eu sombrio é dominante, ele se torna como um muro que nos separa da conexão – um tipo de limite nada saudável. *Pharmakeia* é o caminho de reconexão com esse conhecimento fundamental. Portanto, sempre que uma bruxa me diz que não se sente atraída pela "bruxaria verde", sei que ela ainda está sob a ilusão da separação.

Todas as bruxas praticam, de modo inerente, a *pharmakeia*, a menos, é claro, que nunca consumam uma planta, queimem incenso, usem produtos perfumados ou sejam tocadas pela natureza. A ilusão de separação se estende à ideia de que o que funciona no mundo espiritual – a *eterealidade* – é, de alguma forma, diferente ou separado de como a mesma coisa funciona no mundo material – a *corporalidade*. Na verdade, não há diferença. O tônico de dente-de-leão que você consome para limpar e fortalecer seu corpo fará o mesmo pelo seu espírito, se você permitir.

Essa reconexão, essa mistura e fusão de nós próprios com nossas almas, é a mesma que combina as propriedades corpóreas e etéricas das plantas. *Pharmakeia* dissolve essa separação com o fogo verde do *Mundi Viridis*. É como clamamos pela reconexão como nosso direito.

Recebendo Mensagens dos Espíritos das Plantas

Os elementos botânicos têm características arquetípicas e personalidades distintas. Eles não são verbais em si, mas contêm correntes energéticas que podem se comunicar conosco – por exemplo, a mil-folhas é associada ao planeta Vênus, que fala de amor forte como aço e cura. Como humanos, nossos principais métodos de percepção são por meio de palavras, imagens, sentimentos e experiências corporais. Os espíritos se comunicam conosco utilizando essas correntes de energia. As mensagens geralmente são simbólicas e exigem que descubramos o que elas significam. Os espíritos não seguem as mesmas regras de contato interpessoal que operam no mundano.

Quando você percebe uma mensagem ou imagem, deve processar o que ela significa para si próprio. Elementos botânicos, como todas as outras entidades, se apresentam de diversas maneiras com base em suas características, necessidades, experiências e em suas propriedades psicoespirituais. Os elementos botânicos e as pedras podem ser canais pelos quais entidades "maiores", como divindades, falam. Esses espíritos apresentam orientação ao longo do seu caminho. A maneira como você percebe as mensagens deles é influenciada por suas habilidades psíquicas. Isso inclui os "claris" – clarividência, clariaudiência e clarissenciência. Quando uma imagem ou mensagem surge no trabalho de transe, ela reflete onde você está naquele momento e representa uma interação complexa entre suas características individuais (habilidades psíquicas e experiência), as propriedades da entidade e a orientação espiritual divinatória.

Você pode perceber cores, emoções, memórias e muito mais à medida que o espírito da planta ou da pedra se aproxima de você. Durante o transe, não afaste essas sensações, a menos que elas se tornem insuportáveis. Se isso acontecer, respire fundo e retorne ao seu corpo físico enquanto comunica ao espírito que você terminou de falar com ele por enquanto.

Às vezes, os espíritos não parecem enviar mensagens durante o transe, mas haverá sinais nos dias seguintes. Você pode encontrar um objeto inesperado que esteja relacionado à sua prática mágica atual ou um que pareça totalmente aleatório. Também pode ter a sensação de um conhecimento geral sobre muitas coisas – uma espécie de clarividência. Preste atenção a quaisquer pensamentos ou sentimentos incomuns que você possa ter.

Conhecendo seus Pharmakoi Loci

Seus *pharmakoi loci*, ou espíritos vegetais do lugar, são os espíritos botânicos que estão mais próximos de você naturalmente. Isso pode ocorrer no sentido corpóreo – as plantas e árvores que compõem seu ambiente local – ou no sentido espiritual – os espíritos botânicos com os quais você já está entrelaçado. Neste exercício, o foco está nos espíritos mestres, e não nos espíritos individuais. Começamos passando um tempo em nosso ambiente local observando as plantas e árvores com a intenção de entender os espíritos mestres que ali residem. Você não precisa estar em uma vasta floresta para vivenciar esses espíritos. Seu quintal, um parque local ou um conjunto natural de plantas funcionam muito bem.

Vá para um lugar que lhe chame a atenção. Fique confortável nesse espaço. Resista à tendência de rotular as plantas que você vê. Sua intenção é se conectar com os espíritos mestres do lugar e vivenciar esses espíritos conforme eles se apresentam a você, seja como o Demônio Verde, a Rainha do Musgo ou quaisquer outros. Você também pode encontrar espíritos de ordem inferior que estão ligados a um local específico ou que refletem certos tipos de assinaturas energéticas de plantas. O mundo está vibrante com os espíritos das plantas selvagens. Há muitas divindades que podem ser vistas como Demônios Verdes, incluindo Herne e Pan. Não se surpreenda se eles aparecerem de várias maneiras quando você começar a praticar *pharmakeia*.

Este exercício se concentra nos *pharmakoi loci*, seus próprios espíritos do lugar conectados ao local escolhido. Eles virão quando você clamar com sua respiração e energia. Na verdade, eles estão esperando que você faça isso.

Orientações

- Inspire a força vital oferecida pelas plantas ao seu redor. Se possível, feche os olhos ou pelo menos suavize o olhar.
- Ao expirar, exale sua força vital para elas, usando respirações lentas e constantes que liberem a tensão do seu corpo e da sua mente.
- Após três respirações, estique suas raízes energéticas em direção à terra, continuando o movimento para baixo, através do chakra raiz, para suas pernas e para fora através de seus pés.
- Faça outra rodada de três respirações, aprofundando sua conexão com cada uma delas. Sinta as vibrações e a essência dos espíritos ocultos.

- Enquanto permanece conectado aos espíritos raiz, volte sua atenção para o centro do seu coração, respirando os troncos, os caules e as folhas das plantas ao seu redor. Usando as três respirações, conecte a energia do seu coração a essas partes das plantas.
- Mantendo-se conectado, estenda sua energia até os galhos acima, alcançando o céu, repetindo o ciclo de três respirações.
- Agora, totalmente sintonizado com os elementos botânicos ao seu redor, fique em silêncio, mantendo sua respiração estável e sua consciência com foco na experiência.
- Permita que a visão dos espíritos se apresente naturalmente, da maneira que eles escolherem. Não resista ou imponha suas crenças sobre isso. Comunique-se com eles, sem dar nome às suas energias. Você talvez os experimente como seres corpóreos, embora mais frequentemente os percebamos como sombras, variações de luz, movimentos rápidos e sons inexplicáveis. Como todos os espíritos, esses espíritos das plantas vêm em todas as formas e personalidades. Alguns são benevolentes, mas outros nem tanto. Eles falam a linguagem das emoções, então você pode sentir certas coisas e até receber suas memórias.
- Depois de ter tido a visão do espírito mestre para o local escolhido, desconecte-se do lugar, enviando gratidão enquanto se desconecta da raiz, do tronco e dos galhos.

Encontro com os Espíritos das Plantas no Mundo dos Sonhos

É comum encontrar espíritos de plantas em seus sonhos depois de vivenciar seus *pharmakoi loci*. Esta é uma maneira pela qual vivenciamos o rito sagrado do Mundo Verde (o *animarum viridis*) sem as restrições impostas por nossas mentes despertas. Muitos alunos me contaram, um tanto embaraçados, sobre sonhos eróticos com os *pharmakoi*. Isso é perfeitamente natural. Afinal, o mundo botânico é tão sexual quanto o nosso. Quaisquer espíritos presentes em seus sonhos podem usar sua linguagem emocional ou se comunicar por meios mais humanos, o que pode incluir o aparecimento de palavras escritas.

Quando encontramos espíritos de plantas durante nossos sonhos, meditação e transe, muitas vezes os percebemos como seres encarnados. De fato, contos de espíritos de plantas aparecendo como criaturas corpóreas são encontrados ao longo da história e entre culturas. Esses espíritos, chamados de devas e outros nomes, são nossa experiência do *daimon* das plantas filtrada pela nossa percepção humana. Eles variam em complexidade e poder. *Sprites* são um exemplo de *daimons* verdes de ordem inferior (*sprites*, nome que vem do inglês, se referem a espíritos elementais da natureza, geralmente associados a florestas, plantas e corpos d'água). Ver o Homem Verde na floresta é uma experiência comum entre bruxas. Um espírito mestre, às vezes chamado de Demônio Verde, representa a energia sinérgica de todos os espíritos das plantas combinados, seja de forma geral, seja correspondendo a um lugar específico. A Rainha do Musgo é como eu vivencio o mundo mais profundo das plantas – a energia densa e pesada do trabalho com raízes e briologia (o estudo dos musgos) –, enquanto o Demônio Verde reflete as plantas acima do solo. Os *pharmakoi* são os espíritos de plantas individuais. Certos locais terão Demônios Verdes que se manifestam principalmente como uma espécie que prospera na topografia local. Mas a maioria dos espíritos mestres, seja o Demônio Verde ou a Rainha do Musgo, são amálgamas de muitos *pharmakoi*.

Espíritos mestres e espíritos do lugar podem ser muito semelhantes ou bastante diferentes, dependendo de uma variedade de fatores. A Rainha do Musgo que você encontra ao explorar os líquens nas planícies costeiras pode ser a força dominante das profundezas do mundo natural ou pode ser completamente do lugar de onde ela vem até você. Os espíritos mestres podem lhe mostrar plantas específicas que eles querem que você explore. Preste atenção às imagens verdejantes que aparecem em seus sonhos.

Comece a manter um registro dos seus sonhos, se ainda não o faz. Isso é essencial para aprofundar sua compreensão de si mesmo e do mundo espiritual. Faça anotações no seu diário de sonhos imediatamente ao acordar ou opte por uma gravação de voz. Depende inteiramente de você seguir ou não as mensagens recebidas por meio de sua pesquisa, adivinhação e prática intuitiva. Tenha sempre em mente que o mais importante é fazer o que é certo para você.

Medicina da Alma

Eu fui rejeitada,
E a bruxaria era meu remédio.
Eu fiquei quebrantada,
E a bruxaria era meu remédio.
Eu caí no abismo,
E a bruxaria era meu remédio.
Eu caminhei pelo fogo,
E a bruxaria era meu remédio.
Eu curei,
E a bruxaria foi meu remédio.
Eu renasci,
E a bruxaria foi meu remédio.
Eu estou no meu poder,
E a bruxaria é meu remédio.

Cura Holística

A ilusão de separação ocorre quando afastamos a magia da medicina natural e a cura. A assistência médica alopática separou completamente os aspectos espirituais da prática da medicina. É algo que encontrei na minha carreira como pesquisadora de saúde. Somente nas últimas décadas o papel da espiritualidade foi levado a sério na assistência médica convencional, mas ainda há um longo caminho a percorrer antes que o fogo verde sagrado seja realmente adotado novamente nos protocolos de tratamentos convencionais. À medida que você cresce na prática de *pharmakeia*, fica claro que não há separação entre as aplicações: as plantas trabalham o corpóreo em conjunto com o espiritual. Isso faz parte da sua reconexão com as habilidades imortais da bruxa como praticante de "medicina".

Reconhecer as plantas por suas propriedades medicinais – como a matéria médica que elas são – aprofunda nossa compreensão. Todas as plantas são remédios. A bruxaria consiste em trabalhar com medicina para curar o que está errado e melhorar o que está inteiro. Prática superficial, que evita a verdadeira natureza das plantas como medicina, impede o sucesso da bruxaria, inclinando-se mais para a arte dos desejos do que para a bruxaria em si. O fogo verde queima intensamente – intimidador, com certeza, mas com muito poder.

A palavra "medicina" vem de uma raiz latina que significa "remédio" e "arte de curar". Para os antigos, a medicina era holística e não reducionista, como se tornou nosso moderno sistema de saúde convencional. Os sistemas tradicionais de cura ao redor do mundo, por outro lado, tratam a pessoa como um todo, incluindo o espírito, quando há doença. Este é o caminho da *pharmakeia*.

Nossa sociedade está sofrendo cada vez mais, com quantidades cada vez maiores de produtos farmacêuticos sendo forçados goela abaixo. Embora esse tipo de medicamento possa às vezes ser necessário, ele raramente trata as doenças espirituais subjacentes que dão origem aos sintomas físicos. Crianças que podem estar passando por um despertar de suas habilidades psíquicas são alimentadas à força com drogas que podem prejudicá-las para sempre. Adultos que estão dominados pela tristeza não têm mais conforto e recebem pílulas em seu lugar. Embora existam muitos profissionais bem-intencionados na área da saúde, o mecanismo que impulsiona todo o sistema é o lucro, particularmente o das empresas farmacêuticas.

Quando o patriarcado tomou conta da prática médica, o objetivo principal era silenciar os curandeiros que se recusavam a se conformar. O longo caminho da *pharmakeia* como prática holística de herbalismo até o que hoje consideramos "farmacêutico" começou quando a medicina foi tirada dos curandeiros por homens poderosos. Mas, agora, reivindicamos o poder da *pharmakeia* como nosso direito. É o nosso verdadeiro remédio.

Praticando a Verdadeira Medicina

Banir, conectar e proteger. Para curar. Para nos tornarmos inteiros. Para compartilhar nossa cura com os outros. Essas são as habilidades da bruxa botânica, da bruxa verde. Esse é o nosso verdadeiro remédio. Nossa verdadeira medicina. É por meio da reconexão com o *pharmakoi* que encontramos nosso verdadeiro poder. Limpeza e proteção por meio de espíritos das plantas são as duas técnicas básicas da *pharmakeia*.

Para entender como funciona a magia botânica, vamos nos voltar para suas origens e propriedades. Os praticantes de *pharmakeia* buscam entender as forças subjacentes em ação para fortalecer sua prática. Assim como Circe, Medeia e todas as nossas ancestrais bruxas, encontramos nossa força no conhecimento. Da mesma forma como nós, as plantas nascem de Hécate. Por isso, somos notavelmente parecidos. Nós somos a alma transformada em corpo. O espiritual como corpóreo. Nosso DNA é quase idêntico ao das plantas. As plantas foram a primeira exalação da Mãe. Nós nos levantamos delas com seu segundo suspiro. No sentido físico, evoluímos do Mundo Verde e somos interdependentes. Os *pharmakoi* nos nutrem enquanto nós os sustentamos. Eles são o verdadeiro remédio. A cura é o trabalho do *pharmaka*, o praticante da fitoterapia holística de bruxaria.

A *pharmakeia* foi corrompida por aproveitadores de tal forma que até mesmo usar esse termo antigo para descrever a prática da bruxaria como medicina é confuso. Pense nisso por um momento. A definição original da palavra *pharmakeia* é tanto "remédio" quanto "feitiço ou poção". A prática original da *pharmakeia* era, portanto, holística, o que significa que não havia separação entre espírito e corpo. O quanto seria diferente a farmacologia moderna se essa abordagem nunca tivesse sido abandonada. Nossos feitiços e poções são curativos. Eles não apenas reduzem o sofrimento, como também criam abundância. Isso é saúde de verdade. Os *pharmakoi* são os professores das plantas, os espíritos supremos de cada planta individual. Trabalhamos com esses espíritos em suas muitas formas, desde absorver sua energia pura até consumi-los. *Pharmakeia* é a medicina da vida.

É a fusão do científico e do sagrado. É lembrar que isso representa o que a medicina é e que as bruxas sempre foram: as guardiãs desse poder. Hécate como *Anima Mundi*, a Alma do Mundo, está incutida em toda a vida. Seu fogo percorre toda a criação. Espiritualmente, isso é conhecido pela experiência. Fisiologicamente, é encontrado no carbono que permeia toda a vida. Cientificamente, sabemos que as plantas contêm nutrientes vitais, como antioxidantes, estimulantes e vitaminas em suas formas corporais. Os mesmos nutridores vitais são encontrados em seus seres etéricos. Quando praticamos bruxaria como medicina, invocamos tanto as propriedades físicas quanto os espíritos das plantas.

A bruxaria é o remédio que cura o espírito e nutre a alma daqueles que trilham esse caminho tortuoso. Não é encontrada em uma pílula ou em uma bola de luz, mas no aroma pungente das ervas, na energia selvagem do mundo natural e sob o luar pálido. Durante séculos, nossa verdadeira medicina foi suprimida por outros que tentaram nos silenciar. Agora, chegou a hora de reivindicá-la.

V. RATIO

O Método

Pois onde há caos, há ordem,
Este é o método da bruxa.
Que minha paixão me guie profundamente,
Com uma vontade forte e verdadeira.
Ousando muito,
Mas com moderação.
Crescendo em conhecimento,
E confiando em mim mesma.
Eu invoco os elementos, mundos e planetas
Fornecendo a estrutura,
E as plantas que lhe dão vida.

R*atio* é o sistema organizador, o método para entender como as correntes energéticas, os arquétipos e os espíritos existem e funcionam dentro das plantas. Saber o que fazer com essas energias requer conhecimento e compreensão pessoal. Neste capítulo, discuto as abordagens taxonômicas tradicionais para trabalhar com plantas, incluindo suas correspondências e classificações.

Recuperar a *pharmakeia* do Jardim de Hécate oferece uma nova maneira de entender os espíritos do Mundo Verde. Hécate governa os três mundos: mar, terra e céu. Esses reinos representam as três forças dominantes de toda a criação: emoções, ações e pensamentos. Interpretar a flora por meio dessas correntes arquetípicas permite uma conexão mais profunda com ela, pois a flora reflete o nosso próprio eu. Nossa intuição e nossa conexão com a sabedoria de nossos guias espirituais são tão vitais para a prática da *pharmakeia* quanto as taxonomias estruturadas.

Plantas são energias, espíritos com *vibrações* e *essências* que também possuem propriedades físicas. Cada planta representa um arquétipo único, que é uma combinação desses dois. Elas são interpretadas usando as correspondências padrão associadas à botânica. Essas correspondências também são utilizadas para atribuir à planta uma das duas classificações principais: os elementos e os planetas. Conhecer essas características fornece um rápido resumo das energias da planta.

A Doutrina das Assinaturas, de Paracelso, identificou as propriedades das plantas como refletidas em sua aparência física. A mitologia da mandrágora é um exemplo disso. Embora essa perspectiva não seja verdadeira para muitas plantas do Novo Mundo, é um bom guia para usar ao seguir sua intuição e coletar plantas selvagens.

Arquétipos

Assim como temos personalidades complexas, o mesmo acontece com nossos aliados botânicos. Arquétipos são essências primordiais que residem como assinaturas energéticas em toda a criação. Eles são as formas do Universo. Conhecemos os arquétipos como os elementos, os planetas e os muitos nomes dados à Mãe Hécate. Embasei os arquétipos incluídos nas monografias de plantas nos epítetos antigos, que são títulos e características associados a Hécate, Circe e Medeia. A maioria das plantas tem um arquétipo abrangente que descreve seus atributos mais poderosos. Como praticantes do Jardim de Hécate, nós resgatamos esses arquétipos usando os antigos epítetos de Hécate. Eles são os conectores entre Hécate e o espírito vegetal que representa sua sintonização sagrada. Ligadas a esses arquétipos estão as correspondências elementais e planetárias de cada espécime botânico.

Correspondências Elementais

De acordo com o filósofo grego Empédocles (que viveu de 495 aC a 430 aC), os elementos se combinam para criar tudo o que existe. Eles são as "raízes" – as propriedades essenciais – de todas as coisas. O sistema de classificação médica dos gregos, baseado nos humores, era governado pelos elementos e existem outros sistemas tradicionais que os incorporam aos corpos físico e energético.

Ilustrando ainda mais a conectividade de tudo, as plantas também estão associadas a diferentes elementos. Uma planta de Água terá propriedades que refletem o Eu Inferior: vibração (densa) e essência (emocional). A rosa é um exemplo. Algumas plantas são compostas por mais de um elemento dominante. O louro está associado ao Ar e ao Fogo. Considere algumas das propriedades do poderoso louro: abundância, prosperidade, proteção. Essa planta proporciona uma bondade forte e ardente, nascida da verdade. Conhecer as qualidades do Ar (comunicação, intelecto) e do Fogo (espírito, criação, destruição) dá uma visão sobre os poderes do louro.

As características dos quatro elementos são geralmente dadas da seguinte forma:

- *Terra:* equilíbrio, firmeza, intuição, discernimento. A energia da Terra é escura, densa e parada.
- *Ar:* Pensamento, misticismo, intelecto, viagem. A energia do ar é brilhante, leve e parada.
- *Fogo:* Ações, força de vontade, paixão, evocação. A energia do fogo é brilhante, leve e ativa.
- Água: Limpeza, emoções, cura, instinto. A energia da água é escura, densa e ativa.

Correspondências Planetárias

Os antigos usavam os Sete Sagrados originais, os corpos celestes visíveis a olho nu, para categorizar as plantas. Cada planeta tinha características distintas, muitas vezes associadas a divindades, representando as forças arquetípicas dentro de nós e no mundo externo. Se uma planta é governada por Marte, e conhecemos as características desse planeta, então podemos facilmente determinar que as energias dominantes da planta seriam assertivas e poderosas. Marte é erroneamente visto por alguns apenas como um planeta guerreiro e raivoso. No entanto, também representa coragem e força, que podem ser agressivas ou inspiradoras. Considere o benjoim, esse pilar fundamental na criação de vibrações saudáveis e, ao mesmo tempo, na defesa contra espíritos nocivos. Todos os planetas têm características complexas.

Os signos do zodíaco estão associados às plantas por meio de suas correspondências planetárias. Alguns elementos botânicos complexos terão planetas e signos que parecem contraditórios à primeira vista, mas uma compreensão da astrologia básica nos ajuda a saber a importância de determinar em qual "casa" um planeta está ao descrever os signos. Isso se aplica à botânica assim como à astrologia humana. A sálvia é um ótimo estudo de caso, pois é uma planta de Júpiter (soberania, poder, sabedoria) e Vênus (compaixão, amor) em Leão. Adicionando as associações elementares de Ar e Terra, surge um perfil completo das complexidades desse *pharmakoi.*

As características dos planetas são geralmente dadas como:

- *Lua:* É regida pelo elemento água, significando o arquétipo emocional. Sagrada para as bruxas, a lua nasce e se põe no caldeirão de Hécate. A energia lunar depende do ciclo: minguante para banimentos, crescente para crescimento. A Lua Cheia denota poder e equilíbrio. A Lua Negra, a Lua Nova astrológica, é a noite mais sagrada do ciclo.
- *Sol:* A alma universal do sol é poder, às vezes ofuscante. O arquétipo solar é associado ao fogo, à criação, à destruição, à abundância, à autoridade, à saúde e à iluminação.
- *Vênus:* Esta brilhante estrela da manhã tem profundezas ocultas associadas ao segredo e à cura emocional. Seu arquétipo é o amor. Suas características incluem estética, afeição, beleza, criatividade, harmonia, alegria, simpatia e abertura.
- *Mercúrio:* Este planeta denota todas as coisas relacionadas à comunicação, com uma pitada de trapaça. Suas propriedades incluem análise, engano, educação e verdade. Mercúrio é um planeta rápido.
- *Marte:* Este é o planeta da coragem. Marte é assertivo e agressivo; traz clareza, coletividade, força, fogo e guerra.
- *Júpiter:* Majestoso, soberano e poderoso. É o arquétipo do absolutismo benevolente. Suas características incluem gentileza, justiça e majestade.
- *Saturno:* Este planeta é o pensador crítico dos Sete Sagrados. Seu arquétipo é o contemplador desapegado, útil para criatividade, isolamento, percepção e sabedoria.

Os Três Mundos

Os Três Mundos – Inferior, Médio e Superior – são os reinos espirituais sobre os quais Hécate tem domínio, refletidos na vastidão corpórea do mar, da terra e do céu. Combinados com os elementos, eles compõem as sete forças sagradas e também mapeiam as energias planetárias. Essa é uma taxonomia que realmente expande nossa conexão com o mundo vegetal.

Comecei a ensinar e escrever sobre esse sistema há vários anos. Meu interesse se baseava, em parte, em meu próprio treinamento xamânico, mas também era uma expressão das correntes hecateanas em meu pensamento, e não apenas uma extensão do que eu havia aprendido de outras tradições e culturas. Ela está enraizada no Mundo Inferior, que representa a magia, as profundezas emocionais e o mistério do nascimento – o útero escuro e úmido de onde todos viemos e para onde finalmente retornamos (pelo menos nossos seres corpóreos).

Este é o reino do mar, conectado aos elementos Água e Terra. O Eu Inferior é a nossa raiz, a fonte das nossas emoções e intuições. Todas as plantas têm aspectos ctônicos (do Mundo Inferior) com os quais nos conectamos por meio de suas raízes, mas algumas são puramente do Mundo Inferior. Hécate, como *Chthonia*, preside os vegetais do Mundo Inferior, que incluem muitos venenos, como acônito, e diversas ervas de cura emocional, como mil-folhas. Essas plantas constituem um dos seus aspectos mais antigos, representando seu papel como guardiã. Em nossos corpos, essa é a nossa raiz, o Eu Inferior, governado pelas emoções e pela intuição. O símbolo é a onda.

Os *pharmakoi* enódicos são as plantas do Mundo Médio. Eles estão principalmente preocupados com bens materiais e problemas – incluindo romance, sexo, trabalho remunerado e propriedade. O Mundo Médio é a energia ativa do comportamento. É o tronco e os caules que se movem e crescem. É no Eu Médio, expresso pelo centro do coração, onde os mundos interno e externo se encontram. Hécate, como *Enodia*, é a guia que encontramos ao longo da estrada – Deusa das Encruzilhadas. Plantas botânicas representativas incluem cimicífuga e damiana. Este é o Eu Médio, o centro energético para ações e interações com o mundo externo, situado no centro do coração. O símbolo é a encruzilhada.

As alturas do Mundo Superior são governadas por Hécate Astrodia, a Rainha do Caminho Estrelado. Dentro desse reino residem os pensamentos, o intelecto e o misticismo. É a casa do Salão de Hécate, onde vivem os mestres das plantas ascendidos (os *Pharmakoi Kyrios*). Todas as plantas têm consciência do Eu Superior em graus variados, refletida em seus ramos ascendentes. *Pharmakoi* associados a viagens astrais, comunicação, trabalho com sonhos, atividades intelectuais e misticismo são classificados como "astródicos". Este é o Eu Superior, localizado na coroa. O símbolo é a estrela.

As Sete Forças Sagradas

Os quatro elementos e os Três Mundos se combinam nas sete forças sagradas, chamadas de *Septem Novum*. As sete estrelas errantes também refletem essas forças. Toda a matéria da qual nós e as plantas somos compostos consiste em combinações do *Septem Novum*. Essas forças são os sete raios da coroa de Hécate e são refletidas na Estrela dos Sete. Esses sete raios carregam consigo as características e leis da bruxaria. Eles se refletem nas fases da lua, sendo a Lua Negra a mais sagrada na bruxaria hecateana, representando o começo e o fim, em que a totalidade é vivenciada. O *pharmaka* busca essa totalidade por meio da prática da bruxaria espiritual das plantas.

Essas sete forças são:

- *Paixão* (sentir; *sentire*): Saudações à Einalia, Rainha das Emoções. A paixão é o útero úmido do qual emergimos, prontos para perseguir a nossa verdade.
- *Força* (querer; *velle*): A vontade das bruxas, a força que nos impulsiona na busca pela totalidade. O fogo sagrado (*Hieros Pyr*) que queima por dentro. Tenacidade, resiliência e coragem são características da vontade.
- *Soberania* (ousar; *audere*): A soberania nos permite ousar viver nossa verdade, romper laços que não servem mais. É honrar a luz da nossa própria tocha e seguir a trilha de Hécate como nossa guardiã portadora da tocha.

- *Poder* (seguir; *ire*): O poder alimenta a verdadeira conexão com as Deusas Tríplices e as plantas sagradas. O empoderamento nos dá o impulso para seguir em direção à nossa verdade.
- *Disciplina* (ficar em silêncio; *tacere*): A Terra cobre o Fogo, a Água e detém o Ar. É o encontro da terra, do mar e do céu. É a nossa interface com o mundo externo, a proteção de que precisamos enquanto buscamos a totalidade. É a disciplina de permanecer em silêncio quando necessário, para proteger o que é sagrado para nós. A crença dos *pharmaka* é de guardar seus segredos, a menos que Hécate queira que eles sejam compartilhados.
- *Conscientização, despertar* (saber; *credere*): O pharmaka busca conhecer os mistérios do Jardim de Hécate por meio do aprendizado, da prática e da experiência. Temperada pela disciplina, nossa consciência se torna focada à medida que iniciamos essa prática.
- *Integridade* (acreditar; *noscere*): Conforme avançamos em cada encruzilhada, uma nova chave é oferecida para desbloquear a próxima parte da jornada em direção à totalidade. É preciso integridade para manter essas chaves quando as coisas ficam difíceis. É acreditando que podemos cumprir a missão que cada chave nos move em direção à totalidade.

Essas sete forças estão associadas aos Três Mundos e aos quatro elementos. Elas são refletidas nos arquétipos primários dos sete corpos celestes visíveis. Nossos professores espirituais dos elementos vegetais estão associados ao *Septem Novum* de diferentes maneiras. Pense nos vários aspectos dos Sete Sagrados como propriedades botânicas. Saber que uma planta é uma planta ígnea, quente, do submundo de Júpiter mostra um perfil muito específico de sua personalidade.

As sete forças sagradas também se refletem nas leis da bruxaria. Cada força arquetípica pode ser evocada por meio desses princípios. Pense nas fases da lua, nos elementos, mundos, planetas e princípios como todos tecidos em uma linda teia na qual os sete fios de cada um dos diferentes aspectos se unem para formar a coroa das Deusas. Essa coroa é o Universo, é o Jardim e é nossa para reivindicá-la.

O Ritual dos Sete Sagrados

Este ritual é adequado para qualquer evocação dos Sete Sagrados, de dentro e de fora. Faça isso regularmente para permanecer conectado à sua fonte de energia. *Corpus*, aqui, se refere ao ser físico. Neste ritual, os poderes dos Sete Sagrados são misturados ao seu Eu corpóreo, além de ativar os poderes adormecidos da sua alma. Portanto, é realmente um ritual que libera seu poder como praticante de magia das plantas. Conectar-se a essas forças primordiais sintoniza você aos seus reflexos nos elementos vegetais com os quais trabalha. Representa um "*download*" do conhecimento desses arquétipos centrais de todo o Universo, simbolizados pela coroa de Hécate.

Este é um rito da Lua Cheia, *Luna Splendida*. Prepare o alecrim como óleo de unção, mergulhando três raminhos em uma xícara de azeite de oliva, começando três noites antes do ritual. Uma oferenda de alecrim também deve ser feita à lua.

Elementos

- Materiais para o ritual Khernips, usando raminhos de alecrim
- Azeite de oliva orgânico de alta qualidade
- Taça sagrada (prata ou branca)
- Opcional: sete velas brancas, uma para cada um dos Sete Sagrados, e plantas de sua escolha

Ativação

- Fique sob a Lua Cheia, do lado de fora ou perto de uma janela aberta. Se nenhuma das duas opções estiver disponível para você, direcione sua mente para a lua acima e segure a imagem firmemente enquanto estiver diante do altar.
- Visualize um cordão preto percorrendo o seu ser, permeando cada célula. Esse cordão contém o Eu Inferior emocional. Direcione-o para baixo das suas pernas e depois dos seus pés, estendendo suas raízes profundamente na terra. Você está aterrado. Esse é o seu cordão que lhe permitirá invocar a lua sem se perder na energia, enquanto se conecta à energia lunar da terra, do continente e do submundo.

- Visualize um cordão vermelho percorrendo o seu ser, permeando cada célula. Esse cordão contém a energia ativa do Eu Médio. Use-o para interagir com o mundo material ao seu redor. A energia da lua permeia todas as coisas na Terra, dos oceanos aos nossos ritmos internos. Expanda esse cordão do centro do seu coração para o ambiente ao seu redor, ancorando-se nele. Isso mantém você centrado durante o ritual e permite que invoque a energia da lua refletida na terra.
- Imagine um cordão branco que contém a energia do Eu Superior, o poder do misticismo. Sinta essa força em todo o seu ser, permeando cada célula. O centro do Eu Superior é a coroa. Concentre a energia ali, revelando sua conexão com o Caminho Estrelado. Este é o passo final na sua reconexão com a lua e cria um canal através do qual a sabedoria do Eu Superior flui. Agora você está aterrado, centrado e conectado.
- Absorva a energia lunar abaixo de você através de suas raízes. Sinta o poder que controla o ciclo de crescimento, a gravidade e os ritmos do seu corpo. Atraia a energia lunar ao seu redor, refletida nos raios da lua, nas sombras e nas alterações nos objetos materiais refletidas em seu brilho. Atraia a energia lunar diretamente dela, pela sua conexão com o seu ser. Reúna essa energia no centro do seu coração até que ela se torne uma linda esfera preta, vermelha e branca.
- Coloque as mãos sobre o coração, deixando a lua espiritual fluir para dentro delas, criando uma nova esfera. Usando suas mãos, estique a esfera ao seu redor até que você esteja completamente envolvido pela lua espiritual, que é uma mistura dos seus três Eus e da lua. Suas mãos, seu coração e seu corpo agora estão misturados com a energia lunar.
- Sua lua espiritual protege você de todas as energias prejudiciais enquanto o conecta às forças iluminadas pela energia da lua. Sinta a energia da terra, embebida no poder da lua – como o ar muda com a lua, o reflexo ardente do sol na lua e a energia aquosa da influência da lua nas águas.

- Atraia essas forças elementais para a sua lua espiritual: verde para a Terra, amarelo para o Ar, laranja para o Fogo e azul para a Água. Uma vez combinados, o espírito-lua fica completo, um espelho perfeito da lua acima de você.
- Pegue seu óleo e direcione a energia lunar para ele, ativando seu poder.

Evocação

- Levante os braços acima da cabeça e faça a oferenda:

  Hécate, Mãe da Lua, Regina Maleficarum.
  Circe, Filha da Lua, Regina Pharmakeia.
  Medeia, Filha da Lua, Regina Venificarum.
  Vocês são as Deusas Tríplices, refletidas nas três fases da lua.
  Eu estou na plenitude de vocês,
  Buscando a totalidade sagrada que vocês exalam
  E o que vive dentro de mim,
  Atraindo a luz brilhante da iluminação de vocês,
  Sintonizando-me com os poderes da minha própria medicina que por direito são meus.
  As Sete Leis Sagradas da Bruxaria eu reivindico esta noite.
  Aceitem minha oferenda de seu óleo sagrado.

Sete Estações

Nesta parte do ritual, você passará pelas sete estações que representam as sete forças sagradas:

- *Estação I (sentire):* Faça três respirações alongando-se até a planta dos pés, ungindo-os com óleo entre cada respiração e entoando "*Sentire*" a cada ciclo. Após a invocação, deixe que essa ordem seja totalmente ativada dentro do seu Eu corpóreo, e então permita que seu Eu etérico seja ativado, reconectando-se à ordem. Diga:

  Eu atraio você para as águas das minhas emoções,
  Eu desperto minha paixão.
  Sentire!

- *Estação II (velle):* Respire profundamente três vezes na sua raiz, ungindo-a com óleo entre cada uma delas, entoando "*Velle*" a cada ciclo. Após a invocação, deixe que essa ordem seja totalmente ativada dentro do seu Eu corpóreo, e então permita que seu Eu etérico seja ativado, reconectando-se à ordem. Diga:

Eu atraio seu poder profundamente para minha própria raiz sagrada.
Minha vontade é forte.
Velle!

- *Estação III (audere):* Respire profundamente três vezes no centro do seu coração, direcionando a respiração em direção ao seu pulso esquerdo, o ungindo com óleo e entoando "*Audere*" a cada ciclo. Após a invocação, deixe que essa ordem seja totalmente ativada dentro do seu Eu corpóreo, e então permita que seu Eu etérico seja ativado, reconectando-se à ordem. Diga:

  Eu atraio seu poder para minha chama eterna.
  Estou encorajado e soberano.
  Audere!

- *Estação IV (ire):* Inspire profundamente três vezes em seu centro cardíaco, o ungindo com óleo entre cada inspiração e entoando "*Ire*" a cada ciclo. Após a invocação, deixe que essa ordem seja totalmente ativada dentro do seu Eu corpóreo, e então permita que seu Eu etérico seja ativado, reconectando-se à ordem. Diga:

  Eu atraio você para o centro do meu coração, a junção de emoção, pensamento e ação.
  Eu sigo em frente com poder.
  Ire!

- *Estação V (tacere):* Inspire profundamente três vezes pela garganta, a ungindo com o óleo entre cada inspiração e entoando "*Tacere*" a cada ciclo. Após a invocação, deixe que essa ordem seja totalmente ativada dentro do seu Eu corpóreo, e então permita que seu Eu etérico seja ativado, reconectando-se à ordem. Diga:

  Eu puxo você para dentro da minha garganta, abrindo o caminho para a sabedoria.
  Eu reivindico a disciplina do silêncio.
  Tacere!

- *Estação VI (credere):* Inspire profundamente três vezes em direção ao centro do coração, direcionando até o pulso direito e o ungindo com óleo entre cada inspiração, entoando "*Credere*" a cada ciclo. Após a invocação, deixe que essa ordem seja totalmente ativada dentro do seu Eu corpóreo, e então permita que seu Eu etérico seja ativado, reconectando-se à ordem. Diga:

  Eu atraio você para minha mente, garantindo certeza de propósito.
  Acredito no meu poder, no meu fogo e na minha verdade.
  Credere!

- *Estação VII (noscere):* Inspire profundamente três vezes direcionando para o alto da sua cabeça, a ungindo com óleo entre cada inspiração e entoando "*Noscere*" a cada ciclo. Após a invocação, deixe que essa ordem seja totalmente ativada dentro do seu Eu corpóreo, e então permita que seu Eu etérico seja ativado, reconectando-se à ordem. Diga:

  Eu atraio você para minha consciência, tornando-me totalmente sintonizado com meus poderes.
  Eu sou consciência.
  Noscere!

Liberação

Nesta parte do ritual, você irá se separar da lua e das sete forças sagradas.

- Expresse gratidão às Deusas Tríplices e à sua amada lua.
- Recolha o cordão que o prende à lua e ao Caminho Estrelado. Relaxe essa força dentro de você e retorne ao seu estado normal de consciência.
- Desenhe o cordão que conecta você ao mundo externo. Relaxe essa força dentro de você e retorne ao seu estado normal de consciência.
- Puxe o cordão que liga você ao Mundo Inferior. Relaxe essa força dentro de você e retorne ao seu estado normal de consciência.

O Processo de Execução

Pelos poderes das minhas senhoras e pela minha vontade,
Eu o reivindico, espírito, para o trabalho das bruxas.
Eu tomo emprestada a sua essência,
Ilimitada e intacta,
Ficando apenas com o que preciso e enviando
o excedente de volta.

Pharmakeia é fundamentalmente sobre trabalhar com forças botânicas para promover a progressão da sua alma. Bruxas nascem e são criadas. É por meio da prática que alcançamos nossa verdade, trilhando o caminho tortuoso da nossa Grande Obra. Embora seguir um trabalho tenha mérito, os rituais e feitiços mais valiosos sempre serão aqueles que adaptamos para nossos propósitos exclusivos. Desenvolver habilidades para analisar as propriedades e capacidades dos elementos vegetais e depois aplicá-las de novas maneiras é a verdadeira magia consciente. A seguir, estão algumas orientações a serem consideradas ao se preparar para praticar a bruxaria com os espíritos dos elementos vegetais.

O Boticário

O boticário das bruxas é o kit de ferramentas de produtos botânicos, suprimentos e instrumentos que usamos em nossa prática de *pharmakeia*. Ter esses poucos itens básicos em sua farmácia fornecerá tudo o que você precisa para praticar a *pharmakeia*:

- Azeite de oliva de boa qualidade

- Álcool, no mínimo, 40% (álcool glicerinado ou álcool etílico glicerinado)
- Sal marinho
- Carvão ativado
- Cera de abelha (e/ou parafina)
- Manteiga de karité (ou similar, como coco ou lanolina)

Um suprimento de água de nascente natural para uso em infusões, decocções e águas diversas também é útil. Outros óleos bons de se ter à mão são o de semente de uva, por suas propriedades rejuvenescedoras, e o de jojoba, para acalmar a pele. Se você for usar fogo alto, recomendo não optar pelo azeite de oliva. Outros materiais úteis:

- Frascos de vidro
- Panela de aço inoxidável com tampa
- Coador
- Copos e tigelas de medição resistentes ao calor
- Assadeira
- Papel-manteiga
- Tule
- Gaze
- Tecido (preto e branco são os básicos; camisetas velhas são excelentes para uso)
- Colher e faca
- Velas, pavios de vela (tenha uma variedade de velas brancas simples à mão)
- Barbante
- Discos de carvão para queimar elementos vegetais e um difusor para evaporá-los
- Um incensário para queimar os elementos vegetais (pode ser qualquer recipiente resistente ao calor)

Ossos de animais, garras, penas, dentes, além de tintas e papéis coloridos, também podem ser úteis.

Os Elementos Botânicos

Em geral, plantas vivas costumam ser as mais poderosas para se trabalhar, embora as secas possam ser igualmente potentes se as suas habilidades de bruxaria estiverem à altura da tarefa. Algumas plantas, como o louro, funcionam melhor quando secas. Depende, realmente, de como você vai trabalhar com elas. Ter o seu próprio Jardim de Hécate, mesmo em pequenos recipientes, é uma excelente maneira de construir um relacionamento com esses mestres.

Recomendo remover quaisquer ervas ou plantas usadas para magia de suas embalagens originais e armazená-las em recipientes de vidro. A maioria dos elementos deve ser mantida em potes de vidro fechados, longe da luz direta. Plantas específicas podem variar em suas necessidades. Algumas chegam cheias de miasma. Limpe colocando-as em uma cama de sal ou deixando um pequeno pedaço de obsidiana negra em seu recipiente. Depois de limpos, os elementos vegetais ficarão mais leves, seu cheiro ficará mais intenso e será muito mais fácil sintonizar suas energias. Quando estiverem nesse estado, coloque-os no recipiente definitivo.

O Livro da Vida

O Livro da Vida é seu registro da jornada holística da magia das plantas, incluindo suas reflexões pessoais e o conhecimento que você adquire. *Pharmakeia* é a fusão do espiritual com o prático. Isso é científico, o que significa que se baseia na observação e na experimentação. Acompanhe seu trabalho como qualquer bom cientista.

Por outro lado, os aspectos espirituais da bruxaria, da magia das plantas, exigem que contemplemos como nossos pensamentos, sentimentos e ações envolvidas no trabalho que fazemos. O praticante é a parte mais poderosa desse caminho, e nossos registros são sagrados. Tomar notas enquanto trabalha em sua prática e desenvolver seus próprios textos e verbetes, como os do capítulo *Gnosis*, ajudará você a avaliar suas formulações e práticas. Em geral, registre a fase da lua e outras considerações astrológicas sempre que

fizer qualquer *pharmakeia*. Ao planejar seu trabalho, estude esses fatores também. Registre, ainda, seu estado pessoal, emocional, ao planejar e avaliar sua prática.

Ética e Precauções

Como todas as plantas são medicamentos, é a sua aplicação que determina se elas serão usadas holisticamente ou dentro da restrição da separação. As discussões sobre plantas levam inevitavelmente às suas aplicações "medicinais". Forneci as propriedades curativas físicas dos vegetais incluídos nos verbetes para dar a você uma compreensão mais completa do medicamento oferecido. No entanto, esse conhecimento pode ser problemático quando começamos a prescrever para outras pessoas, porque pode haver riscos reais associados ao consumo de produtos botânicos. Alergias, forma terapêutica, tolerância e outros fatores estão envolvidos na maneira como qualquer pessoa responde a um tratamento médico. É natural que queiramos compartilhar nosso conhecimento com os outros, mas devemos fazer isso com cautela. Em geral, a regra a seguir é dar apoio às outras pessoas somente quando solicitado. Isso é especialmente verdadeiro quando se trata de fazer recomendações botânicas. Se você der algum conselho, sempre acrescente a ressalva de que consumir um produto botânico, natural, traz riscos. Esteja ciente desses riscos.

Preparar formulações para outras pessoas é parte essencial da *pharmakeia*. Ao fazer isso, avalie quem receberá sua cura. Considere a idade, as habilidades, as sensibilidades e outras características que ajudarão você a se conectar às necessidades energéticas e a produzir um remédio melhor. Não se coloque em risco ao compartilhar seus remédios. Inclua sempre um aviso específico sobre os produtos botânicos usados e indicações gerais sobre o seu consumo. Praticar *pharmakeia* requer discernimento, intuição, conhecimento dos sistemas e dos métodos. Desenvolvemos uma compreensão profunda por meio de nossas observações, experimentos e aprendizados. E sintetizamos todo esse conhecimento em nossos registros sagrados.

Possessão do Espírito da Planta

A possessão por espíritos de plantas é um risco muito real quando você vai muito fundo antes de estar pronto. Esta é uma forma de contornar a sombra. O Eu sombrio nos convoca a aprender toda a magia imediatamente. A sombra não é paciente, nem quer conhecer o verdadeiro poder que vem do conhecimento do básico. A magia dos espíritos das plantas exige que você seja ético consigo mesmo, vá devagar e aprenda sobre os espíritos das plantas. Não pegue o atalho.

Propriedades e Correspondências

Entender as propriedades e correspondências dos vegetais é o cerne da *pharmakeia*. Quanto mais entendemos as características de uma planta, mais podemos direcioná-la para nosso uso. Sempre que trabalhamos com um elemento botânico, estamos evocando um pedaço de um todo que existe puramente nos mundos etérico/espiritual, além das propriedades medicinais da planta. A planta corpórea é a representação unificada do espírito e das propriedades físico-químicas. Cada pedaço da planta contém o todo. O uso da planta física não diminui em nada o espírito dela, a menos que essa seja a intenção do trabalho. A representação material nos conecta ao espírito, que é liberado através do elemento botânico. A bruxaria com plantas é holística; trabalhamos com os espíritos das plantas para propósitos físicos, espirituais e mágicos.

Entender a diferença entre propriedades e correspondências dentro da magia das plantas ajuda você a discernir entre o que é inerentemente parte do elemento botânico e como esses atributos correspondem a outros objetos energéticos e espíritos. Os elementos botânicos podem ser trabalhados como espíritos puros, professores e aliados por si só, ou podem ser incorporados aos trabalhos como correspondências. Muitas vezes, trabalhamos com suas propriedades padrão, mas é importante não subestimar o papel de usar nossa intuição e ser receptivo ao que cada planta nos apresenta. O conhecimento das propriedades padrão nos orienta sobre quais plantas escolher e como abordá-las. Propriedades são os atributos padrão de uma planta.

Correspondências, por sua vez, são espíritos convocados e direcionados ou invocados a nós como parte de qualquer bruxaria. Usamos correspondências em nossos rituais e feitiços. Nossos altares são criados com elas. Podemos usá-las e decorar nossas casas com elas. Uma compreensão maior das correspondências padrão dos elementos botânicos aprofunda ainda mais a nossa compreensão das suas propriedades. As correspondências comuns, além dos elementos e planetas, incluem signos zodiacais, cores, cristais, pedras e animais. De modo geral, a energia de qualquer uma delas pode ser evocada para adicionar profundidade a um trabalho. Combinar cores com um elemento botânico e associá-lo a um arquétipo se torna uma forma muito potente de ritual ou feitiço.

No capítulo *Gnosis*, você encontrará essas propriedades divididas em categorias espirituais, medicinais e de bruxaria, juntamente com as aplicações dominantes de cada planta. Tenha em mente que as plantas interagem conosco de maneiras diferentes. Assim, embora essas características principais sejam bem evidenciadas, sua experiência individual pode variar. As correspondências entre animal, cor, pedra e metal podem ajudar a aprofundar sua compreensão da botânica para que você possa usar substituições. Saber isso pode servir de inspiração para seus rituais e feitiços.

Usando Propriedades e Correspondências

Abrir-se para um *pharmakoi* é o primeiro passo para trabalhar com um. O próximo é se sintonizar ou sintonizar sua intenção com a energia da planta. Isso acontece com base na assinatura energética de uma correspondência específica que se alinha com o seu propósito ou com a sua vibração pessoal. Todos as plantas possuem uma essência vibracional, que é uma mistura da energia arquetípica com traços únicos, incluindo características e experiências. É aqui que as propriedades padrão de um elemento botânico podem variar muito. Por exemplo, você pode começar a trabalhar com um elemento botânico com base nas propriedades padrão, mas depois descobrir que seu exemplar específico não se parece em nada com as qualidades estabelecidas.

Existem algumas plantas que naturalmente evitamos ou que até nos causam repulsa. Isso pode ser causado por uma variedade de fatores, incluindo experiência anterior com aquele espírito (nesta vida e em vidas passadas), uma aversão física (como uma alergia) ou resistência do espírito a nós. Às vezes, isso pode ser energia sombria. Então, é melhor tentar se conectar com a correspondência escolhida algumas vezes antes de desistir. Pode ser que a sua assinatura energética e a dos *pharmakoi* simplesmente não se conectam, assim como não nos damos bem com todas as pessoas. Incluí um verbete sobre agrimônia, embora esta seja uma planta com a qual acho extremamente difícil me adaptar. No entanto, também acho que funciona como esperado quando a uso. Parte da magia das plantas é arte; outra parte, ciência; e ainda tem a intuição e a experiência.

Quando estamos em sintonia com uma planta, criamos sincronia em nosso trabalho ao fundir seu espírito com a tarefa em questão. Isso é realizado por meio de nossa conexão com o espírito, usando nossa vontade para direcionar a correspondência conforme pretendemos que ela seja usada. Os encantamentos são muito úteis para concentrar nossos direcionamentos, assim como visualizar o processo de sincronia.

Correspondências Sobrepostas

A sobreposição, combinação de correspondências em qualquer trabalho, fortalece o poder de nossos rituais, feitiços e altares. Esse é o processo de *sinergética*: criar um todo unificado muito maior do que a soma de suas partes individuais. A sobreposição, geralmente, é feita em um número que corresponde à intenção do trabalho.

Podemos sobrepor correspondências e propriedades para garantir o sucesso de qualquer trabalho. Embora usar uma única planta possa ser altamente eficaz, o número mínimo para um feitiço de poder é três, o número mais sagrado para a bruxaria hecateana. No capítulo *Gnosis*, você encontrará as correspondências clássicas com os planetas e elementos; elas refletem a alma universal do elemento botânico.

Uma planta de Júpiter é majestosa, nobre, enquanto uma de Fogo pode ser agressiva. Essas almas universais se combinam com o aspecto único de cada *pharmakoi* para criar um arquétipo que reflete os aspectos hecateanos.

Escolha um número de sobreposições que corresponda à sua intenção. As cores são bases fantásticas para montar seu ritual, feitiço ou altar. A essência vibracional da cor e as propriedades psicoespirituais aumentarão o poder. A combinação dessas correspondências fundamentais também acrescenta força. Espíritos mais complexos, como animais, plantas e pedras, podem fornecer uma boa segunda camada. Por fim, a terceira camada pode ser composta por epítetos de hécate, seus companheiros ou outras divindades e espíritos complexos.

Fazendo Substituições

Recomendo que, em um feitiço, você troque os elementos botânicos por outros ou os substitua por uma pedra ou um espírito animal. Quanto mais pessoais forem suas criações, mais potentes elas serão para você. Existem duas maneiras de fazer substituições: adaptar o ritual ou feitiço ao que está disponível, ou adaptar o que está disponível ao trabalho. Você pode fazer substituições determinando primeiro as propriedades que seu trabalho requer e, então, considerando se algum dos ingredientes botânicos que tem em mãos contém essas propriedades. Caso contrário, considere se consegue identificar substituições não botânicas com correspondências semelhantes, como cristais ou até mesmo cores. Seja criativo e esteja pronto para aceitar o que aparece espontaneamente. Os *pharmakoi* têm um jeito de jogar em nosso colo as coisas que eles acham que deveríamos usar.

No entanto, talvez você queira verificar se essas experiências e sinais são legítimos. É fácil buscar confirmação de correspondências consultando as interpretações padrão fornecidas aqui e usando outras fontes, como *The Master Book of Herbalism* ou *Llewellyn's Complete Book of Correspondences*. Em última análise, deve tomar a decisão com base no seu conhecimento, na sua intuição e nessas normas estabelecidas. Contudo, nem toda decisão deve se enquadrar nas normas. Às vezes, a intuição pura é a melhor abordagem.

Para determinar uma substituição de uma planta, pesquise suas propriedades, a parte usada, os elementos associados e os planetas regentes. Em seguida, cruze essas características, por exemplo, com outras plantas, pedras, animais, espíritos ou divindades, para identificar sua escolha. Adivinhação, intuição e comunicação espiritual normalmente estão envolvidas nesse processo. Em geral, os corpóreos – animal, vegetal e mineral – são facilmente intercambiáveis. No entanto, trocar uma planta por um anjo pode ser mais desafiador, porque a ordem energética que esses seres ocupam pode ser diferente. Substituir correspondências de ordem inferior, como certos *sprites* e *daimons*, também pode ser complicado. Você pode acabar com um feitiço "inativo". Lembre-se de que precisa de três camadas ou mais em um feitiço ou ritual para garantir o sucesso. Os corpóreos geralmente são de ordem média, embora isso varie.

Trabalhando com Espíritos de Plantas Selvagens

Embora todos os *pharmakoi* sejam selvagens até certo ponto, alguns se tornaram mais receptivos ao toque da bruxa. Os espíritos das plantas têm propriedades, energias e usos arquetípicos. No entanto, eles também possuem personalidades individuais. E há variações sutis entre variedades de uma espécie. Experimentar plantas selvagens e suas contrapartes mais cultivadas aprofunda nossa prática, tanto melhorando nosso boticário quanto fortalecendo nossa compreensão de energias e espíritos.

Há uma distinção nas assinaturas energéticas entre plantas cultivadas como culturas e aquelas que prosperam naturalmente. Os *pharmakoi* selvagens são os espíritos que vivem – e morrem – sem intervenção humana. Use luvas ao manusear plantas desconhecidas ou potencialmente venenosas. Pegue apenas uma pequena amostra das desconhecidas. Existem aplicativos para ajudar a identificar aquelas que chamam a sua atenção. Mesmo que não esteja usando um aplicativo, tirar fotos das plantas é útil.

Invoque o espírito de Circe para guiá-lo antes de partir em sua jornada de colheita selvagem. Você também pode fazer uma petição para que Hécate compartilhe sua generosidade e lhe mostre as plantas necessárias para seu trabalho. A colheita de itens na natureza pode ser feita para conhecer novos espíritos ou para criar uma botica de produtos botânicos locais. Também pode ser focada estrategicamente em um trabalho específico. Se este for o caso, escreva sua intenção para o feitiço ou ritual com antecedência, pedindo a Circe que te guie até os espíritos vegetais necessários. Ou você pode usar uma abordagem mais estruturada pesquisando a flora local antes de sair em busca de determinadas espécies.

Se estiver coletando raízes, certifique-se de ter uma faca bem afiada e uma pá pontiaguda em seu kit. Retire apenas a raiz necessária, deixando o restante intacto. Algumas plantas, como a mandrágora americana, vivem em colônias, de modo que seus sistemas radiculares podem ser incrivelmente interconectados. Tenha cuidado ao colher essas raízes para não perturbar toda a rede. Língua de vaca, amarela ou não, é ótima para o trabalho de raiz, pois são plantas autônomas que germinam facilmente e não se importam em compartilhar um pouco de seu "coração" com você.

A coleta de árvores, incluindo pedaços de casca, sementes (vagens, cones), resina (seiva) e folhas, é uma excelente forma de colher materiais silvestres. Procure usar pedaços de plantas descartados naturalmente, vasculhando o solo da floresta. Sempre que você se aproximar de um espírito vegetal para coletar um pouco de sua substância, agradeça a esse espírito.

Formulações Botânicas

Praticantes de bruxaria com espíritos vegetais têm muitas opções para formular produtos botânicos para uso. O método mais simples é colocar as plantas escolhidas em uma tigela e então invocar suas propriedades para seu trabalho. Uma tigela com folhas de louro sobre uma cama de sal é um excelente exemplo. A queima de plantas libera suas propriedades psicoespirituais diretamente no ar, assim como os vapores liberados pelo aquecimento suave e o vapor da fervura. Queimar um raminho de sálvia para limpar, selar e proteger um espaço é um exemplo disso. Mas a ingestão de plantas é o cerne da *pharmakeia*. É por meio do consumo delas que podemos realmente nos misturar com os *pharmakoi*, ganhando gnose e entrando em transe. Uma infusão de artemísia feita misturando cerca de uma colher de chá da planta com uma xícara de água fervida, deixando descansar por, no mínimo, dez minutos, dará um impulso imediato às habilidades psíquicas. Consuma isso por períodos mais longos para reconectar e fortalecer seu Terceiro Olho.

Todas as *pharmakeia* podem representar riscos. Tome cuidado com plantas desconhecidas. Não consuma, inale ou aplique qualquer produto botânico, a menos que tenha certeza de que é seguro para você. As plantas estão preparadas para liberar suas propriedades e seus espíritos. Escolha o método de preparação que faça sentido para o seu trabalho. Por exemplo, um óleo concentrado cuidadosamente preparado para ungir seus corpos físicos/espirituais durante o ritual resultará em uma liberação mais constante e sustentada do que uma decocção fervida rapidamente, que pode ser muito mais explosiva energeticamente. Claro, essas são generalizações. Toda *pharmakeia* é uma interação complexa entre o praticante, os elementos vegetais individuais utilizados, seus espíritos mestres e o foco.

As quantidades gerais das preparações também variam com base nesses fatores. *Pharmakeia* é uma arte e uma ciência; requer paciência e experimentação. Uma regra geral é começar com uma colher de chá de um elemento botânico para uma xícara de água ou outro fixador. Depois, teste seus resultados e faça os ajustes necessários. Podem ser usadas plantas frescas e secas. Utilize, aproximadamente, três vezes mais planta fresca do que usaria seca, desidratada.

Os elementos botânicos, assim como nós, existem tanto no mundo da forma quanto no mundo da força, da energia. Herbalistas clínicos, assim como aqueles que praticam a medicina homeopática, trabalham apenas com as propriedades medicinais das plantas. Já herbalistas holísticos, com as propriedades das plantas e a natureza espiritual dos elementos botânicos. *Pharmakeia* é a prática da bruxaria holística dos espíritos das plantas, o que significa que as propriedades espirituais e físicas são usadas como remédios tanto para o Eu corpóreo quanto para o espiritual, e para aplicações mágicas. Essas diferentes aplicações não são vistas como separadas, mas inter-relacionadas; o que é bom para o corpo é invariavelmente bom para a alma. Diga às suas plantas a maneira como você irá trabalhar com elas. As preparações para produtos botânicos são as mesmas, independentemente de sua aplicação específica. Uma tintura de mil-folhas, feita para aliviar dores musculares, também pode ser aplicada em um feitiço para curar um relacionamento ferido.

Tenha em mente que suas necessidades específicas interagem com qualquer formulação, de modo que você pode ser sensível a um ingrediente botânico específico ou a uma aplicação. Você pode precisar de mais ou menos do que o recomendado. Como toda bruxaria, a *pharmakeia* depende tanto da nossa intuição quanto do conhecimento padrão. No capítulo *Gnosis*, listei as contraindicações comuns de cada planta, mas é bem possível que você tenha sensibilidade a algum elemento botânico, embora isso seja bem raro. Vá com calma ao consumir ervas se é novo nisso. Opte pelas mais suaves, como nossos queridos aliados mil-folhas, lavanda, hortelã e dente-de-leão. Vá evoluindo para as mais desafiadoras, como artemísia, escutelária e agrimônia. No entanto, não é necessário consumir plantas para ativar suas propriedades psicoespirituais. Ungir-se com elas, inalar sua fumaça e, às vezes, apenas estar na presença delas é o suficiente. Por exemplo, ficar ao lado de uma tigela com pedaços de resina de mirra me dá uma forte dor de cabeça, mesmo que eu não esteja envolvida em atividades místicas.

Usando Plantas em seu Estado Natural

A maioria dos elementos vegetais pode ser trabalhada em seu estado natural, estando frescos ou secos. Resinas – como mirra, olíbano e meu amado benjoim – são maravilhosas para ter em seu estado puro, tanto abertas em uma tigela quanto adicionando algumas gotas de seu óleo essencial a uma vela ou até mesmo a um pedaço de tecido.

Uma regra geral é usar uma quantidade cerca de três vezes maior de uma erva fresca, porque as ervas secas são muito mais concentradas. Plantas frescas também contêm muita água, e isso precisa ser considerado ao fazer uma formulação. Você pode pendurar as ervas para secar ou remover delicadamente sua parte líquida em um forno de baixa temperatura, as colocando em papel-manteiga para evitar a interação com os metais das assadeiras.

Isso é particularmente importante ao preparar óleos ou produtos à base de óleo, porque a água liberada de uma planta fresca pode diluir a base do óleo, fazendo com que a mistura não endureça firmemente – por exemplo, com uma pomada. Geralmente, é melhor usar ervas frescas para produzir um óleo e depois utilizá-lo na pomada, removendo assim o excesso de água por meio do processo em etapas. Óleos são ótimas fórmulas para ungir o corpo ou objetos sagrados. Eles também são bons para serem colocados em um difusor ou em um aparelho de fusão.

As propriedades dos elementos vegetais são liberadas, geralmente, por meio de um processo indutivo, como o uso de calor, frio, as propriedades de um fixador ou o tempo. No entanto, também é perfeitamente possível utilizar elementos botânicos sem esse tipo de processamento. Algumas plantas, como louro e lavanda, liberam seu poder prontamente assim que dizemos que é hora do show. Faça um arranjo com folhas de louro em uma tigela no coração da sua casa, expressando sua intenção a elas, e observe a abundância crescer. Arranjos de plantas frescas são feitiços incríveis por si só. Escolha cuidadosamente suas plantas aliadas para corresponder à sua intenção, ou vá à colheita na natureza para encontrar o que você precisa, se abrindo para as plantas que querem fazer parte do seu trabalho.

Terroir

O ambiente local, conhecido como terroir, pode ter uma forte influência sobre espécimes individuais. Tenho duas fontes de zimbro selvagem que são minhas aliadas. Uma é a variedade que cresce no topo dos penhascos de granito, ao longo do mar aberto; a outra, no pântano da minha propriedade. Ambas têm os mesmos poderes arquetípicos, mas a dos penhascos tende a ser muito mais potente, sendo fortalecida com uma energia muito mais rápida do sal e do vento. Meu zimbro do pântano é mais lento e estável. Observe o ambiente onde você colhe suas plantas e considere como isso pode interagir com suas propriedades padrão.

Formulações à Base de Sólidos

Uma técnica para ativar elementos botânicos é usar um sólido como fixador, por exemplo, sal, carvão, solo ou areia. A mistura botânica com essas substâncias é semelhante à de qualquer outro produto. O ambiente de onde o solo ou a areia vem também deve ser considerado. A areia do mar terá uma composição muito diferente daquela da terra recuperada das profundezas da floresta. O sal serve como um purificador multiúso, sendo uma excelente base para plantas mais

saudáveis que não são propensas à decomposição rápida. Louro, zimbro e pinheiro são exemplos disso. Coloque-os em cima de uma tigela cheia de sal. Se você quiser banir alguém, colocar uma flor delicada e venenosa, como uma dedaleira, em um canteiro de terra com o nome da pessoa que deseja afastar funciona muito bem.

Formulações à Base de Água

A água tem propriedades químicas que aceleram a liberação de propriedades botânicas. Vitaminas, ferro e outros agentes interagem com a planta para produzir um líquido ativado. Geralmente, o calor também é aplicado para acelerar o processo de liberação e sinergia, embora formulações frias possam igualmente ser muito eficazes. Recomendo que você use água natural em vez de água altamente tratada. Se for consumir a mistura à base de água, certifique-se de que a fonte de onde ela vem seja segura para beber.

Estas são as quantidades geralmente recomendadas ao usar plantas secas para preparações à base de água:

- *Fracas:* ¼ de colher de chá para uma xícara de água. Deixe em infusão por cinco minutos.
- *Moderadas:* meia colher de chá para uma xícara de água. Deixe em infusão por dez minutos.
- *Fortes:* uma colher de chá para uma xícara de água. Deixe em infusão por vinte minutos.

Ajuste as quantidades e os horários de acordo com suas necessidades. Misturas de três ingredientes botânicos funcionam bem com esse processo. Se usar mais de três, reduza um pouco a quantidade de cada um.

Infusões Aquecidas

O método mais fácil de preparar ervas para consumo é por infusão. As infusões agem rapidamente no corpo, o que as torna ideais para a ingestão.

Para o chá, despeje água fervida sobre as ervas e deixe que elas, a água e o calor se misturem em um produto ativado. Isso é uma infusão. Comumente conhecidas como tisanas ou chás, as infusões geralmente têm a matéria botânica coada, seja usando um coador em formato de bola para chá ou um bule especialmente projetado com um recipiente para segurar as ervas, coando após a infusão.

Você pode facilitar esse processo comprando ervas em "saquinhos de chá" ou fazendo os seus próprios. Misturas caseiras de plantas prontas para uso (*blends*) são presentes de bruxa incríveis e muito fáceis de fazer.

Elementos

- Coador de aço inoxidável ou silicone com tampa ou bule com encaixe

Orientações

- Encha o filtro ou recipiente com as ervas e despeje água recém-fervida sobre elas.
- Deixe a mistura em infusão.
- Remova as ervas.
- Adoce, se desejar.

Alternativa

- Coloque suas ervas em um recipiente ou coador em formato de bola.
- Coloque a bola em um recipiente de vidro transparente com tampa.
- Deixe em infusão sob luz solar direta por seis horas.

Você pode beber a mistura morna ou deixá-la esfriar. Ervas que produzem excelentes infusões são rosa, sálvia, escutelária, mil-folhas, damiana, ditamno, bagas de zimbro, agrimônia, dente-de-leão (folha), erva-doce, lavanda, hortelã, artemísia, açafrão e verbena. As infusões são rápidas e simples de fazer, o que as torna a forma ideal para tônicos. Um tônico matinal para fazer sua energia fluir durante o dia pode ser preparado com dente-de-leão, mil-folhas e o energizante gengibre. À noite, relaxe com bagas de zimbro, lavanda e mil-folhas.

Como as infusões não têm conservantes, é melhor consumi-las em poucos dias. Você pode refrigerá-las para prolongar seu uso ou congelá-las em formas de gelo. As infusões também podem ser adicionadas a outras bebidas, como *smoothies* e coquetéis, ou despejadas na banheira para um banho ritual. Use-as como um tônico para limpeza e purificação da pele ou molhe um pedaço de pano na infusão para aplicar um emplastro em uma área específica (emplastro de artemísia é ótimo para ativar o Terceiro Olho). Elas também podem servir como líquido base para frascos de bruxa. Basta adicionar um encantamento ou sigilo escrito, além de plantas extras e uma pedra correspondente.

Infusões a Frio

Infusões frias são preparadas permitindo que os ingredientes botânicos se dissolvam na água. Isso é feito misturando, amassando ou usando outro ativador, como a lua. Ervas frescas, frutas e vegetais funcionam bem em infusões frias. Manjericão e tomilho são excelentes em infusões frias com frutas. Suco concentrado de romã puro adicionado à água fria e depois infundido sob a luz da Lua Cheia é um tônico incrível que se conecta à sua Deusa interior. Use cerca de uma parte de suco para duas partes de água e, em seguida, adicione um raminho de tomilho fresco.

Decocções

Infusões aquecidas são criadas fervendo água e a despejando sobre as ervas. O oposto é verdadeiro com decocções. Para fazer uma decocção, primeiro adicione as plantas à água e depois ferva a mistura por um período. Esse processo funciona melhor para raízes, como cimicífuga ou dente-de-leão, ou cascas, como bétula. O alho também fica melhor se for usado em decocção, caso seja necessário utilizá-lo em uma base de água.

Orientações

- Coloque as ervas no fundo de uma panela de aço inoxidável e despeje a quantidade desejada de água.
- Tampe e deixe ferver.
- Reduza o fogo para ferver suavemente pelo tempo necessário e depois deixe descansar até a água ficar morna.
- Retire a matéria botânica usando uma peneira e despeje a decocção em um recipiente de vidro ou em uma caneca.

Você pode beber morna ou deixar esfriar e refrigerar para uso posterior.

Poção de Limpeza Energética

Minha decocção favorita é um banimento de alho que alivia os sintomas do resfriado e também pode ser usada para remover feitiços negativos:

Ingredientes

- 4 xícaras de água mineral
- 6 dentes de alho recém-descascados
- 1 raiz de dente-de-leão
- Mil-folhas
- Uma pitada de pimenta caiena em pó

Orientações

- Misture os ingredientes com água e deixe ferver por cerca de vinte minutos.
- Retire todos os ingredientes botânicos coando.
- Deixe esfriar por cerca de dez minutos.
- Adicione mel e limão a gosto, se for beber.

Para um feitiço de remoção, use sua colher na decocção para escrever o nome do que quer que seja – ou de quem quer que seja – que esteja sendo banido, falando sua intenção enquanto soletra. Depois, despeje a mistura no vaso sanitário e dê descarga.

As decocções também podem servir como uma ótima base para fazer papéis e tecidos ativados. Açafrão, mirtilo, amora, romã e framboesas podem ser adicionados à sua bebida para dar um toque mágico. Após a decocção estar pronta, mas não muito fria, mergulhe delicadamente pedaços de papel vegetal não encerado (ele não se desfaz tão facilmente quanto o papel comum) ou tecido até que a cor seja aderida. Deixe secar e depois use para sua bruxaria.

Xaropes de Açúcar

Às vezes, precisamos adoçar a magia. Xaropes de açúcar são excelentes para feitiços de atração de todos os tipos, especialmente prazeres, romance e, em geral, para nos mimarmos. Você pode criar um feitiço doce rápido usando um xarope simples em um frasco de bruxa, com o nome do seu desejo escrito em um pedaço de papel e colocado dentro dele. Mexa enquanto o açúcar faz efeito.

Ingredientes

- 1 xícara de açúcar branco, refinado
- 1 xícara de água
- 3 raminhos de ervas frescas (cerca de ¼ de xícara picadas)

Orientações

- Leve os ingredientes ao fogo até ferver.
- Mexa até o açúcar dissolver, por cerca de um minuto.
- Deixe cozinhar por mais um minuto.
- Despeje a poção em uma tigela de vidro e mantenha em infusão por cerca de dez minutos.
- Coe e despeje em um recipiente de vidro de boca larga.
- Deixe a mistura esfriar até a temperatura ambiente.
- Coloque em um recipiente de vidro hermético e guarde na geladeira por até um mês.

A receita do néctar incluída mais adiante no verbete sobre alecrim fará com que você se sinta muito bem.

Formulações à Base de Óleo

Os óleos duram mais do que as preparações à base de água. Essas formulações são superiores para aplicação na pele e para uso em objetos sagrados. Também podem ser utilizadas para ungir o corpo com o objetivo de ativar o Eu sagrado e sintonizar com o mundo externo dos espíritos, ou para vivificar e limpar objetos sagrados, como velas, ferramentas, estátuas e pedras. Elas são úteis para encantar bonecos, talismãs e outros tipos de amuletos, bem como ser adicionadas a banhos rituais. Podem ser usadas na culinária mágica e como ingredientes em cremes, pomadas e bálsamos mágicos.

O procedimento geral para fazer um óleo infundido é combinar ingredientes botânicos com um fixador, como óleo de coco, jojoba, semente de uva ou azeite de oliva. A manteiga de óleo de coco é uma base fantástica para cremes, enquanto o óleo de coco fracionado é ótimo para óleos usados em tônicos para a pele. A manteiga de karité é incrivelmente nutritiva, duradoura e neutra, o que a torna a base ideal para pomadas e bálsamos. A jojoba é excelente para trabalhos mais intensos, especialmente para curar e espessar a pele. A semente de uva é rejuvenescedora e faz o tempo voltar, reduzindo os sinais de envelhecimento. O azeite de oliva é o fixador universal para óleos, mas sua única limitação é que ele se fragmenta em altas temperaturas.

Azeite de oliva, manteiga de karité e pastilhas de cera de abelha (pequenos grânulos) são os três ingredientes básicos que podem ser usados para quase todas as formulações à base de óleo. *Pellets* (pelotas) de soja ou parafina podem substituir a cera de abelha, que é usada para aumentar a solidez de pomadas e bálsamos, e para fazer velas. Os óleos essenciais são fabulosos para uso em bruxaria com as plantas. No entanto, eles têm suas desvantagens. Em particular, alguns não são adequados para consumo. Se você estiver usando óleos essenciais, certifique-se de que os seus sejam seguros para consumo. Eles também podem ser prejudiciais quando aplicados diretamente na pele, por isso é melhor diluí-los em um óleo fixador ou carreador.

Muitos ingredientes botânicos frescos podem ser rapidamente incorporados a uma base de óleo líquido, como abacate ou azeite de oliva. Basta encher um frasco de vidro com cerca de dois terços dos elementos vegetais e despejar o óleo sobre eles. Deixe a mistura fundir por cerca de uma semana, agitando diariamente. Para plantas secas, encha o frasco até cerca de 1/3 e depois adicione o óleo. Deixe-os misturar por pelo menos uma semana. Você pode coar os elementos vegetais para interromper sua decomposição ou deixá-los permanecer.

Oleum Maleficarum (Óleo das Bruxas)

O *oleum maleficarum* é o seu óleo de poder pessoal usado para se ungir durante rituais e para aplicação em seus objetos sagrados. Este óleo usa calor para expelir suavemente as propriedades psicoespirituais-físicas do elemento botânico para o fixador. Por ser o mais sagrado para Hécate, recomendo usar azeite de oliva orgânico de alta qualidade. Uma difusão suave feita por um longo período de calor captura as propriedades botânicas sem ativá-las todas de uma vez. Isso resulta em uma fórmula duradoura e de liberação lenta, que pode ser conservada por pelo menos três meses.

Este óleo incorpora o poder soberano do roxo ao incluir nele uma pequena ametista e cobrir o frasco com um pedaço de tecido roxo. Ele também pode integrar a erva "moly", a planta que fala mais alto com você e com a qual se sintoniza como bruxa. Essa prática é herdada de Circe e Medeia. O óleo leva um dia inteiro para ser preparado. Comece pela manhã. Reúna seus ingredientes. Se puder, colha você mesmo.

Sagrada Moly

É curioso que os historiadores tenham tentado determinar exatamente o que a erva moly era para Circe, Medeia e outros antigos pharmaka. O problema é que eles estão procurando por uma planta. Moly não é uma espécie. Em vez disso, refere-se à planta aliada mais próxima de uma bruxa. Artemísia é minha paixão, é minha "moly".

Elementos

- Frasco limpo de 750 ml (1/4 de um galão) com tampa
- Panela com tampa (pequena o suficiente para que não haja muito espaço de ar entre as 3 xícaras de óleo e a tampa)
- Almofariz (tigela grossa) e pilão
- Colher de pau para mexer
- Faca para picar, se usar ingredientes frescos
- Gaze de algodão ou peneira de malha fina (para remover os ingredientes)
- Frasco pequeno para transportar o óleo depois de preparado
- Pano roxo e barbante para cobrir o óleo
- Pequeno pedaço de ametista

Ingredientes

- 3 xícaras de azeite de oliva orgânico de alta qualidade
- Louro, artemísia e sálvia (o *Pharmakoi Kyrios*)
- 1 elemento botânico de cada um dos mundos (use os verbetes para determinar isso)
- Sua "moly" pessoal

Orientações

- Depois de reunir seus ingredientes, escreva um encantamento ou simplesmente fale com eles sobre qual será seu óleo e como você está pedindo ajuda.
- Se estiver usando plantas secas, triture-as bem primeiro com um pilão, trabalhando no sentido horário.
- Pique elementos frescos para que caibam na panela.
- Aqueça suavemente o óleo até que fique morno ao toque. Não deixe esquentar, nem ferver, porque isso fará com que ele queime, destruindo sua capacidade de absorver matéria vegetal.
- Misture delicadamente as ervas com o óleo morno e tampe.
- Deixe em fogo bem baixo, mantendo a temperatura morna ao toque. Recomendo deixar o fogo ligado por intervalos de cinco minutos, depois cobrir a panela com um pano e retirar do fogo.

Embora não deva haver vapor real, o óleo liberará calor, resultando em algum vapor que pode escapar se a panela não estiver bem tampada. Repita esse processo por doze horas. O calor constante permitirá a liberação lenta das propriedades dos elementos vegetais. Recite o encantamento que você escreveu toda vez que aquecê-lo. Na hora de dormir, deixe o óleo em um recipiente bem vedado e embrulhado (recite o encantamento novamente enquanto o coloca nesse recipiente).

De manhã, coe os ingredientes botânicos e despeje no frasco. Você pode reservar um pouco para testar a sensibilidade na sua pele e "conhecê-lo" enquanto o frasco de óleo fica pronto. Adicione a ametista e sele o frasco. Despeje algumas gotas de cera da sua vela de trabalho no centro da tampa, depois coloque o pano sobre ela e o amarre ao redor da borda do frasco. Ao amarrar, recite seu encantamento uma última vez. Deixe o óleo no parapeito de uma janela por, no mínimo, três dias.

Unção com seu Óleo de Poder Pessoal

Para estar totalmente em seu poder, use esta técnica. A preparação adequada – ou seja, purificação com o ritual Khernips e banho ritual – deve ser feita antes da unção.

- Unja os seus pés, dizendo:

  Sentire, para sentir.
  Meus sentimentos são soberanos e refletem meu verdadeiro Eu.
  A confiança é minha.

- Levante o braço direito e unja a sua coroa, dizendo:

  Credere, para acreditar.
  Minha mente é soberana e reflete meu verdadeiro Eu.
  A integridade é minha.

- Leve as mãos ao centro do coração e visualize o topo da pirâmide. Unja seu plexo solar (na altura da boca do estômago), dizendo:

  Ire, para seguir.
  Minhas ações são soberanas e refletem meu verdadeiro Eu.
  O poder é meu.

- Usando a mão esquerda, unja o peito, dizendo:

  Tacere, para ficar em silêncio.
  A disciplina é minha.

- Usando a mão esquerda, unja a área abaixo do umbigo, dizendo:

  Velle, para querer.
  A força é minha.

- Unja seu pulso esquerdo, dizendo:

  Audere, para ousar.
  A liberdade é minha.

- Unja seu pulso direito, dizendo:

  Noscere, para saber.
  A consciência é minha.

- Sinta o óleo ativando o centro de energia associado. Não tenha pressa em momento algum, deixando as mensagens chegarem. Quando terminar, retorne ao seu corpo físico suavemente, mexendo os dedos dos pés e das mãos. Levante-se lentamente.

Unja-se com o óleo nos sete pontos pelos próximos dias e sempre que estiver diante de uma situação complicada. Você também pode usá-lo para restaurar sua soberania após um dia difícil. Pode, ainda, utilizar este óleo para preparar utensílios de altar e outros objetos de grande poder pessoal.

Pomadas, Cremes e Bálsamos

Pomadas são preparações feitas de um óleo sólido, como manteiga de karité ou de coco, com uma pequena quantidade de cera adicionada para solidificar, para dar firmeza ao produto. Elas são desenvolvidas para serem usadas com moderação, enquanto cremes são para uso mais amplo. O Unguento Voador de Medeia, no verbete sobre o carvalho, é um bom exemplo.

Você pode adicionar óleos essenciais e infundidos a essa mistura conforme a necessidade, mas os ingredientes básicos para fazer uma pomada são:

- ¾ de xícara de manteiga à base de óleo
- ¼ de xícara de *pellets*
- 1 colher de chá de azeite de oliva infundido ou 9 a 12 gotas de óleo essencial

Quanto mais óleo infundido você adicionar, mais cremoso o produto ficará; e quanto mais cera de abelha, mais sólido se torna. Experimente as proporções para encontrar a ideal para o que você está fazendo.

Cremes, em geral, são compostos apenas de manteiga à base de óleo sólido, além de óleos essenciais e infundidos. Bálsamos, normalmente usados nos lábios, calcanhares e cotovelos, têm uma proporção maior de *pellets*, cerca de dois para um.

Há dois métodos que recomendo para preparar cremes, pomadas e bálsamos. O primeiro é a técnica tradicional de banho-maria, na qual o óleo, a manteiga e os *pellets* são derretidos no vapor da água

fervente; o segundo é o que eu chamo de método "easy-bake" (fácil de preparar ou "pronto para assar"), que funciona com recipientes resistentes ao calor, como pequenas latas de alumínio.

Método Banho-Maria

- Misture o óleo, a manteiga e os *pellets* (se for o caso) em uma tigela de vidro resistente ao calor ou em um copo medidor. Você também pode usar uma panela banho-maria (na qual uma panela se encaixa em outra).
- Coloque a mistura em uma panela de aço inoxidável e prepare outra com água até a metade.
- Leve a água para ferver.
- Misture delicadamente os ingredientes com uma colher de pau enquanto a água ferve. Mexa até derreter completamente.
- Adicione os óleos infundidos e essenciais, se apropriado.
- Despeje em recipientes.

Método *Easy-Bake*

- Forre uma assadeira com papel-manteiga.
- Aqueça o forno a 150 graus.
- Disponha o óleo, a manteiga e os *pellets* de cera de abelha (se for o caso) em latas pequenas, usando as proporções recomendadas para o seu produto.
- Leve ao forno por cerca de dez minutos ou até que os ingredientes derretam.
- Adicione óleos essenciais e infundidos conforme desejado.

Formulações à Base de Álcool

Esse tipo de preparação ativa os destilados botânicos por meio da liberação provocada pelas propriedades químicas do álcool. Tenha sempre uma vodca de alto teor alcoólico na sua farmácia para fazer praticamente qualquer tintura. Aumente os itens da sua *pharmakeia* usando bebidas alcoólicas feitas de plantas apropriadas para seu feitiço. Precisa banir? Opte por gim preparado com zimbro. Quer criar um coquetel divino para liberar sua Deusa interior? Experimente a bebida feita de ditamno ou o misterioso Aperol – à base da infusão de ervas e raízes, um dos meus favoritos –, que aparentemente é produzido usando feitiçaria supersecreta.

A maioria das formulações à base de álcool assume a forma de tinturas, que são extratos líquidos de plantas tomados diretamente sob a língua ou usados como base para feitiços. Geralmente, são destiladas em álcool, mas podem ser feitas com vinagre de maçã ou glicerina alimentícia para quem deseja evitar álcool. Outra maneira de escapar da pequena quantidade de álcool é infundir a tintura em uma bebida morna, como água quente misturada com mel.

O principal benefício das tinturas é que apenas uma pequena quantidade é necessária, geralmente meia a uma colher de chá. Elas são coletadas com um conta-gotas. A outra vantagem é que agem mais rapidamente quando aplicadas sob a língua. Uma simples tintura de artemísia é um item básico na farmácia, usada para aumentar poderes psíquicos, acalmar uma mente sobrecarregada e, em geral, tranquilizar a alma. Quase qualquer álcool 40% ou mais pode ser utilizado como base para uma tintura.

Glicerita é uma tintura feita com uma base de três partes de glicerina para uma parte de água pura. Tinturas e gliceritas verdadeiras são armazenadas em um armário fresco e escuro, enquanto as formulações à base de vinagre devem ser mantidas na geladeira. As tinturas de álcool podem durar vários anos; as de glicerol, cerca de seis meses.

Tinturas são fáceis de consumir e usadas para uma variedade de propósitos medicinais, desde aliviar o sofrimento até ativar poderes psíquicos. Você também pode utilizá-las para ungir objetos sagrados que não serão danificados pelo álcool ou em frascos de bruxa para ativar o feitiço rapidamente.

Ingredientes

Como em todas as *pharmakeia*, estas são recomendações. O *pharmaka* é um experimentador, ajustando as quantidades e os processos com base nas práticas existentes, na intuição e na experiência pessoal.

Cerca de uma parte de plantas frescas para três partes de líquido ou uma parte de plantas secas para seis partes de líquido. Por exemplo, 1/4 de xícara de plantas frescas para 3/4 de líquido ou três colheres de sopa de plantas secas para uma xícara de líquido.

Orientações

- Coloque os elementos vegetais em um frasco limpo e adicione o líquido. Geralmente, despejo água fervida suficiente sobre os elementos botânicos para soltá-los, acelerando o processo de destilação.
- Tampe o frasco.
- Agite suavemente diariamente. A tintura estará pronta para uso após cerca de quatro a seis semanas, para produtos à base de álcool, e menos tempo para glicerina e vinagre. Teste colocando uma pequena quantidade embaixo da língua.
- Coe os ingredientes botânicos, pressionando suavemente a matéria vegetal para liberar a tintura mais concentrada.
- Para maior praticidade, armazene em um frasco de vidro escuro com conta-gotas.

Formulações à Base de Vinagre

Os vinagres introduzem acidez em nossa *pharmakeia*. Eles queimam o supérfluo nos vegetais e fazem o mesmo dentro do corpo e na bruxaria. Os vinagres funcionam da mesma forma que uma tintura, mas têm o benefício adicional de serem seguros para crianças e para aqueles que não consomem álcool. Para o último grupo, são muito mais baratos do que fazer uma glicerita. Um benefício adicional é que os vinagres podem ser adicionados aos alimentos para intensificar seus poderes botânicos.

Para o boticário, ter vinagre de maçã e vinagre branco à mão é essencial. O vinagre de maçã com a "mãe" (a cultura bacteriana) é ótimo devido aos seus muitos benefícios à saúde. Assim como o uso de água de nascente em comparação com água da torneira tratada quimicamente, o vinagre branco também funciona bem, mas muitas vezes tem muitos dos benefícios à saúde removidos pelo processamento. A cor clara do vinagre branco é útil para preparações que se beneficiam disso. O Banimento Duplo "B", no verbete do manjericão, é um exemplo de extrato de vinagre usado em um feitiço, enquanto a Salada da Deusa Tríplice incorpora vinagre em uma receita mágica.

Um extrato de vinagre pode ser feito seguindo o mesmo processo de uma tintura. Um extrato aquecido pode ser elaborado de acordo com o processo de produção de um óleo infundido.

A Magia dos Oxymels

Oxymels – latim para "ácido e mel" – são preparações que combinam vinagre e mel, e eram populares entre os antigos hecateanos. O mel esconde o sabor amargo, enquanto o vinagre realça o sabor botânico. Você pode substituir o mel por xarope de bordo.

Há algo em fazer um *oxymel* que anima uma parte antiga de mim, e toda a experiência é mais espiritual para mim do que fazer qualquer outra formulação. Adoro a versatilidade deles. Faça um com mil-folhas para um remédio prático e adicione à água quente para uma infusão instantânea. Ou prepare um com dente-de-leão para despejar sobre batatas-doces assadas, com o objetivo de maximizar a energia sustentada.

A fórmula geral para um *oxymel* é misturar partes iguais de vinagre, mel e plantas secas. Coloque o elemento botânico no frasco, adicione o mel e cubra com o vinagre. Agite vigorosamente e continue fazendo isso todos os dias por cerca de duas semanas. O *oxymel* de agrimônia, no capítulo *Gnosis*, é ótimo para caminhar no tempo dos sonhos.

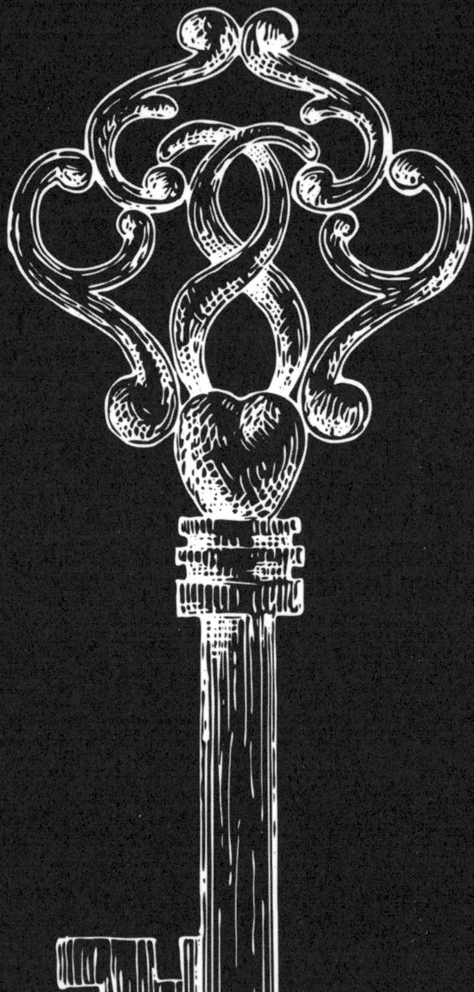

VII. HIEROS PYR

O Fogo Sagrado

Eu a saúdo, Hécate, Hieros Pyr.
Ela que é o fogo sagrado das bruxas.
Eu saúdo Circe e Medeia,
Filhas do Fogo originais e imortais.
Eu o saúdo Hieros Pyr,
O fogo sagrado das bruxas.
Eu saúdo as cinzas, a fumaça e a chama,
E as plantas que produzem o mesmo.
Pela sua fumaça sagrada, eu sou purificada.
Pela sua chama brilhante, eu afasto tudo o que faz mal.
Pelas suas cinzas alquímicas, eu sou transformada.
Eu a saúdo, Hécate, Hieros Pyr.
Saúdo espíritos das plantas que produzem seu fogo.
Eu saúdo a fumaça, as cinzas e as chamas,
Cujos poderes eu agora reivindico.

O *Hieros Pyr*, o fogo sagrado da *pharmakeia*, permite que os praticantes acessem as propriedades ocultas dos elementos botânicos por meio de cinzas, fumaça e chamas. *Hieros Pyr* é uma prática, uma jornada e um reflexo do fogo sagrado dentro da bruxa. O ritual da dança do fogo ativa suas próprias chamas e conecta você ao fogo sagrado do Mundo Verde.

Muitas bruxas vivenciam o fogo sagrado por meio de estátuas, representações e outros ícones que simbolizam seus espíritos e divindades favoritos. Técnicas para preparar, vivificar e manter esses objetos são apresentadas a seguir. Para ficarmos plenamente no poder das forças, dos espíritos e das divindades que celebramos por meio de nossa iconografia, frequentemente nos envolvemos em rituais. O fogo sagrado costuma fazer parte desses rituais, mas há muitas outras maneiras de incorporar *pharmakeia* em ritos e cerimônias. Honrar divindades, espíritos e os mortos é inerente à prática da *pharmakeia*. No verbete sobre papoula, você aprenderá como cruzar o véu para se conectar, elaborando e aplicando um dos meus óleos e rituais mais amados.

Eu adoro um ótimo ritual quase tanto quanto um feitiço bem elaborado. Então, a seguir, falaremos sobre feitiçaria, incluindo magia simpática, bruxaria com velas e muito mais. Os poderes psíquicos da *pharmakeia* são revelados na seção sobre adivinhação, incluindo a incorporação de espíritos botânicos em leituras, o uso de plantas para a prática de cleromancia ("jogar os ossos") e a interpretação de sinais e presságios dos *pharmakoi*.

A dança do fogo e da terra, eterna e em constante mudança, é reproduzida por meio da aplicação da chama aos elementos botânicos. Como bruxas, trabalhamos com o fogo sagrado em nossos feitiços, desde magia com velas até a preparação de poções em nossos caldeirões. Para mim, esse caldeirão geralmente é uma panela de aço inoxidável em cima do meu fogão elétrico, conforme descrito no verbete sobre romã. O fogo também é encontrado em plantas usadas na bruxaria e nos espíritos que evocamos. A energia do dragão está há muito tempo conectada a Hécate e suas bruxas imortais. Medeia gosta mais de dragões. A fênix é outro espírito do fogo sagrado.

As três partes do fogo sagrado são ativadas quando queimamos plantas de todos os tipos e na magia com velas. O fogo, é claro, é um espírito em si. No entanto, muitas vezes há outros, alguns que convidamos e outros que simplesmente aparecem por conta própria. Os espíritos vegetais que usamos em incenso e fogo podem ser evocados quando você invoca as propriedades específicas que deseja ter como aliadas em seu trabalho: carvalho para soberania, bétula para ligação, manjericão para iniciação, artemísia para adivinhação, escutelária para clareza.

Incenso

A técnica básica para queimar plantas como incenso é simplesmente colocar uma pequena quantidade em uma fonte de fogo. Incenso, estritamente falando, se refere a um pó botânico formulado, embora misturas soltas de plantas usadas para queimar também sejam comumente chamadas de incenso, e é assim que atribuo qualquer planta utilizada em rituais. Misturas de incenso comerciais geralmente são inflamáveis, o que significa que contêm material combustível suficiente (como papel ou madeira) para queimar com facilidade.

Para ativar o fogo sagrado dos elementos vegetais, o método tradicional é acender um bloco de carvão e depois colocar a mistura por cima. Isso produzirá uma fumaça mais duradoura do que simplesmente acender a mistura. Alguns elementos vegetais têm uma taxa de combustão rápida, o que significa que queimam depressa, enquanto outros são mais lentos, de queima prolongada.

Qualquer elemento botânico pode ser usado como incenso, desde pegar um pouco de manjericão do pote de temperos até formulações elaboradas, como o incenso Caldeirão de Hécate. As plantas são transformadas em matéria de cura pelas instruções que damos a elas por meio de palavras, emoções e toque. Cada vez que você toca em uma planta para *pharmakeia*, ela se torna um remédio sagrado por conta de suas intenções. Essa é a diferença entre herbalismo clínico e magia das plantas. Quando ativamos os *pharmakoi* sagrados usando o fogo, o tempo gasto para compartilhar nossas intenções pela vibração de nossos pensamentos, palavras, sentimentos e toques traz os espíritos à vida.

Resinas como benjoim, olíbano e mirra derretem ao queimar. São excelentes bases para incenso devido à viscosidade natural. O benjoim, em particular, é um maravilhoso complemento para quase qualquer incenso. Tem um aroma fabuloso de baunilha, que é calmante e energizante. Além disso, suas qualidades espirituais são aptas a praticamente qualquer ritual ou feitiço. O olíbano é fabuloso para todos os trabalhos fortalecedores, e a mirra é ideal para trabalhos místicos. A goma arábica pode ser substituída como um adesivo neutro.

Vários materiais são indispensáveis se você for fazer seu próprio incenso. São eles:

- Almofariz, pilão, de preferência feitos de pedra densa, como granito ou rocha vulcânica (recomendo que você tenha um para misturas consumíveis e outro para venenos)
- Frascos de vidro com tampa
- Etiquetas e marcadores
- Blocos de carvão
- Um incensário (tigela ou prato resistente ao calor) ou queimador de incenso
- Areia para colocar sob o bloco de carvão (opcional)

Preparando Incenso

Para combinar plantas em um incenso, use um método que esteja alinhado às energias que você utilizará nas plantas. Para fins de remoção, desde aliviar sintomas de resfriado até banimentos mágicos, macere-as o suficiente para liberar seus compostos, fazendo círculos no sentido anti-horário com o pilão e o oposto para trabalhos de atração, como atrair cura ou manifestar feitiços. Sete boas voltas devem funcionar com plantas benéficas, como lavanda, artemísia, tomilho e verbena. As mais desafiadoras, como a maioria dos venenos, exigem um processo de preparação mais complexo – por exemplo, dedaleira ou mandrágora.

Sementes, como romã e papoula, precisam de uma batida mais vigorosa no pilão. Raízes, como a cimicífuga e o dente-de-leão, também demoram mais para liberar a essência. Você sentirá isso ao moer os elementos vegetais, se estiver em sintonia com eles durante o trabalho. Uma onda energética será liberada – às vezes, como um suspiro; às vezes, como um rugido. À medida que você mói, os ingredientes botânicos se quebram em pedaços menores e seus óleos são liberados. Adicione os ingredientes botânicos em fases ao moer, para que as plantas mais independentes entrem primeiro.

Macerar os elementos botânicos em um pilão até que eles liberem suas propriedades e sejam quebrados em pedaços menores geralmente é o suficiente, mas você pode querer fazer um verdadeiro incenso reduzindo os vegetais a pó. A melhor maneira para isso é usando um moedor de café ou de especiarias. Investir em um moedor elétrico de alta qualidade é uma das decisões mais sensatas que um *pharmaka* pode tomar. Adorei muitos que tive nos últimos vinte anos. Digo "muitos" porque ainda não conheci algum que resista às exigências que lhe coloco. Sementes, especialmente as muito duras, como cardo-mariano e linhaça, desgastam o motor.

Aqui estão algumas regras gerais para preparar incensos:

- Coloque as mãos sobre as plantas, permitindo que a vibração da sua intenção penetre nelas.
- Como proporção geral, use 1/3 de material adesivo, 1/3 de material botânico altamente inflamável e 1/3 de outro material. Minha fórmula infalível é 1/3 de benjoim, 1/3 de artemísia e 1/3 de ingrediente específico para o efeito.
- Utilize resina moída até virar pó para ajudar os ingredientes botânicos do seu incenso a aderirem uns aos outros, para que funcionem de forma sinérgica. Adicione-a primeiro.
- Certifique-se de que seus elementos vegetais estejam bem secos. Áster, casca de bétula, casca de alho, artemísia, zimbro, alecrim, pinha e sálvia são algumas das plantas que queimam muito bem.
- Para um incenso de liberação lenta, use sementes, como papoula, e frutos, como zimbro. Outras plantas, como a lavanda, também demoram a inflamar.
- Para fazer *pellets* ou cones, use pós e goma arábica e depois molde a mistura em formas. Embale bem e deixe descansar por uma semana antes de utilizar.
- Adicionar óleos e tinturas pode aumentar a inflamabilidade do incenso, o que pode ou não ser desejável.

Depois que o incenso estiver preparado, armazene as ervas em um recipiente de vidro fechado. Se você tiver um pedaço extra de obsidiana à mão (além daquele do exercício de aterramento mais adiante), você pode limpá-lo em um saco de sal ou sob a Lua Cheia e depois colocá-lo junto com o incenso. As propriedades compartilhadas se misturarão muito bem.

Queimando Incenso

Use blocos ou discos de carvão para fornecer o fogo constante necessário para a queima sustentada das plantas. Eles podem ser quebrados em pedaços menores para períodos mais curtos de queima.

Coloque um pouco de incenso solto no incensário, depois adicione o carvão e o acenda com um isqueiro, até que pequenas faíscas ou brancura comecem a aparecer. Adicione um pouco mais de incenso. Uma camada de areia ou de pedrinhas, ou outra barreira de calor, pode ser adicionada abaixo do carvão.

Guarde as cinzas para usar em outros feitiços e para unção.

Os Poderes Ocultos da Fumaça

A fumaça altera a estrutura química do ar no mundo material, abrindo as portas para o mundo espiritual. Ao ser inalada, é claro, altera nosso estado de consciência. Os espíritos das plantas liberados na fumaça indicam o tipo de magia que você realizará, então os escolha com sabedoria. Sua assinatura energética individual e a da planta irão interagir. Isso significa que a fumaça de alguns espíritos vegetais irá naturalmente sintonizar com você e outros serão repulsivos. Eu nunca uso palo santo, sândalo ou patchouli em nenhuma das minhas bruxarias de fumaça. Damiana, por outro lado, é uma alma gêmea espiritual vegetal para mim, sempre abrindo caminho e trazendo cura para minha alma cansada.

Se não for possível queimar os elementos vegetais, coloque-os em uma pequena quantidade de azeite de oliva e aqueça suavemente a mistura para liberar o vapor. Um difusor elétrico ou de vela é um item essencial do boticário para quando liberar fumaça não seja a melhor opção. O vapor que sairá atua da mesma forma corpórea-espiritual que a fumaça. Aquecê-los em uma panela pequena no fogão também funciona. O vapor pode ser usado, ainda, como substituto da fumaça sagrada. Ferva o incenso em uma pequena quantidade de água para liberar o vapor.

Frasco de Segredos da Fumaça Negra

Este frasco pode ser usado para conter coisas que ficam mais bem escondidas capturando a fumaça, seja de uma chama negra ou de um incenso adequado que proteja e retenha o conteúdo – artemísia e escutelária, por exemplo. Escreva o que você deseja esconder em um papel preto e insira no frasco preto, junto com uma vela ou incenso. Acenda o que escolheu e deixe o frasco encher de fumaça. Tampe rapidamente e sele com tecido preto e cera. Isso é adequado para coisas que você deseja liberar em algum momento, em vez de banir.

Incenso Hieros Pyr

Manjericão, escutelária e artemísia compõem este incenso. O manjericão é tradicionalmente uma erva consumida por iniciados enquanto aprendem os mistérios, por isso é escolhido: acalma a mente e libera nosso fogo. A artemísia é invocada para proteção, consciência psíquica e sabedoria. A escutelária é uma aglutinadora suprema. Um feitiço de escutelária é quase impossível de quebrar. Este incenso, portanto, traz à tona as características de aprendizado, clareza e sucesso, além de unir as propriedades de um incenso.

Ingredientes

- ½ xícara de benjoim
- ¼ de xícara de manjericão seco
- ¼ de xícara de escutelária seca
- ½ xícara de artemísia seca

Este incenso é excelente como fumigador e ativador, além de conector para transe e rituais. É uma evocação dos fogos sagrados de Hécate, tanto internos quanto externos.

Bastões Mágicos e Medicinais

Os bastões e maços contêm vários raminhos, flores ou folhas de plantas que são adequadas para queimar sem qualquer assistência. Áster, zimbro, alecrim, sálvia e tomilho funcionam bem em maços ou queimados sozinhos, como no ritual Khernips. Adicione flores maiores, pétalas e folhas a uma base de raminhos de folhas de louro, folhas de dedaleira, pétalas de rosa ou pequenos caules de dente-de-leão para criar seu próprio bastão exclusivo. Os maços são uma maneira incrível de combinar espíritos vegetais sem adicionar uma base ou precisar de carvão.

Eles são feitos com plantas frescas e depois secos. Maços de dez a quinze centímetros de comprimento funcionam bem. Corte os raminhos um pouco mais longos para poder apará-los quando o bastão estiver pronto.

Orientações

- Usando um pedaço de papel-manteiga como base, organize seus elementos vegetais como desejar.
- Começando pela parte inferior, amarre bem firme um pedaço estreito de barbante de algodão ou cânhamo que tenha cerca de cinco vezes o comprimento do seu bastão.
- Segure a base que você acabou de criar com uma mão e enrole o barbante firmemente ao redor do maço, deixando espaço entre cada volta.
- Quando chegar ao topo do maço, enrole novamente até a base, cruzando a primeira volta.
- Amarre firmemente na base, formando um pequeno laço para pendurar.
- Pendure para secar por vários dias.
- Guarde os restos para usar em outras preparações, utilizando o papel-manteiga para colocá-los em um recipiente.
- Enrole suavemente o maço em papel-manteiga para armazená-lo.
- Acenda a ponta do maço e o use como um bastão, uma varinha para invocar e agitar os poderes das plantas. Coloque em um incensário para ativação contínua.

Cinza Alquímica

Cinza é a essência pura do espírito da planta. Altas temperaturas são necessárias para reduzir os elementos vegetais a cinzas finas, usando um recipiente especial diretamente no fogo ou até mesmo um maçarico. Ou você pode optar pelo método descrito a seguir. Guarde os restos do seu incenso – a combinação de plantas e cinzas de carvão – para utilizar na unção de si mesmo e de objetos sagrados. A unção com cinzas é uma técnica primordial para criar uma conexão profunda com Hécate e nossos ancestrais bruxos. Outro uso para as cinzas é ativar sigilos, traçando-as ao longo do formato enquanto recita seu encantamento.

Se você tiver acesso a um braseiro muito quente – no seu quintal ou na lareira, por exemplo –, pode fazer cinzas usando um pequeno recipiente de ferro fundido ou aço inoxidável com tampa e resistente ao calor. Coloque os elementos vegetais dentro e os deixe queimar nas chamas por várias horas. Isso produz uma cinza branca ou cinza pura, que é a essência do elemento botânico. Use em tinturas para aumentar a potência.

Um método rápido para produzir uma pequena quantidade de cinza sagrada, que costumo utilizar quando a presença de carvão não é problemática, é fazer um pequeno forno com papel-alumínio grosso ao redor de um incensário. Queime as plantas em um bloco de carvão, deixando apenas uma pequena abertura na parte superior da tenda de papel-alumínio. Apliquei tanto a abordagem alquímica no calor intenso do fogo quanto esse método mais fácil com resultados semelhantes. O resíduo de carvão pode ser inadequado para consumo, a menos que você use blocos de qualidade alimentícia (carvão vegetal), mas ele pode ser utilizado para ungir o corpo.

VIII. GNOSIS

O Conhecimento Profundo

O que é conhecimento, você pergunta?
Não são as palavras na página,
Nem é encontrado nos grandes ensinamentos.
Sem a utilização desses trabalhos,
Não há conhecimento.
Você, criança, sabe disso.
Vá fundo e aprenda tudo o que puder,
Então dê vida a isso,
Por meio de seus ritos e feitiços.
Isso é conhecimento.

A Mãe

Os trinta e nove verbetes incluídos nesta seção refletem uma variedade de plantas, desde o venenoso e mortal acônito até o milho comum e os espíritos selvagens das algas marinhas e da mandrágora americana. Algumas, como a artemísia, são mais comumente associadas à bruxaria das plantas, enquanto outras, como a cimicífuga, são mais conhecidas por sua cura física do que por suas aplicações mágicas. Estes textos dos verbetes foram extraídos do meu Livro da Vida pessoal. Eles são uma combinação de história, tradição, propriedades, correspondências e aplicações. Todas as fórmulas, rituais, feitiços e outras criações foram testados com sucesso por mim e pelos meus alunos.

Dividi as propriedades de cada elemento botânico em três tipos: espiritual, medicinal e mágico. Pense neles como correspondentes ao mistério, à medicina e à magia. Entretanto, não há separação entre esses três; o que beneficia o espírito acalma o corpo, e nossa bruxaria faz as duas coisas. Em geral, as propriedades são organizadas com as mais básicas listadas primeiro – normalmente, as mais acessíveis do elemento botânico. A ordem das propriedades é semelhante à maneira como revelamos nossa própria personalidade aos outros. Há algumas características que quase todos que nos conhecem identificam, enquanto outras são reservadas para nossos relacionamentos íntimos.

Incluí as correspondências tradicionais dos elementos botânicos, como os elementos e os planetas. Use-os para ajudar você a entender as energias da planta. O ritual de ativação dos Sete Sagrados, no final do capítulo *Ratio*, incorporou essas forças dentro de você. Ao ler sobre uma planta, considere as experiências dos mundos, dos elementos e dos planetas que você sintonizou durante o ritual. Se já tem uma conexão estabelecida com uma pedra ou um animal associado a um elemento botânico, pense em como se refletem em suas propriedades.

Três Mundos, Três Energias

Plantas associadas ao Mundo Inferior têm energia densa e estão fortemente conectadas à magia, à Lua Minguante e às emoções. Muitas vezes, elas são o veneno que cura. As plantas do Mundo Superior estão sintonizadas com vibrações mais elevadas e geralmente ligadas ao intelecto, às habilidades psíquicas e aos mistérios. Aquelas que refletem principalmente o Mundo Médio são tipicamente equilibradas em sua assinatura energética essencial e estão relacionadas à ação, à interface entre o interno e o externo, e ao mundo material.

Os arquétipos apresentados a seguir são fundamentados em interpretações modernas de títulos antigos (conhecidos como epítetos) associados a Hécate. Essas palavras trazem com elas muito poder. Invocam nosso profundo conhecimento, para que possamos entender o que significam da maneira mais primitiva. Ao trabalhar com uma planta, trate-a usando o título arquetípico ou sua própria variante do epíteto. É um tipo de título de honra, concedido a um professor respeitado. Incluí os epítetos antigos junto com sua interpretação moderna.

Use as propriedades para orientar o desenvolvimento de sua própria magia e medicina, e as correspondências para aprofundar seus trabalhos. Adicionar um espírito animal, incluindo uma imagem ou amuleto a um frasco de bruxa, aumenta seu poder. Incluir uma pedra em um banho ritual, por exemplo, pode realçar os ingredientes botânicos correspondentes que você põe na água. Um quartzo rosa e um pedaço de obsidiana negra dentro (ou ao redor) de uma banheira com água de rosas irão banir, proteger e abençoar você com grande ágape, o amor universal. Adicionar as cores preto e rosa ao banho, talvez por meio de suas escolhas de toalhas, pode melhorar ainda mais a experiência. Este é um exemplo da técnica de camadas descrita anteriormente.

As trinta e nove plantas a seguir são os professores espirituais que mais falam comigo e são profundamente simbólicas da nossa Deusa. Que você se inspire não apenas para usá-las, mas para criar os seus próprios rituais.

Açafrão

O uso do açafrão na arte farmacêutica remonta a vários milhares de anos, como um tônico curativo, como uma especiaria ritual e para evocar divindades. É uma planta botânica muito sagrada que sempre foi cultivada, já que não há nenhuma versão selvagem conhecida, embora seu primo próximo, o *Crocus cartwrightianus*, cresça naturalmente em áreas ao redor do Mediterrâneo. O açafrão é colhido dos estigmas e estilete da flor. É uma especiaria requintada e exótica que há muito é conhecida como uma das mais caras. Hoje, o açafrão é colhido em áreas que se estendem da Espanha à Caxemira.

Cor do Poder

Para os antigos, o açafrão era uma cor de privilégio e poder. Vestes feitas com tecidos tingidos em açafrão eram reservadas para os mais reverenciados. Divindades, heróis e líderes eram frequentemente descritos como "vestidos de açafrão" e ilustrados usando roupas tingidas de açafrão, conhecidas como krokotos pelos gregos antigos e como crocota vestis pelos romanos. Em várias fontes antigas, Hécate era retratada vestindo açafrão. É a cor sagrada de Hécate, seu tom vermelho-dourado indica uma rara visitação de sua presença.

Hoje, pesquisas clínicas demonstraram que o açafrão é um tratamento eficaz para depressão leve a moderada. Calmante, restaurador e sagrado, ele evoca a energia da quietude por meio da qual podemos perceber nossa totalidade e a de todas as coisas. Geralmente, é seguro para consumo e adequado para todos os tipos de uso, além de ser um excelente complemento exótico para o boticário.

Propriedades e Correspondências

- *Nome científico: Crocus sativus*
- *Gênero: Crocus*
- *Classificação:* Especiaria
- *Propriedades espirituais:* Acalmar a mente, conexão ao sagrado, encarnar, entrar nos mistérios.
- *Propriedades medicinais:* Depressão, angústia, sintomas pré-menstruais, desejo e desempenho sexual, alívio de problemas respiratórios, supressor da tosse.
- *Propriedades mágicas:* Abundância, calma, clarividência, conexão com o divino, desejo, sonhos, cura, dinheiro, paixão, sacralidade, estímulo, força, riqueza.
- *Partes utilizadas:* Estigma
- *Correspondências planetárias:* Sol, Lua
- *Correspondências elementais:* Fogo
- *Arquétipo:* Chrysopis (A de Rosto Dourado)

- *Mundo:* Superior
- *Zodíaco:* Leão
- *Cor:* Dourado, amarelo, vermelho, laranja
- *Pedra:* Olho de tigre
- *Animal:* Urso

Indicações

Geralmente, é seguro consumir em quantidades de até 1,5 grama por dia. Altas doses na gravidez devem ser evitadas.

Apresentações

- Extrair as propriedades desejadas dos estigmas durante o cozimento é uma maneira fácil e potencialmente sorrateira de adicionar um pouco de bruxaria a todos os tipos de pratos. Arroz com infusão de açafrão é um excelente estímulo à paixão e é uma oferenda adequada.
- O chá de açafrão, infundido com uma pitada de estigmas por xícara de água fervida, fornece uma excelente base para adicionar outros elementos botânicos, ou você pode tomá-lo sozinho com um pouco de mel.
- Faça uma infusão concentrada com algumas pitadas para cada ¼ de xícara de água fervida para substituir parte dos líquidos dos assados. Eu faço biscoitos (bolinhos) pelo menos uma vez por semana e substituo a xícara de leite por 2/3 de leite e 1/3 de infusão concentrada. Ajuste a quantidade de acordo com seu gosto e coloração desejada.
- Para fazer a tinta, adicione uma pitada de cada vez a uma xícara de água fervente em uma panela de aço inoxidável até atingir a cor desejada. Adicione algodão cru, gaze, papel vegetal próprio para panificação, barbante ou lã. Tire do fogo e mexa delicadamente. Depois, retire com uma pinça. Seque em uma superfície que você não se importe de manchar.
- Algumas pitadas em 1/3 de xícara de álcool 40% produzem uma excelente tintura para uso em bruxaria e como base para coquetéis mágicos.
- Faça óleo de açafrão adicionando algumas pitadas a 1/3 de xícara de azeite de oliva de alta qualidade.

- O açafrão combina facilmente com outras plantas. Minha experiência é que não é uma personalidade arrogante. Em vez disso, está aberto a aceitar as propriedades de outros elementos botânicos. Geralmente, adiciono açafrão no início de uma formulação por esse motivo. É como uma rainha muito benevolente que acolhe todos aqueles que não lhe desejam mal.
- O açafrão pode funcionar como incenso sozinho, mas eu prefiro adicionar ingredientes botânicos, como artemísia e mil-folhas, para obter uma queima melhor.
- Para usar em um difusor, adicione os estigmas a um óleo carreador ou a um óleo botânico adequado, como jasmim para trabalhos sagrados ou patchuli para paixão.

Pharmakeia

Arroz com açafrão, bolos e chá são presentes apropriados para oferecer a muitas divindades, incluindo Hécate e seus companheiros.

Dança Trance

O açafrão tem alguns efeitos psicoativos leves quando usado em grandes doses, especialmente quando combinado com plantas complementares, como artemísia e ditamno de Creta. Uma decocção densa, ou redução de uma infusão, ativará o divino interior e fortalecerá a conexão com o sagrado externo. Este preparo fará você se movimentar e dançar, se é que você me entende. Ele também pode aumentar a libido – certifique-se de dar instruções específicas ao açafrão se você não quiser isso. Sexo sagrado, embora incrível, pode não ser o objetivo. Pessoalmente, tenho resultados surpreendentes usando uma tintura feita de açafrão, ditamno de Creta, artemísia e mil-folhas, que utilizo como uma versão de diktamo, especialmente para cura sexual. Veja o verbete sobre o ditamno de Creta.

Papel Mágico de Açafrão

Um dos meus usos favoritos do açafrão é como base para escrever encantamentos e criar sigilos. Papel comum pode ser infundido usando o método descrito anteriormente, mas eu prefiro usar papel-manteiga não branqueado. Observe que marcadores de tinta acrílica funcionam melhor.

Acônito

É o mais assustador de todos os *pharmakoi*: *aconitum*, a Rainha dos Venenos. Esta é a planta preferida de Medeia, daí o apelido compartilhado de *Regina Maleficarum*. Ela é tão mortífera que está sozinha no Jardim de Hécate.

Para as bruxas de Hécate, o acônito traz conforto, reduzindo o estresse e aliviando uma mente perturbada. Ter acônito em seu jardim ajudará você a ser fiel a si mesmo, ao mesmo tempo que banirá dúvidas e vergonha. Ele é realmente o veneno que cura.

Acônito, a planta mais apreciada do Jardim, traz a lição de Hécate: sem morte não há vida. Assim como Hécate ensinou Medeia e Circe a usarem esta planta, que foi criada a partir da baba do próprio Cérbero, ela a utiliza para nos ensinar que o veneno é frequentemente necessário para a cura. Hoje, a aconitina é indicada na homeopatia para tratar sofrimento agudo caracterizado por febre muito alta e dor insuportável. Também é usada como sedativo e anestésico, na Medicina Tradicional Chinesa e no Ayurveda, bem como em algumas áreas do Mediterrâneo e da Europa Oriental.

Sempre manuseie o acônito usando luvas, de preferência de borracha ou silicone, para evitar envenenamento. Falando por experiência própria, o veneno do acônito age rapidamente através do contato com a pele, resultando em uma sensação de formigamento, náusea e uma nitidez de acuidade misturada com uma espécie de fuga. O acônito, às vezes, é incluído em "poções voadoras" comerciais, preparações que podem levar a estados de transe. Meu óleo de poder pessoal contém uma pequena quantidade de acônito, misturado com ingredientes botânicos mais suaves. Esta planta exige respeito, e é dessa forma, além de suas propriedades de alteração da consciência, que evoco sua presença dentro de mim.

O acônito é bastante exigente em relação ao ambiente em que vive e se transformará em pó se não estiver satisfeito. Afinal, esta planta é a rainha. Cultivei acônito dentro de mim, mas ele não gostou e agora o deixei reinar em meu jardim venenoso. Curiosamente, algumas espécies de lagarta se alimentam de acônito, o que me surpreendeu quando descobri que minhas plantas estavam sendo consumidas. Podem ter sido lagartas, ou pode ter sido meu familiar, o *goblin* (duende) LeRoy.

Cuidado com o Aconitum

O próprio nome "acônito" se refere a uma lança, fazendo referência ao uso do veneno nas pontas das armas. Entretanto, com esta planta, o uso de uma lança é totalmente desnecessário. Algumas gotas de tintura de acônito podem ser mortíferas por si só. O acônito deve ser sempre manuseado com o máximo cuidado, evitando contato com a pele e em local arejado.

Existem muitas espécies de acônito, mas o meu é o *Aconitum napellus*, com lindas flores roxas. Todas as espécies da planta são venenosas e podem matar. Outros nomes para o acônito são pele de velha, foguete azul, capacete do diabo, capuz de frade, perdição do leopardo, capuz de monge, veneno de rato, veneno de lobo e perdição das mulheres.

Propriedades e Correspondências

- *Nome científico:* Existem mais de cem espécies, mas a mais comum é *Aconitum napellus*
- *Gênero: Aconitum*
- *Classificação:* Vegetal
- *Propriedades espirituais:* Elimina ansiedade e medo, acalmando, e incentiva a jornada para profundezas emocionais.
- *Propriedades medicinais:* Alívio de ataques agudos e intensos de ansiedade, medo, problemas cardíacos e febre. Pode ser útil para inflamação.
- *Propriedades mágicas:* Acônito é o veneno que cura rápida e intensamente. Mais bem usado em situações agudas, como acalmar pânico ou remoções instantâneas.
- *Partes utilizadas:* Todas
- *Correspondências planetárias:* Saturno
- *Correspondências elementais:* Água
- *Arquétipo:* Thanategos (Portadora da Morte)
- *Mundo:* Inferior
- *Zodíaco:* Virgem

- *Cor:* Violeta
- *Pedra:* Howlita (roxa ou branca)
- *Animal:* Cobra

Indicações

Veneno que mata. Não deve ser consumido ou aplicado na pele sem orientação especializada. Mantenha-o longe de curiosos, incluindo crianças, animais de estimação e familiares.

Apresentações

- O acônito pode ser comprado seco, em comprimidos homeopáticos, como sementes ou como plantas vivas. As sementes também são venenosas e matam, então use com cuidado. Não se deve presumir que os comprimidos homeopáticos sejam seguros para ingestão sem recomendação médica, mas podem ser usados em bruxaria. Preparações comerciais de acônito, muitas vezes chamadas de *monkshood*, são geralmente muito diluídas.
- A planta é difícil de germinar e exigente quanto ao local onde cresce. Acônito pode ser desafiador, mas, quando decide que gosta de um lugar, floresce.
- Ao trabalhar com qualquer veneno, siga os protocolos de segurança: use luvas, evite contato não intencional com a pele e fique em uma área bem ventilada.
- O acônito funciona bem em óleos e tinturas. Qualquer parte da planta pode ser aproveitada nessas formulações. Use apenas uma pequena quantidade – por exemplo, uma folha pequena, três sementes ou três comprimidos homeopáticos por xícara de álcool (por exemplo, vodca) ou óleo.
- Considere usar uma carta de oráculo botânico representando acônito ao começar a trabalhar com esta planta.

Pharmakeia

Acônito é um professor incomparável para aqueles capazes de estudar seus mistérios. Para mim, esta planta é a verdade da bruxaria hecateana. Não é para os tímidos – é perigosa, porém benéfica –, mas pode nos guiar para nossas próprias verdades. Acônito é o leite da nossa Mãe, nutritivo e calmante. No entanto, recomendo cautela ao se apressar em trabalhar com essa Rainha dos Venenos. Ela exige respeito e resiste à ansiedade.

Se você quiser experimentar a medicina profunda desta planta, proceda com cautela. Comece com um óleo bem fraco. Os efeitos do acônito variam de acordo com sua constituição. No entanto, não recomendo usar acônito dessa maneira. Ele é um dos meus *pharmakoi* pessoais, meu maior professor. Há anos venho construindo um relacionamento com essa Rainha dos Venenos. Minha abordagem é usar uma quantidade muito pequena de uma folha no meu óleo de poder pessoal e ungir meus pulsos com bem pouco, apenas até sentir o formigamento. Foram necessárias várias tentativas para que eu determinasse minha reação. Tenha cuidado com produtos comerciais. Faça muitas perguntas sobre a concentração da planta e questione se o fabricante usou acônito verdadeiro, e não um substituto.

Eu recomendo fortemente se conectar profundamente com a medicina do acônito usando o ritual Magia, Medicina, e Mistério. É uma planta mestre, professora muito recomendada. Coloque uma representação desta Rainha em seu altar ao lado de Hécate e peça a ela que abençoe seu relacionamento com seus *pharmakoi* favoritos. Observe que Medeia frequentemente se destaca ao trabalhar com seu acônito abençoado.

Talismã para Banir a Ansiedade

Este talismã pode ser usado no pescoço para reduzir a ansiedade e é especialmente útil para interromper ataques de pânico.

Elementos

- 3 sementes de acônito
- Uma chave pequena
- Um pequeno frasco de vidro com tampa e um furo onde você possa passar um fio
- Barbante roxo

Orientações

- Pendure a chave em um pedaço de cordão ou barbante roxo longo o suficiente para você amarrar em volta do pescoço.

- Usando luvas, conte as sementes em um pedaço de papel vegetal. Coloque o frasco sobre o papel.
- Usando uma pinça, ponha as sementes no frasco enquanto recita:

  Com a semente um, a ansiedade se foi,
  Com a semente dois, minhas emoções são verdadeiras,
  Com a semente três, o medo me deixa.
- Recite isso novamente enquanto coloca a rolha no frasco e depois, mais uma vez, enquanto o coloca em volta do pescoço.

Recite o encantamento sempre que precisar ativar o poder calmante do seu amuleto. Tenha cuidado ao deixar as sementes tocarem diretamente na pele.

Feitiço de Emergência para Paralisar um Inimigo

Use este feitiço quando precisar que um inimigo seja parado imediatamente. Faça isso ao ar livre, em uma área isolada. Este feitiço é tão eficaz quanto simples. Precisa ser mantido em um lugar onde seu poder paralisante não possa se espalhar. É por isso que ele é enterrado em um local isolado.

Elementos

- Tintura de acônito (veja textos anteriores)
- Imagem ou nome escrito de um inimigo
- Tecido preto
- Barbante preto
- Pedra (sim, apenas uma pedra velha e simples, grande o suficiente para cobrir o pacote que você fará)

Orientações

- Escreva o nome do inimigo em um pedaço de papel com tinta preta e depois coloque o papel sobre um pequeno pedaço de tecido preto.
- Adicione gotas da tintura para cobrir o nome ou a imagem do inimigo, enquanto recita:

  Eu paraliso (nome do inimigo) agora, você não mais fará mal a (pessoa que está sendo protegida).

- Enrole o papel no tecido preto e o amarre formando um pacote com o barbante.
- Leve o pacote para o local de descanso e cave um pequeno buraco.
- Coloque o pacote em seu lugar.
- Ponha a pedra em cima do pacote, recitando:

  Este feitiço é imutável e só pode ser quebrado por mim.
- Cubra o feitiço com terra.

Para a Deusa

As profundezas da Mãe,
O solo marrom-escuro
Debaixo dos meus pés,
Que alimenta minha alma,
E rouba minha dor.
Eu a saúdo, Hécate!
Mãe, Irmã, Bruxa.
Guerreira das Emoções,
Dançarina de Ossos,
Reveladora da Verdade.
As profundezas ocultas do Jardim estão dentro de mim.
Você é o veneno que cura,
A maldição que abençoa.
A nudez da verdade revelada.
Este é o meu poder que reivindico pelo abraço gentil dos seus venenos.

Agrimônia

A agrimônia foi descoberta nos tempos antigos por Mitrídates Eupator, rei de Ponto, no norte da Turquia. Às vezes, é confundida com uma planta diferente usada pelos gregos antigos para curar problemas oculares. Eupator descobriu o uso da planta como um tônico geral. Não é de surpreender que a agrimônia fosse conhecida como uma cura para tudo e é registrada como tal no relato do Jardim de Hécate, em *As Argonáuticas*. Outros nomes para a planta são carrapicho e erva-pau. Seu nome de gênero se refere a cerca de uma dúzia de espécies diferentes, todas com propriedades semelhantes. A variedade *Eupatoria* é a que geralmente está disponível para compra.

Este *pharmakoi* cresce selvagem em suas muitas variedades, em diversas áreas da América do Norte e Europa. Procure os caules altos com seus cachos de pequenas flores amarelas.

Agrimônia é associada ao sono eterno no folclore e às vezes é conhecida como a erva da Bela Adormecida. Os efeitos da planta são duradouros e é muito difícil desfazer qualquer trabalho envolvendo agrimônia. Antigo, duradouro e eterno, seu arquétipo é o *Ambrotos* (Eterno), que tanto instiga quanto provoca a bruxa.

Esta planta é útil para descruzamentos envolvendo problemas de comunicação interna e externa. Considere que o mundo dos sonhos existe como ele é, e cabe a nós sermos capazes de entender o que aprendemos nele. Agrimônia desfaz os emaranhados que podemos vivenciar ao interpretar sonhos e relaxa a mente consciente para que possamos entrar em um sono profundo e reparador. De forma comparável, a agrimônia pode desfazer energias internas, restaurando o domínio da alma sobre a sombra. Ela pode desfazer as forças de ataques psíquicos, pessoas tóxicas e outros tipos de maldições externas lançadas contra nós. Agrimônia não é um bumerangue; a energia não cruzada é meramente liberada no Universo para se estabelecer onde é necessária, por isso não a recomendo para banimentos.

Um dos atributos mais úteis da agrimônia no trabalho espiritual diário é desfazer o foco mental da escassez para a abundância, o que a torna uma ótima companheira para o trabalho de gratidão.

Propriedades e Correspondências

- *Nome científico: Agrimonia eupatoria*
- *Gênero: Agrimonia*
- *Classificação:* Erva
- *Propriedades espirituais:* Repelir energias nocivas, jornada de sonhos, expressar gratidão, cura geral, cura psíquica.
- *Propriedades medicinais:* Tradicionalmente vista como uma cura para tudo, a agrimônia é conhecida por aliviar tosse e

dor de garganta, limpar o fígado, curar insônia e pesadelos. Também é boa como adstringente e para curar feridas.

- *Propriedades mágicas:* Magia defensiva, antimagia, quebra de maldições, trabalho com sonhos, boa sorte, repelir energias prejudiciais.
- *Partes utilizadas:* Folhas, caules
- *Correspondências planetárias:* Júpiter, Mercúrio
- *Correspondências elementais:* Ar
- *Arquétipo:* Ambrotos (Eterna, Imortal)
- *Mundo:* Superior
- *Zodíaco:* Câncer
- *Cor:* Amarelo
- *Pedra:* Calcita mel
- *Animal:* Libélula

Indicações

Geralmente, é segura para consumo.

Apresentações

- Agrimônia é adequada para qualquer tipo de fórmula, desde uma infusão rápida até o uso como ingrediente em incenso.
- Descobri que o sabor às vezes muito intenso da agrimônia vai se suavizando enquanto sua habilidade de desfazer energias negativas e maldições (desde a conversa interna negativa até a remoção de vampiros psíquicos) é amplificada em formulações de liberação lenta.
- O cheiro é levemente de pêssego, com um toque amadeirado. No entanto, o sabor é ligeiramente amargo. Então, um pouco de adoçante pode ser necessário.

Pharmakeia

Um sachê de agrimônia é excelente quando colocado debaixo da cama para evitar pesadelos. Use uma decocção desta planta para lavar o chão e enxaguar o cabelo quando você for seu pior inimigo.

Oxymel de Agrimônia

A constituição da agrimônia é seca e fria, e fazer um *oxymel* não cozido funciona de forma complementar com essa vibração natural.

Use este *oxymel* internamente para se desfazer de energias negativas, para reprimir a conversa interna negativa e para ajudar a entender as mensagens do mundo espiritual. Também pode melhorar a qualidade do sono e dar acesso à medicina do mundo dos sonhos. Uma colherada antes de dormir deve funcionar, mas pode ser aumentada para duas. Para um tônico adicional ao sono, dissolva o *oxymel* em uma xícara de chá de camomila.

Se quiser usar essa mistura para desfazer feitiços, segure uma colherada na boca, se concentre na sua intenção e depois cuspa na imagem do problema. Sempre descarte a imagem.

INGREDIENTES

- ¼ de xícara de agrimônia
- ¼ de xícara de vinagre de maçã
- ¼ de xícara de mel
- 1 frasco de vidro com tampa (não é desejável muito ar no recipiente)

ORIENTAÇÕES

- Coloque a agrimônia, depois o mel e, por fim, o vinagre no frasco.
- Agite vigorosamente.
- Agite todos os dias durante duas semanas e estará pronto para uso.
- Mantenha em local fresco e escuro.

Alecrim

O alecrim é uma erva de cozinha com potentes propriedades mágicas. Foi usado pelas antigas bruxas de Hécate para afastar o mal, melhorar a memória e revigorar. A tradição diz que, onde o alecrim cresce, a mulher da casa estará no comando e bem. Não é de se surpreender que alguns maridos tenham arrancado a planta do chão para evitar que isso acontecesse. Hoje, nós mulheres podemos governar o lar como bruxas, tendo o alecrim como um de nossos espíritos familiares.

Esta planta está fortemente associada ao mar, uma vez que o seu *habitat* natural é ao longo das margens do Mediterrâneo, o que a torna uma oferenda adequada a Hécate Einalia, em seu papel como deusa do mar. O alecrim traz clareza às emoções, temperando o sabor salgado e intenso do azul profundo. É uma planta aquecedora que restaura nosso fogo interior sem causar um incêndio. É adequada para a lembrança amorosa dos que partiram, mas observe que o alecrim não é uma planta usada sozinha para invocar os que partiram ou espíritos. Adicione sálvia e artemísia a um pacote para essas ações.

Propriedades e Correspondências

- *Nome científico: Salvia Rosmarinus*, anteriormente *Rosmarinus officinalis*
- *Gênero: Salvia*
- *Classificação:* Erva
- *Propriedades espirituais:* Limpeza do espírito, contentamento, vitalização, recolhimento, restauração.
- *Propriedades medicinais:* Esfregue óleo de alecrim nos músculos e articulações doloridos, e nas têmporas para aliviar a dor de cabeça. Beba um tônico para melhorar o sono e aliviar pesadelos. Por ser tão benéfico, é um excelente ingrediente para uma infusão diária. Equilibra o ciclo menstrual e alivia os sintomas.
- *Propriedades mágicas:* Conscientização, banimento, limpeza, conforto, confiança, contentamento, foco, espíritos amorosos, memórias, renovação, juventude.
- *Partes utilizadas:* Folhas
- *Correspondências planetárias:* Sol
- *Correspondências elementais:* Fogo
- *Arquétipo:* Ergatis (Energizadora)
- *Mundo:* Médio
- *Zodíaco:* Virgem

- *Cor:* Rosa
- *Pedra:* Quartzo rosa
- *Animal:* Sapo

Indicações

Geralmente, seguro para todos. Grandes quantidades podem causar problemas estomacais.

Apresentações

- O alecrim é essencial na botica de uma bruxa, pois é o único que traz com ele a suprema purificação amorosa e proteção. É como os braços de Hécate, envolvendo você em um amor estável e forte.
- Óleos, tinturas, infusões e águas podem ser feitos com alecrim.
- Emplastros de alecrim colocados sobre um coração triste ajudarão a curá-lo.
- É fácil de cultivar e amplamente disponível para compra na versão fresca. Então, tenha sempre alecrim à mão.

Pharmakeia

Para garantir uma casa tranquila, livre de estresse e propícia à saúde dos moradores, cultive alecrim na entrada principal. É uma das minhas melhores dicas de bruxa. O alecrim cresce bem sem o nosso envolvimento. Certifique-se de que a planta seja grande o suficiente para estar confortável. Como esse membro orgulhoso do Jardim de Hécate é tão robusto, meu alecrim é um indicador de tendência para nossa casa. Se a planta mostra sinais de sofrimento, eu investigo para ver quem não está bem ou se há algum problema com a casa ou o terreno. Um banho com infusão de alecrim permite que você mergulhe em proteção e contentamento.

Feitiço do Sistema de Segurança Doméstica

Passeie com o alecrim pela casa e por toda a propriedade e apresente esse espírito a cada membro da família, pedindo que toquem na planta. Ao encantar o alecrim, concentre-se em um lar abençoado. Termine o feitiço pedindo a Hécate Enodia, guardiã das casas e dos caminhos, que aumente o poder do alecrim. Enquanto você faz o feitiço, entoe uma história sobre o que exatamente significa seu lar feliz.

Néctar de Alecrim

Este é um xarope simples com infusão de alecrim que fica excelente quando servido sobre bolo fofo, pão-de-ló, como oferenda e guloseima. Minha maneira favorita de usar é como ingrediente em bebidas mistas e coquetéis. Faça uma bebida para toda a família misturando esse xarope com limonada.

Ingredientes

- 1 xícara de açúcar branco, refinado
- 1 xícara de água
- 3 raminhos de alecrim (cerca de ¼ de xícara picado)

Orientações

- Leve os ingredientes ao fogo até ferver.
- Mexa até o açúcar dissolver, cerca de um minuto, depois deixe ferver por mais um minuto.
- Despeje em uma tigela de vidro e deixe em infusão por cerca de dez minutos.
- Coe o alecrim e o despeje em um recipiente de vidro de boca larga.
- Deixe a mistura esfriar até a temperatura ambiente.
- Guarde em um recipiente de vidro hermético na geladeira por até um mês.

Poção do Amor Intenso

Este coquetel certamente despertará aquele sentimento amoroso. Ele combina o néctar de alecrim descrito com uma das minhas bebidas favoritas: Aperol. Beba quando quiser sentir aquela sensação de contentamento, especialmente para aliviar o estresse e relaxar. É ótimo para reunir seu esquadrão de bruxas para celebrar a vida.

- 1 parte de néctar de alecrim
- 1 parte de Aperol

- 2 partes de água com gás
- 2 partes de vinho branco espumante ou prosecco
- Misture com gelo. Adicione uma guarnição de alecrim

Algas

Morando onde moro, as algas marinhas fazem parte da vida cotidiana de tal forma que podem ser facilmente esquecidas – como não reservar um tempo para reparar na grama. Esta planta pode ser usada para homenagear e evocar Hécate em seu papel como Deusa dos Mares, e eu pessoalmente me conecto com Hécate como Einalia todos os dias. Ela está aqui ao longo da costa, nos ventos salgados e em todas as plantas, e ela é a própria água. Nos limites de seu Jardim, conheça Hécate Einalia, passeie com Circe na costa de sua ilha e visite Medeia enquanto ela nos fala sobre o passado. O oceano representa nossas profundezas emocionais. Algas marinhas, em particular, são excelentes para se conectar a Hécate como fonte primordial, já que são tão antigas quanto nosso planeta.

Macroalgas são uma ampla classe de plantas oceânicas, incluindo algas, fucus, musgo irlandês e algas marinhas, que têm usos um tanto semelhantes para o *pharmaka*. Produtos feitos de diversas algas marinhas, como dulse e nori, também estão amplamente disponíveis. As algas marinhas são conhecidas por seu valor nutricional e são utilizadas como ingrediente em todos os tipos de produtos cosméticos, alimentícios e de saúde. A natureza nutritiva das algas marinhas as torna excelentes para todos os períodos de abundância e saúde.

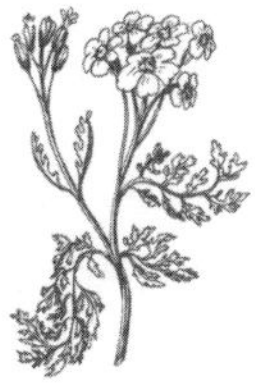

Propriedades e Correspondências

- *Nome científico:* Vários, incluindo *Ascophyllum* (alga-rocha), *Fucus vesiculosus* (fucus), *Palmaria palmata* (dulse) e *Pyropia* (nori)
- *Gênero:* Múltiplos
- *Classificação:* Macroalgae
- *Propriedades espirituais:* Abundância, nutrição, cura, conexão com o oceano.

- *Propriedades medicinais:* Fonte de micro e macronutrientes, desintoxicante e cicatrizante.
- *Propriedades mágicas:* Abundância, bênçãos, resistência, estabilidade.
- *Partes utilizadas:* Todas
- *Correspondências planetárias:* Vênus, Lua
- *Correspondências elementais:* Água
- *Arquétipo:* Einalia (Rainha das Profundezas)
- *Mundo:* Inferior
- *Zodíaco:* Peixes
- *Cor:* Varia de acordo com a espécie (verde, vermelho e amarelo).
- *Pedra:* Pérola
- *Animal:* Golfinho

Indicações

Preparações comerciais são seguras para consumo.

Apresentações

- Variedades de algas marinhas, como dulse e nori, podem ser compradas prontas para consumo. Há também chás de algas marinhas, como o musgo irlandês, que é usado para tratar congestão no peito, entre outros problemas de saúde.
- Dulse é uma alga marinha particularmente rica em nutrientes da minha parte do mundo, que evoca profundamente a Hécate primitiva.
- Colha algas selvagens para uso em feitiços, mas evite consumi-las, a menos que tenha certeza de que são seguras. Algumas estão contaminadas por poluentes.
- Seque algas marinhas selvagens colhidas ao ar livre ou as utilize frescas em todas as poções de abundância e cura.
- Use algas secas no fogo para se conectar com Hécate Einalia.
- Fertilize seu jardim de bruxas com algas marinhas, nutrindo o solo com todos os seus nutrientes incríveis.

Pharmakeia

Os usos das algas marinhas para trabalhos de abundância são muitos. Crie um ninho simples de algas marinhas para colocar qualquer coisa que você deseja manifestar, desde moedas até fotos de entes queridos que precisam de nutrição. Um feitiço tradicional consiste em colocar as algas em um jarro de uísque e adicionar algumas moedas. Agite diariamente para trazer dinheiro até você.

Adicione algas comestíveis a qualquer refeição em que você queira que os participantes se sintam bem nutridos, desde servir sushi até polvilhar flocos de dulse em saladas.

Coroa de Fucus

Abençoe sua casa com o poder nutritivo das algas marinhas criando uma guirlanda simples de algas para colocar sobre seu santuário. Adicione fotos dos seus entes queridos sob a guirlanda, permitindo que o espírito das algas e de Hécate Einalia purifique e abençoe a todos.

Elementos

- Fucus (colha fucus mais longos para fazer uma guirlanda maior)
- Barbante forte para amarrar o fucus
- Quaisquer pingentes que você queira adicionar à coroa

Orientações

- Depois que as algas estiverem secas, pegue um punhado.
- Ao amarrar a coroa, pense em todas as bênçãos que você tem e aquelas que a coroa trará para sua casa.
- Começando em uma ponta, aperte bem a alga fucus enrolando o barbante ao redor do punhado que você reuniu e depois amarrando firmemente. Enrole o barbante, adicionando mais ramos da alga conforme avança, formando o círculo. Continue enrolando até formar um círculo completo.
- Adicione outros elementos botânicos, como lavanda, zimbro e alecrim, quando o círculo inicial estiver completo.

Esta coroa pode ser usada como uma grade de cura, incluindo outros vegetais e pedras conforme você se sentir motivado. Coloque uma foto da pessoa que está recebendo a cura na coroa. Imagine-a recebendo todos os nutrientes que as algas marinhas têm a oferecer.

Alho

O alho era sagrado para os antigos hecateanos. Era reverenciado por seus diversos poderes de cura e por sua capacidade de banir praticamente qualquer coisa. O alho purifica, protege e ativa, tornando-se uma erva excelente para Hécate Enodia, a guia da nossa jornada pelo Mundo Médio. É indispensável para as bruxas modernas; sempre tenha vários dentes de alho à mão.

Um dos *pharmakoi* mais sagrados, o alho deve sempre ser incluído na refeição noturna, seja como simples dentes ou em criações mais elaboradas, como geleia de alho. As ceias da antiga Hécate sempre incluíam alho, ovos, peixe, pão e queijo. O uso antigo do alho para proteger contra o mal foi, sem dúvida, o motivo pelo qual ele foi inserido na refeição, já que Hécate era vista tanto como protetora da casa quanto como uma ameaça iminente se não fosse homenageada a cada mês na Lua Negra.

É um dos elementos botânicos mais curativos, aplicável a muitos problemas de saúde, desde resfriados comuns até dores nas articulações. Espiritualmente, é um aliado muito forte ao se aventurar no Outro Mundo e melhorará bastante qualquer encontro com Hécate. O alho sempre o levará de volta ao Mundo Médio, onde quer que você vagueie pelos reinos astrais. Sábio, pouco exigente e energético, este botânico está sempre em guarda para as bruxas.

O alho tem um lado ardente e apaixonado que pode ser usado para magia sexual. Mas cuidado: esta planta de Marte leva a sério.

Propriedades e Correspondências

- *Nome científico: Allium sativum*
- *Gênero: Allium*
- *Classificação:* Planta, bulbo
- *Propriedades gerais:* Limpeza, emoções, cura pela sombra, invocação, oferendas, proteção, rituais sagrados.

- *Propriedades espirituais:* Limpeza, cura, purificação, ritos sagrados.
- *Propriedades medicinais:* Reverenciado por inúmeras propriedades curativas, o alho deve fazer parte da dieta diária de uma bruxa. É antisséptico, anti-inflamatório, diurético, expectorante e estimulante.
- *Propriedades mágicas:* Banimentos, coragem, inveja, cura, quebra de feitiços, proteção do lar, prevenção de ataques psíquicos, purificação, magia sexual e ritos sagrados hecateanos.
- *Partes utilizadas:* Geralmente o bulbo (popularmente chamado de "cabeça", que contém os dentes de alho), embora as folhas e até mesmo a flor possam ser usadas.
- *Correspondências planetárias:* Marte
- *Correspondências elementais:* Fogo
- *Arquétipo:* Propolos (Aquela que Lidera)
- *Mundo:* Médio
- *Zodíaco:* Áries
- *Cor:* Vermelho
- *Pedra:* Jaspe vermelho
- *Animal:* Cavalo

Indicações

Geralmente é seguro para todos, mas, em casos raros, algumas pessoas podem ter alergia ou intolerância ao alho.

Apresentações

- Geralmente, o sabor forte do alho dificulta seu consumo puro. Adicione pequenas quantidades às infusões para banir resfriados, estresse e rigidez, bem como para desobstruir qualquer miasma que você tenha acumulado.
- Uma das piadas mais antigas da nossa família é que, não importa qual seja a situação, dormir com um dente de alho na meia é cura. Há um pouco de verdade nisso, porque o alho, ao ser absorvido pelos pés, libera energias calmantes e também propriedades antissépticas. Ele cura pesadelos, atrai

impurezas à superfície, afasta resfriados e vírus. Um remédio feito com um dente de alho fresco picado e misturado com um pouco de azeite de oliva é algo comum sempre que alguém se sente mal.

- Cultivar alho é simples e gratificante. Corte a parte superior de um dente de alho e o vire de cabeça para baixo em um copo alto, de modo que a parte superior (agora a parte inferior) fique imersa na água. Coloque em um local quente e ensolarado. Brotos comestíveis de alho (conhecidos como "escapos") logo crescerão do bulbo.
- Adicione pedaços da casca ao incenso.

Pharmakeia

Hécate, como protetora da casa, é evocada usando alho. Faça uma oferenda a Hécate com três bulbos de alho e os coloque em seu altar. Isso é especialmente adequado para o ritual do jantar.

Para fazer um feitiço de banimento de alho, escreva o nome ou a intenção daquilo que você deseja banir em um pedaço de papel com tinta preta e o enrole em volta de um dente de alho. Coloque o talismã em um pedaço de tecido preto e amarre bem. Enterre ou coloque na composteira.

Para criar um feitiço para "calar a boca", faça um boneco com uma fenda na boca e insira um dente de alho. Para um feitiço de "me deixe em paz", tire uma foto ou escreva o nome do alvo em um papel e prenda um bulbo de alho com dois alfinetes cruzados.

Cozinhar com alho purifica a mente, o corpo e o espírito. Isso nos conecta à energia sustentada para realizar o trabalho, mantendo a saúde. Coloque bulbos ao redor de sua propriedade para banir todos os males.

Geleia de Alho

Esta geleia de alho é excelente como parte do Banquete de Hécate. Pode ser feita com até três dias de antecedência. Também pode ser usada por suas qualidades antissépticas para limpar germes do corpo, especialmente quando os sintomas do resfriado estão começando. Espalhe-a nas fotos dos seus inimigos para bani-los. Na verdade, é uma receita de bruxa muito útil e completa.

Elementos

- Papel-alumínio
- Assadeira
- Tigela
- Faca afiada
- Garfo
- Pimenta e sal

Ingredientes

- 6 bulbos de alho
- 1 a 1½ xícara de azeite de oliva

Orientações

- Preaqueça o forno a 180 graus.
- Corte as pontas dos bulbos de alho, apenas o suficiente para expor cada dente. Coloque cada um em uma folha separada de papel-alumínio. Despeje o azeite diretamente no bulbo até que ele escorra por cima. Enrole cada bulbo firmemente no papel-alumínio.
- Coloque os bulbos prontos na assadeira.
- Asse por 35 minutos, até que os pacotes estejam macios.
- Deixe esfriar completamente enquanto estiver embrulhado no papel-alumínio.
- Depois de esfriar, retire os bulbos e esmague o alho dentro deles na tigela. Isso é mais fácil do que parece.
- Amasse bem o alho e adicione azeite se a geleia estiver muito grossa. Eu sempre adiciono óleo de pimenta também.
- Tempere com pimenta e sal.

Esta geleia é uma excelente oferenda e pode ser usada para banir espíritos indesejados de dentro e de fora. Sirva com o Pão de Milho da Deusa como parte do Banquete de Hécate.

Artemísia

A melhor amiga das bruxas. Excelente para abrir habilidades psíquicas porque tem ações dualísticas de melhorar a conexão e ao mesmo tempo oferecer proteção. Acredita-se que a artemísia tenha recebido esse nome em homenagem à deusa Artêmis, mas, na verdade, foi por causa de uma benevolente rainha da cura na Grécia antiga. No entanto, a associação da artemísia com bruxas é anterior até mesmo a essa história. É uma erva essencial da bruxaria. Fácil de conhecer, forte, estável e segura, a artemísia é um espírito muito útil para a medicina e magia.

Cresce em quase qualquer lugar, o que a torna uma excelente escolha para o seu jardim de bruxa. Opte por uma variedade que se desenvolva bem em seu clima e geografia.

Propriedades e Correspondências

- *Nome científico: Artemisia Vulgaris*
- *Gênero: Artemisia*
- *Classificação:* Erva
- *Propriedades espirituais:* Integridade, cura, purificação, proteção, desenvolvimento psíquico, calma para a mente preocupada, viagem astral, trabalho com sonhos.
- *Propriedades medicinais:* Emenagogo (estimulante da menstruação), alivia os sintomas de desconforto uterino, acalma, relaxa o sistema reprodutor feminino e o sistema nervoso hiperativo.
- *Propriedades mágicas:* Todos os feitiços, ativação de altares e grades de energia, viagem astral, trabalho com o Terceiro Olho, indutor de transe suave, auxiliar de meditação, revelações.
- *Partes utilizadas:* Folhas, caules
- *Correspondências planetárias:* Vênus, Lua
- *Correspondências elementais:* Ar, Terra
- *Arquétipo:* Kleidoukhos (Guardiã das Chaves)
- *Mundo:* Superior
- *Zodíaco:* Gêmeos, Câncer, Libra

- *Cor:* Roxo, branco, verde
- *Pedra:* Cristal de quartzo
- *Animal:* Corvo

Indicações

Não deve ser usada na gravidez ou durante as tentativas de engravidar. Se você tem alergia a plantas como a margarida, também pode ter reações à artemísia.

Apresentações

A artemísia pode ser usada fresca ou seca. Há muitas variedades disponíveis. É aplicável em qualquer tipo de formulação.

Pharmakeia

Uma infusão básica (conhecida como "simples") de uma colher de chá de artemísia embebida em uma xícara de água fervida tem usos infinitos na medicina e na magia. A artemísia também queima excepcionalmente bem como incenso. Queime uma pequena quantidade em meio disco de carvão antes de qualquer ritual para limpar, proteger e ativar o espaço. Use como base para praticamente qualquer incenso.

Como parte do seu tônico diário, a artemísia aumenta as habilidades mágicas e alivia a inflamação do corpo, da mente e do espírito. Uma mistura igual de artemísia e poejo em uma infusão pode ser tomada para aliviar o desconforto menstrual, por exemplo. Um sachê feito com tecido roxo cheio de artemísia e mantido sob seu travesseiro dará poder aos seus sonhos. Mantenha-o no seu bolso para um despertar de consciência tranquilo.

Emplastro Mágico de Artemísia

Uma das minhas formas favoritas de usar artemísia é em um emplastro psíquico, que abre o Terceiro Olho. Enrole cerca de uma colher de sopa desta planta em gaze branca e cubra com água fervente (apenas o suficiente para molhar). Espere até esfriar completamente. Coloque no seu Terceiro Olho para limpá-lo e abri-lo. Esta é uma excelente maneira de aumentar o transe em qualquer jornada. Use-o por vários dias para desintoxicar seu Terceiro Olho e fortalecer sua visão psíquica.

Áster

Salve *Pharmakoi Asteria*, Mãe da Mãe. Áster é o exemplo típico da bondade amorosa, mas não está diretamente associado à mãe de Hécate, Astéria, na mitologia popular. O que resta no registro escrito é a história de uma deusa diferente, mas com nome semelhante, Astreia, que era relacionada à inocência. Ela ascendeu ao Caminho Estrelado, onde se tornou a constelação de Virgem.

De volta à Terra, Zeus inundou o planeta para limpá-lo da corrupção, matando todos, exceto duas pessoas que permaneceram presas no topo do Monte Parnaso. Astreia ficou profundamente triste com a situação da humanidade. Quando suas lágrimas caíram na Terra, elas criaram os primeiros ásteres. Até hoje, o espírito do áster é de compaixão e amor.

Astéria, a mãe de Hécate, era, para os antigos, as próprias estrelas, de modo que essa versão da história, embora diferente, sugere uma associação próxima entre Astéria e Astreia. Considere Astreia como uma filha adotiva da Mãe da Mãe, irmã de Hécate.

Diante dessa complexa associação mitológica, não é surpreendente que o belo áster seja tão evocativo dos aspectos mais ternos de Hécate. Também podemos lembrar que a gentileza pode nos ajudar a navegar pelas complexidades dos relacionamentos.

Áster é uma combinação de profundidade emocional e racional, geralmente crescendo em lugares úmidos. Ásteres, brancos ou roxos, são abundantes no mês de setembro na maior parte da América do Norte e Europa. Se você não puder colher na natureza (eles adoram beira de estrada), compre algumas mudas comerciais. Eles são levemente perfumados e muito saborosos para serem consumidos frescos. Também secam muito bem e podem ser incluídos em sachês.

Áster também é conhecido como a erva de Vênus e é um excelente complemento para feitiços de amor eterno, do maternal ao romântico. A raiz tem sido usada há séculos na Medicina Tradicional Chinesa. Na América do Norte, muitos povos indígenas utilizavam as diversas espécies como remédio, inclusive aproveitando a raiz para aliviar congestão, fazer loções e trazer amor. Seu uso como antifebril demonstra suas propriedades de resfriamento úmido. Áster é o toque calmante que cura o corpo, a mente e o espírito.

Existem centenas de variedades desta planta, desde as pequenas flores agrupadas do áster da Nova Inglaterra (*Aster novae-angliae*), que cresce ao redor da minha propriedade, até o grande áster da China (*Callistephus*), que geralmente é cultivado em jardins e vendido como flor de corte.

Propriedades e Correspondências

- *Nome científico: Aster*
- *Gênero: Aster*
- *Classificação:* Flor
- *Propriedades espirituais:* Calmante, compaixão, relaxante, gentileza, amor incondicional, nutrição, verdade.
- *Propriedades medicinais:* Pode ser útil para baixar febre e inflamação, além de aliviar problemas digestivos.
- *Propriedades mágicas:* Bênçãos, oferendas, revelação de amor, incentivo à gentileza.
- *Partes utilizadas:* Flores
- *Correspondências planetárias:* Vênus
- *Correspondências elementais:* Água, Terra
- *Arquétipo:* Pantrophos (A Que Tudo Nutre)
- Mundo: Inferior
- *Zodíaco:* Virgem, Sagitário
- *Cor:* Roxo, branco, rosa
- *Pedra:* Rodocrosita
- *Animal:* Vaca

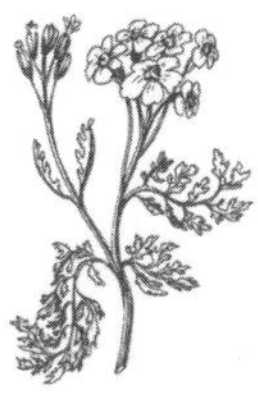

Indicações

Geralmente, é seguro para adultos e crianças consumirem as flores e as folhas. Também não oferece riscos a cães e gatos.

Apresentações

- Procurar ásteres na natureza é um excelente ritual para se conectar com a força amorosa primordial do Universo. Ao colher as flores silvestres, certifique-se de que a planta esteja seca e corte a cerca de dez centímetros do chão. Lave as flores e adicione às saladas. Elas são levemente amargas.

- Para secar, pendure de cabeça para baixo em um local fresco e escuro. As flores secas ficarão lindamente brancas e fofas. Elas são um excelente complemento para maços e bastões ou podem ser facilmente esfareladas para adicionar a misturas de incenso. Têm um aroma suave e amadeirado que combina bem com sálvia e absinto.
- O áster pode ser consumido em infusões. Três flores em uma xícara de água fervida são uma boa bebida para se beneficiar de seu poder calmante.

Pharmakeia

Adicione ásteres a qualquer local em que você queira deixar o amor reinar. Eu sempre os incluo no meu óleo de poder pessoal. Eles também são uma parte importante das minhas oferendas de outono. Áster é muito sábio como fonte primordial de energia do amor. Os ásteres são estrelas que caíram do céu e testemunharam o renascimento da humanidade, por isso são lindos aliados para trabalhos emocionais e rituais de renovação. Também aliviarão uma mente e um coração perturbados, oferecendo uma reconexão com nossa confiança em nós mesmos e no Universo.

Bombas de Banho Bênçãos de Áster

Não há melhor maneira de experimentar o abraço caloroso do áster do que em um banho ritual usando essas bombas efervescentes. Elas irão prepará-lo para sonhos lindos e curativos.

Nessas bombas, bergamota e laranja amarga são adicionadas ao áster. Bergamota traz foco, trabalho dos sonhos, abertura, otimismo e sono restaurador à mistura. Está associada a Mercúrio, à Lua e a Vênus, e é regida pelo Ar. A laranja amarga, também conhecida como néroli (flor de laranjeira), proporciona confiança, alegria e proteção porque é uma planta solar associada ao Fogo. Bergamota é do Mundo Superior; néroli, do Mundo Médio. Com todos os quatro elementos e os Três Mundos representados na mistura, é uma experiência espiritual completa. Ambas são fortes aliadas para o trabalho de cura no Tempo dos Sonhos.

Elementos

- Pétalas de cerca de uma dúzia de flores de áster selvagem (cerca de 1 colher de sopa), além de algumas flores intactas
- Óleo essencial de bergamota
- Óleo essencial de néroli
- 2 colheres de chá de azeite de oliva
- ½ xícara de cremor de tártaro (sal de tártaro)
- 1 xícara de bicarbonato de sódio
- 3 colheres de sopa de sais de Epsom
- Água em um borrifador
- Recipiente de mistura
- Colher
- Molde de silicone ou outro tipo. Gosto de usar aqueles pequenos recipientes com tampa para condimentos, pois facilitam o armazenamento e na hora de dar de presente.

Orientações

- Misture bem os ingredientes secos.
- Adicione o áster e 5 a 7 gotas dos óleos essenciais. Misture bem.
- Acrescente o azeite de oliva. Deixe ficar com uma textura "arenosa" e levemente pegajosa.
- Pegue uma pequena quantidade e aperte formando uma bola na sua mão. Se não grudar, borrife toda a mistura com um pouco de água e tente novamente. Repita, se necessário.
- Se a mistura ficar muito úmida, você ouvirá a reação de efervescência começar a ocorrer. Basta remover o excesso de umidade espremendo a mistura em um pano ou papel-toalha.
- Se desejar, coloque uma das flores intactas no fundo do molde. Depois, complete com a mistura por cima.
- Deixe secar por 24 horas no molde, depois retire e deixe descansar por mais 24 horas antes de usar.

Benjoim

Benjoim é uma resina balsâmica maravilhosa, com inúmeros usos mágicos e mundanos. Por ser mais suave que a mirra e o olíbano, é uma excelente resina de "porta de entrada" para aqueles que estão começando a trabalhar com esses espíritos vegetais.

Queime incenso de benjoim, difunda o óleo essencial ou use um *spray* com uma tintura de benjoim para limpar espaços antes de ritos sagrados. Utilize a tintura em toda a sua casa para transformá-la em seu santuário.

O espírito do benjoim é muito parecido com o do Rei de Copas no tarô: firme, seguro e sábio. É celestial, mas não arrogante, embora a resina esteja associada ao elemento Fogo e ao planeta Marte. O benjoim não é uma "viagem selvagem" pelo cosmos, mas ele ficará feliz em apoiá-lo durante uma. É especialmente útil para limpar a mente da desordem e é frequentemente usado como base para incensos, tinturas e óleos misturados. Um verdadeiro jogador de equipe no mundo espiritual das plantas, o benjoim reúne, cria integridade e é um agente de ligação perfeito. É um conforto durante a maioria das formas de bruxaria extática, porque facilita a transição para o reino espiritual e auxilia nas jornadas xamânicas.

Guardião da Encruzilhada

Regido por Marte e associado ao Fogo, à Terra e à Água, o benjoim é um espírito complexo, mas despretensioso. É derivado da seiva da árvore benjoim styrax, nativa da Índia, Tailândia e de outras partes do sul da Ásia. É um produto do sofrimento, pois a árvore é ferida para que a seiva sangre, endureça e vire resina. É amplamente utilizado como incenso sagrado na Índia, onde é conhecido como loban, e é excelente para queimar durante ritos sagrados.

Outros nomes para o benjoim incluem benjamin, goma de benjoim, estoraque, loban (embora este seja um nome geral usado na Índia para todas as resinas semelhantes ao olíbano), *Styrax obassia* e *storax* (não confundir com a resina da árvore hamamélis, que tem o mesmo nome).

Propriedades e Correspondências

- *Nome científico: Styrax benzoin*
- *Gênero: Styrax*
- *Classificação:* Resina
- *Propriedades espirituais:* Purificação do espírito, abrindo caminho para reinos astrais, facilitando jornadas e bruxaria extática. Queime enquanto contempla o equilíbrio pessoal.
- *Propriedades medicinais:* A inalação regular de benjoim reduz o sofrimento. Adicionado ao vapor, ele desobstrui congestão. Em tintura, é um excelente tratamento para feridas.
- *Propriedades mágicas:* Adicione como aglutinante a qualquer trabalho, desde incenso até frascos de bruxa. Use para purificação, viagem astral e jornada espiritual.
- *Partes utilizadas:* Resina de bálsamo
- *Correspondências planetárias:* Marte
- *Correspondências elementais:* Fogo
- *Arquétipo:* Tetraoditis (Guardiã da Encruzilhada, Guardiã dos Quatro Caminhos)
- *Mundo:* Médio
- *Zodíaco:* Áries, Virgem
- *Cor:* Marrom, dourado
- *Pedra:* Elbaíta (turmalina marrom)
- *Animal:* Pavão

Indicações

Geralmente, é seguro em pequenas quantidades.

Apresentações

- O benjoim pode ser comprado em pedaços de resina (moa no pilão), pré-moído, em óleos essenciais e tinturas. Como é fácil de moer, não desperdice seu dinheiro com preparações sofisticadas. Ao você mesmo moê-lo, produzirá resultados muito mais poderosos e o cheiro é incrível. Procure por pedaços de cor marrom médio com pedaços brancos.

- O aroma agradável e a fumaça limpa do benjoim fazem dele um excelente espírito liberado como fumaça. É fácil de queimar em um disco de carvão e ótimo para queimar antes e durante uma reunião social.
- O benjoim tem grandes poderes como fixador, retardando a dispersão de outros ingredientes botânicos no ar, seja como parte de incenso, óleos misturados ou velas.
- Na Medicina Tradicional Chinesa, a resina de benjoim é usada para limpar a estagnação e eliminar a congestão.
- O benjoim é utilizado comercialmente em produtos alimentícios, cosméticos, medicina veterinária e velas perfumadas. Contém vanilina e é ingrediente de aromatizante em bebidas alcoólicas e não alcoólicas, produtos de panificação, gomas de mascar, laticínios congelados, gelatinas, pudins e balas macias.
- O bálsamo de frade, também conhecido como tintura de benjoim, é amplamente utilizado em procedimentos médicos e no tratamento de feridas. O benjoim puro queima até virar uma cinza branca fina e se dissolve em uma tintura.

Pharmakeia

Use óleo de benjoim no difusor para acalmar espíritos inquietos, incluindo os seus e os de outros humanos. Ele acalma bem as crianças e, geralmente, é seguro expô-las à fumaça ou ao vapor. Adicione lascas às velas para liberar o espírito na chama.

Tinturas de benjoim podem ser compradas facilmente ou feitas com cerca de uma colher de sopa de benjoim moído para 1/3 de xícara de álcool etílico. Unte o Terceiro Olho com uma tintura ou óleo vinte minutos antes de iniciar uma jornada. Use como oferenda à maioria dos espíritos e divindades.

Potencializador de Tarô com Benjoim

Uma das habilidades mais maravilhosas do benjoim é abrir calmamente a porta para uma compreensão mais profunda dos mistérios. Benjoim queimando durante leituras de tarô ampliará suas habilidades psíquicas sem muito esforço. Se você já teve dor de cabeça depois de fazer uma leitura intensa, esta planta provavelmente a teria prevenido. Manter um pouco de benjoim em suas cartas irá clarear e amplificar seu poder. Ele aumenta nossa compreensão dos mais desafiadores Arcanos Maiores, aprofunda nossa apreciação do entendimento terreno de Ouros, acrescenta percepção às profundezas emocionais aquosas de Copas, acalma o fogo de Paus e os voos de Espadas.

Bétula

Bétula, a Senhora das Florestas, se oferece para nossa bruxaria de muitas maneiras, desde vassouras de banimento até criar fogos mágicos e tônicos de cura. Sua casca nos dá um meio no qual podemos escrever nossos feitiços. Ela é uma das minhas árvores favoritas no Jardim de Hécate. A bétula é silenciosa, pouco exigente e tem uma força notável. Por mais tenaz que seja, é um excelente aglutinante. Usar a casca como base para um sigilo garantirá que ele seja duradouro e poderoso.

A bétula oferece cura emocional duradoura, aumenta a estabilidade e é particularmente útil quando se trabalha seu poder pessoal. Ela tem propriedades de suporte que aumentam ainda mais nosso trabalho de poder pessoal: foco, liberdade, proteção, purificação, renascimento, trabalho autônomo, bem-estar e sabedoria. Queimar a casca seca é uma ótima maneira de limpar um ambiente antes de trabalhar.

É uma planta mestre em muitas tradições e culturas, desde os celtas até as tribos aborígenes da América do Norte. Tradicionalmente, vassouras feitas de galhos de bétula eram usadas para banimento. Fogueiras de bétula também afastam o mal e nos trazem bênçãos. Seus galhos são excelentes para varinhas e gravetos.

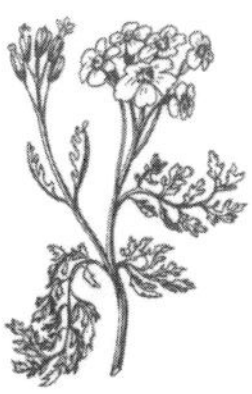

A bétula é gentil, mas majestosa. Sempre contida, ela compartilha seus segredos com as bruxas que comungam com ela. Homenageie a bétula por meio de um ritual simples para se conectar com seu poder sob a luz da Lua Cheia.

Propriedades e Correspondências

- *Nome científico: Betula alba* (bétula branca), *pendula* (prateada) *ou lenta* (preta ou doce) são variedades comuns
- *Gênero: Betula*
- *Classificação:* Árvore
- *Propriedades espirituais:* Crescimento, cura emocional, propósito, sabedoria.
- *Propriedades medicinais:* As partes da bétula possuem qualidades diferentes. Além disso, as diversas espécies de bétula têm usos específicos que vão além de suas capacidades curativas gerais. As folhas de bétula contam com poderosos poderes analgésicos. A casca é um antisséptico e tratamento para irritações da pele.
- *Propriedades mágicas:* Consciência, banimento, ligação, determinação, cura emocional, estabilidade, poder pessoal.
- *Partes utilizadas:* Madeira, brotos, folhas, casca, seiva.
- *Correspondências planetárias:* Vênus, Lua
- *Correspondências elementais:* Água
- *Arquétipo:* Despoina (Senhora)
- *Mundo:* Inferior
- *Zodíaco:* Capricórnio
- *Cor:* Preto, prata
- *Pedra:* Labradorita
- *Animal:* Lobo

Indicações

Folhas e cascas de bétula geralmente são seguras para consumo em pequenas quantidades. Esta planta não deve ser usada por pessoas alérgicas à aspirina, ao ácido acetilsalicílico, pois contém salicilato.

Apresentações

- A tradição determina que a casca de bétula só deve ser coletada de árvores caídas ou daquelas que a árvore liberou naturalmente, ou então a ira do *pharmakoi* Despoina irá encontrá-lo. As folhas e os brotos podem ser colhidos com segurança.

- O chá de folhas de bétula é excelente como tônico para trabalhos emocionais profundos e como anti-inflamatório. A fonte da conexão entre feridas emocionais e dor física está nas raízes, que geralmente é um trauma na primeira infância. A bétula atua nessas raízes, desfazendo a doença que está por trás dos sintomas apresentados. É possível comprar chá de folhas de bétula, mas é muito simples de fazer: basta cobrir as folhas frescas com água, ferver a mistura e deixar em infusão por dez minutos. Cubra as folhas com cerca de cinco centímetros a mais de água. Adoce com mel para disfarçar o gosto amargo.

Pharmakeia

Ramos de bétula banirão todo mal. Mergulhe os galhos em água fervente e coloque cerca de duas xícaras da mistura em um borrifador com ¼ de xícara de vinagre branco para fazer um *spray* de banimento. A casca de bétula é excelente para todos os trabalhos de poder, especialmente poder pessoal. Beba um chá de bétula para se manter no poder. Os brotos são ótimos para novos projetos. Crie um talismã usando os brotos e inclua amuletos simbólicos do seu projeto para banir barreiras e garantir o sucesso.

Sigilo de Poder da Bétula

Crie um sigilo de poder usando casca de bétula. A bétula é um aglutinante supremo. Ao colher bétulas na natureza, procure por pedaços caídos ao redor da base da árvore. Use seus signos astrológicos, as letras do seu nome e outros símbolos importantes para você com o objetivo de construir seu próprio sigilo de poder. Ative o sigilo com óleo de olíbano. Use-o para sintonizar objetos, como um computador ou um carro, com sua própria energia e como um reforço quando estiver se sentindo esgotado.

Canela

A canela era um tempero valorizado tanto em rituais quanto na culinária pelas antigas bruxas de Hécate, que a utilizavam em pratos especiais e para aromatizar o vinho. Tem uma energia intensa e duradoura que pode ser usada para diversos propósitos, desde melhorar o bem-estar até despertar a paixão e para trabalhos de renascimento. Devido ao alto preço da canela, a especiaria tem sido associada à abundância. Enrole uma nota de um dólar em volta de um pedaço de canela em pau e amarre com um barbante verde para fazer um feitiço rápido para ganhar dinheiro.

Criaturas míticas e ígneas, incluindo a serpente, o dragão e a fênix, estão fortemente associadas a este elemento botânico. A fênix se aninhou em um canteiro de canela, que se tornou seu fogo de renascimento. Conhecida como especiaria do dragão, pode ser usada para invocar espíritos e para sua própria renovação. Os dragões protegiam os antigos campos onde a canela crescia, então faça uma oferenda a esses guardiões e peça que cuidem de você. Se dragão ou fênix são seus aliados, a canela é uma excelente maneira de se conectar com eles e apaziguá-los.

Embora as associações com criaturas tão ferozes possam fazer você pensar que este *pharmakoi* é imponente, saiba que a canela é um fogo nutritivo que queima o que bloqueia, abrindo o caminho para a abundância, a cura e o sucesso. Ela motiva você a promover a mudança após o trabalho de renascimento, assim como impulsionou a fênix a ressurgir das cinzas.

Propriedades e Correspondências

- *Nome científico: Cinnamomum verum* (canela verdadeira)
- *Gênero: Cinnamomum*
- *Classificação:* Árvore
- *Propriedades espirituais:* A canela é especialmente útil para adicionar energia apaixonada e sustentada a todos os empreendimentos espirituais, desde habilidades psíquicas até renascimento. Também é excelente para entrar em um estado de graça interior enquanto se conecta à tocha eterna

de Hécate. Ótima para rituais que evocam Hécate Enodia, aquela que ilumina nosso caminho, bem como em seu papel de domadora de dragões.

- *Propriedades medicinais:* Auxiliar digestivo, adstringente, antisséptico, melhora o funcionamento cognitivo, aquece.
- *Propriedades mágicas:* Remoção de barreiras, feitiços de atração sustentada, renascimento, motivação, ritos sagrados envolvendo fogo e sol.
- *Partes utilizadas:* Casca
- *Correspondências planetárias:* Sol
- *Correspondências elementais:* Fogo
- *Arquétipo:* Pyriboulos (Aquela do Conselho do Fogo)
- Mundo: Médio
- *Zodíaco:* Áries
- *Cor:* Vermelho
- *Pedra:* Turmalina
- *Animal:* Fênix

Indicações

Geralmente segura para crianças e adultos. Quantidades excessivas podem causar problemas digestivos e tonturas.

Apresentações

- Paus de canela são um item essencial do boticário. Tenha-os à mão para uso em períodos de abundância, para vitalidade e para cozinhar no fogão criando uma atmosfera acolhedora.
- O óleo de canela pode ser comprado para facilitar o uso. Faça o seu próprio com jojoba como fixador para um tratamento de pele intenso para mãos cansadas.
- Utilize canela em seu tônico diário para trazer de volta seu fogo interior. Adicione ao leite de amêndoa aquecido com um pouco de mel ou faça um *chai*. Incluir a canela em sua dieta diária beneficia a mente, o corpo e a alma.

- Adicione uma pitada de vinho para servir como oferenda às Deusas Tríplices, especialmente para evocar suas energias apaixonadas e liberar sua própria divindade erótica. Não se surpreenda se o próprio deus com chifres aparecer.

Pharmakeia

Para adoçar, misture uma colher de chá de canela em ¼ de xícara de açúcar. Misture meia xícara de óleo de coco para fazer uma esfoliação que vai aquecê-lo nas noites frias de inverno. Coloque em uma tigela com bagas de zimbro para banir e abençoar sua casa.

A canela é excelente para trazer de volta a luz e para qualquer momento em que você precise reacender seu entusiasmo pela vida. Como uma aliada para o trabalho de renascimento, ela representa o fogo da tocha de Hécate, brilhando em nosso caminho através do útero.

Incenso do Caldeirão de Hécate

O caldeirão da bruxa simboliza o útero, e o de Hécate reside no coração de sua Caverna, cheio de espíritos de seu Jardim. É a fonte de todo o seu poder, a fonte da sua *Anima Mundi.* Retorne ao caldeirão usando esta mistura.

Este incenso é maravilhoso, especialmente para celebrar o renascimento do sol no solstício de inverno, ao mesmo tempo que honra a Noite Mais Escura como a mais sagrada de todos os tempos para a bruxaria hecateana.

Elementos

- Caldeirão pequeno
- Disco de carvão
- Almofariz, pilão
- Pote de vidro para armazenamento

Ingredientes

- ½ colher de chá de canela
- 1 colher de chá de artemísia
- ½ colher de chá de alecrim
- ½ colher de chá de pinha triturada

Orientações

- Esmague a pinha no pilão e adicione o restante dos ingredientes, misturando no sentido horário e se concentrando em sua própria jornada e em seu desejo de renascimento.
- Guarde no recipiente de vidro até que esteja pronto para a jornada em direção ao caldeirão de Hécate.
- Quando estiver pronto, coloque o disco de carvão no fundo do caldeirão e o acenda. Adicione o incenso. Então, recite a seguinte petição:

Eu a saúdo, Hécate, Bruxa Mãe, Rainha das Trevas,
Aquela que gira a Roda do Ano!
Anima Mundi, Alma do Mundo!
Guardiã do tempo,
Senhora da Lua,
Que surge e se põe em sua caverna.
Mãe Negra, conceda-me entrada
Em seu covil secreto,
Ilumine sua tocha
Para a câmara interna
Onde seu caldeirão eterno
Do renascimento faz morada.
Eu venho, como suas bruxas vêm desde antes do tempo,
Para ser reduzida a nada,
Reduzida ao fogo da minha alma,
Para ser reconstruída na verdade.

Carvalho

No centro do Jardim, a árvore mais poderosa de todas reina: o Rei da Floresta, o carvalho abençoado. Este elemento botânico traz a energia masculina de virilidade, conhecimento e força. É ancestral, primitivo e onipotente, se posicionando como Zeus diante de Hécate e se curvando ao poder dela enquanto mantém o seu.

O carvalho representa o relacionamento às vezes complicado que temos com homens poderosos. Este mestre também conhece todos os segredos das bruxas de Hécate, mas nos ama mesmo assim.

O sentimento é mútuo. Até Medeia, que nutria certo ressentimento por esse espírito depois que ele entregou a pele de carneiro a Jasão, percebe que essa árvore é uma poderosa aliada. Afinal, foi seu feitiço que libertou o velo sagrado das garras do carvalho quando ela colocou o dragão guardião para dormir. Aqui, encontramos o conto simbólico de advertência sobre abrir mão do nosso próprio poder. Segure-se na serpente sagrada que guarda sua alma e honre a fonte de onde ela veio.

Objetos sagrados são esculpidos em carvalho desde a Antiguidade e, como é a madeira real de reis e rainhas, é mais adequada para estátuas e outros ícones. Minhas duas adoradas estátuas de Hécate são feitas à mão em carvalho. Embora o carvalho tenha uma personalidade altamente masculina, a alma universal deste *pharmakoi* possui um poder sagrado e soberano, o que o torna uma excelente oferenda à nossa Mãe, além de nos ajudar a reivindicar nossa própria coroa.

Varinhas feitas de carvalho são excelentes para se conectar ao Caminho Estrelado, à energia do dragão e a Hécate como a Caminhante das Estrelas. Também são ótimas para invocar energias masculinas e úteis para incutir persistência quando estamos esgotados. Podem dar poder a todos os feitiços. Embora antigo e sábio, o carvalho também é viril, emprestando seu espírito aos nossos ritos de fertilidade e magia sexual. É o professor experiente que viu e fez de tudo.

Propriedades e Correspondências

- *Nome científico:* Existem mais de duzentas variedades de carvalho. Os mais comuns são *Quercus robur* (carvalho inglês), *Quercus alba* (carvalho branco) e *Quercus Velutina* (carvalho preto).
- *Gênero: Quercus*
- *Classificação:* Árvore
- *Propriedades espirituais:* Lealdade, poder pessoal, soberania, liberdade, força, masculino divino, oferendas, renascimento, sabedoria.
- *Propriedades medicinais:* Espécies diferentes podem ter benefícios específicos para a saúde. A casca do carvalho branco

é boa para inflamação, para tratar pequenos problemas de pele e como antidiarreico. As bolotas também têm muitos nutrientes e são ricas em fibras.

- *Propriedades mágicas:* Abundância, ancestrais, bênçãos, coragem, justiça, poder, sexo, sabedoria.
- *Partes utilizadas:* Folhas, casca, madeira e sementes (bolotas).
- *Correspondências planetárias:* Júpiter
- *Correspondências elementais:* Ar, Fogo
- *Arquétipo:* Kyria (A Suprema)
- *Mundo:* Superior
- *Zodíaco:* Touro, Gêmeos, Câncer, Leão, Sagitário.
- *Cor:* Marrom
- *Pedra:* Esmeralda
- *Animal:* Dragão

Indicações

Geralmente, o carvalho colhido na natureza requer uma preparação cuidadosa para remover quaisquer toxinas. Os chás comerciais são seguros para consumo pela maioria.

Apresentações

- A casca do carvalho branco é usada em chás e tinturas por seus benefícios à saúde e pode ser comprada pronta para consumo.
- Use as folhas como oferendas, para guirlandas e para fazer coroas celebrando seu poder pessoal, especialmente para comemorar as transições sazonais.
- Bolotas são presentes mágicos incríveis do poderoso Rei da Floresta. Além de serem usadas como talismãs, podem ser consumidas após cuidadosa preparação. Farinha de bolota, massa e óleo podem ser comprados para fazer pratos adequados para a Festa de Hécate.
- A tintura de carvalho, também conhecida como essência, é um produto básico do boticário. Pode ser diluída em uma lavagem para ativar sua própria persistência e soberania, para vivificar e limpar objetos sagrados.

Pharmakeia

Os taninos do carvalho eram usados pelos antigos para curtir couro. Faça uma decocção da casca e das bolotas para tingir papéis e tecidos. Uma decocção concentrada, resfriada com adição de goma arábica para estabilização, é uma excelente tinta para escrever decretos de iniciação. Unte seus objetos sagrados com carvalho para homenagear Hécate.

Magia com Bolotas

As bolotas são ótimas para magia simpática, para bênçãos e para conceder sabedoria àqueles que estão presos à semente. Escreva um sigilo para a pessoa na noz e o mantenha em sua grade de bênçãos. Uma grade básica de bênçãos consiste em talismãs ou bonecos, ou outros símbolos das pessoas envolvidas, circundados por um anel de plantas, pedras e espíritos animais que trazem abundância e cura.

Unguento Voador de Medeia

Este unguento é usado durante rituais sagrados para induzir estados de transe leves. Ele foi planejado especificamente para abrir sua serpente sagrada interior e se conectar com a serpente que é a guardiã da Árvore da Sabedoria. As serpentes de Medeia voaram, então espere que este unguento o conecte não apenas à nossa *Regina Venificarum*, mas também às alturas do Caminho Estrelado. Você pode se ver cavalgando ao lado dela, sendo o cocheiro de sua equipe de serpentes aladas, também conhecidas como dragões.

É composto por cinco de seus elementos botânicos sagrados: olíbano, lavanda, zimbro, artemísia e carvalho. Estou compartilhando esta fórmula em uma grande quantidade para que você possa dar de presente ou ficar com todos os unguentos para você. Duram cerca de um ano na geladeira ou seis meses em temperatura ambiente.

Elementos

- Latas com tampa (cerca de 6 médias ou 12 pequenas)
- Panela de aço inoxidável
- Colher de pau
- Copo medidor de vidro resistente ao calor com capacidade para 4 xícaras

Ingredientes

- 7 gotas de cada óleo essencial de olíbano, lavanda e zimbro.
- 2 colheres de sopa de artemísia seca infundida em ¼ de xícara de azeite de oliva por sete dias. Coe a artemísia se não quiser a matéria botânica na pomada.
- 7 gotas de tintura de carvalho. Faça a sua própria, mergulhando várias folhas de carvalho em meia xícara de álcool, ou compre a essência. As essências florais de Bach são excelentes.
- 2 xícaras de manteiga de karité
- ¼ de xícara de *pellets* de cera de abelha

Orientações

- Coloque a manteiga de karité e a cera de abelha no copo medidor.
- Mergulhe o copo em uma panela cheia até a metade com água.
- Leve a panela ao fogo e deixe ferver, mexendo sempre para derreter rapidamente.
- Depois que a mistura estiver derretida, adicione o óleo de artemísia e os óleos essenciais.
- Misture bem e despeje nas latinhas.

Método alternativo de fácil preparo

- Encha todas as latas de metal com ¾ de manteiga de karité e ¼ de cera de abelha e coloque em uma assadeira.
- Asse a 150 graus até derreter – cerca de dez minutos, dependendo do tamanho da forma. Misture os óleos e a tintura de carvalho.
- Deixe a pomada esfriar até a temperatura ambiente.
- Teste sua sensibilidade à pomada na parte interna do seu cotovelo direito. Espere cerca de uma hora para avaliar a sua sensibilidade a ela.
- Aplique no alto da cabeça, no centro do coração, na raiz, no topo dos pés e na parte interna dos pulsos para uma ativação completa.

Cimicífuga (Black Cohosh)

Cimicífuga é uma flor silvestre exclusivamente norte-americana cujas raízes são valorizadas por seu poder de restaurar a energia feminina. Apreciada por muitos povos indígenas pela sua propriedade de tratar problemas menstruais e facilitar o parto, ela também tem sido usada para uma variedade de problemas de saúde, desde picadas de cobra até ajudar bebês a dormir.

Esta planta é uma aliada muito prestativa na conexão com o sagrado feminino. É uma das minhas preferidas, eu tenho um boneco de Circe recheado com ela, que me aproxima mais dela quando lanço meus feitiços. A cimicífuga simula o estrogênio, o que a torna um poderoso reforço para níveis fisiologicamente baixos desse hormônio, mas observe que isso também a torna inadequada para uso por qualquer pessoa que não queira interferir em seu ciclo natural.

Também conhecida como *bugbane*, *fair candle* e *black snakeroot*, a cimicífuga não deve ser confundida com a variedade azul. É uma excelente banidora e uma parte tradicional do trabalho de *hoodoo* com raízes.

Propriedades e Correspondências

- Nome científico: Actaea racemosa
- *Gênero: Actaea*
- *Classificação:* Planta
- *Propriedades espirituais:* Equilíbrio, calma, coragem, amor, luxúria, força.
- *Propriedades medicinais:* Antidepressivo, anti-inflamatório, emenagogo, alivia a TPM e os sintomas da menopausa, funciona como o estrogênio, aumenta a serotonina.
- *Propriedades mágicas:* Feitiços de atração, banimentos, comunicação com o divino, proteção, revelações, visões.
- *Partes utilizadas:* Raiz
- *Correspondências planetárias:* Marte, Lua
- *Correspondências elementais:* Fogo
- *Arquétipo:* Erannos (Adorável)
- *Mundo:* Médio

- *Zodíaco:* Escorpião
- *Cor:* Branco
- *Pedra:* Pedra da Lua
- *Animal:* Pantera

Indicações

Esta planta é geralmente segura para a utilização por até um ano em adultos saudáveis. Não é aconselhado o uso contínuo. Além disso, pode provocar danos ao fígado. Não deve ser usada durante a gravidez ou por pessoas que tomam antidepressivos e que são sensíveis a pílulas anticoncepcionais. Não indicada para animais ou crianças.

Apresentações

- Raiz mais resistente, a cimicífuga deve ficar em infusão por um pouco mais de tempo do que a infusão média de folhas (cerca de dez minutos). Como tem um sabor ligeiramente amargo, um pouco de mel pode ser uma boa ideia. Use cerca de ¼ de colher de chá por xícara de água fervida.
- Este elemento botânico é excelente para ter à mão como tintura, feita com cerca de uma colher de chá de material vegetal para meia xícara de álcool.
- Deixe um pequeno sachê da raiz com seus produtos femininos, roupas e pertences pessoais para mantê-los conectados ao sagrado feminino.

Pharmakeia

Esta *pharmakoi*, cujo epíteto é Adorável, é uma amante furtiva cujo poder é escondido por seu charme. A cimicífuga é um excelente espírito para se conectar e entender seu lado feminino, bem como para abrir caminho para nossas Deusas Tríplices.

Boneco da Deusa

O objetivo deste boneco é vincular você à Deusa escolhida. Isso é útil para construir um relacionamento forte entre vocês dois e é mais adequado para estabelecer um relacionamento duradouro. Permite que o dono do boneco acesse a energia da Deusa para evocar e invocar. Tenha em mente que a Deusa em si não foi feita para ser amarrada, mas uma parte de sua força está contida. Eu tenho uma boneca Circe que me permite acessar seus poderes de *pharmakos* e explorar seus outros poderes.

Elementos

- Pedaço de tecido de camiseta preta (excelente se for de uma antiga) com cerca de 25 cm por 25 cm
- Barbante
- Cerca de uma xícara de cimicífuga (você pode adicionar outros elementos vegetais, como artemísia e poejo)
- Pequeno pedaço de obsidiana para a cabeça
- Pequeno pedaço de pedra da lua para o coração
- Símbolos da Deusa escolhida
- Papel e caneta
- Tesoura
- Marcadores de tecido para decoração

Orientações

- Escolha uma Deusa com a qual você tenha certeza de que deseja se vincular.
- Decida se este boneco será um companheiro constante ou para uso apenas em ocasiões específicas. Minha boneca Circe é utilizada para evocar e invocar sempre que estou fazendo bruxaria. Caso contrário, ela fica em repouso. Não abuse do seu boneco.
- Escreva uma pequena petição para sua Deusa e a enrole em um papel-manteiga para colocar dentro do boneco.
- Ponha a obsidiana no centro do tecido. Enrole um pedaço de barbante ao redor dele e amarre para criar a cabeça.
- Abra o tecido novamente sobre a cabeça, como uma flor aberta.
- Preencha o espaço criado com suas plantas, a pedra da lua e o papel-manteiga.

- Puxe o tecido para baixo, o envolvendo ao redor das plantas e moldando em um corpo.
- Prendendo os pedaços soltos, amarre o corpo do boneco, deixando o tecido restante como saia.
- Adicione pingentes e decore.
- Ao criar o boneco, invoque a energia da Deusa nele usando um *taglock* (vínculo energético) – um feitiço de ligação ou amarra que prende energia em um alvo usando uma representação simbólica e então direcione sua própria energia na representação, dizendo:

  Eu invoco _________ para este boneco, pegando apenas o que preciso. Seus poderes de _________ estão agora sob meu controle. Eu misturo meus próprios _________ com os seus, os entrelaçando dentro deste boneco.

- Imagine o boneco ficando encantado com a energia da sua Deusa.
- Passe algum tempo conhecendo seu boneco depois de ativá-lo. Você pode receber mensagens diretamente da sua Deusa ou um mensageiro pode aparecer.
- Desconecte-se do boneco quando terminar, expressando gratidão e dizendo adeus.

Trate seu boneco como você trataria qualquer outro espírito. Use-o como um ícone e um portal para se conectar com a sua Deusa. Dê oferendas e faça preces para ela.

Damiana

Nativa do sudoeste americano, a damiana tem uma longa história de associação com fertilidade e sexualidade, além de ser uma curandeira para inúmeros problemas de saúde. Talvez seja devido aos herbalistas vitorianos hipersexuais, que exaltavam a damiana como afrodisíaca, que a erva passou a ser vista apenas como útil dessa maneira. No entanto, usos tradicionais e investigações científicas modernas revelam que esta planta tem uma ampla gama de habilidades.

Minha experiência com damiana é profundamente pessoal. Numa época em que eu estava imersa na minha própria cura de traumas e fazendo um trabalho de recuperação da alma, ela apareceu para mim. Desde então, tem sido uma companheira fiel, me lembrando da minha própria natureza sexual e, ao mesmo tempo, me ajudando a curar o passado.

Damiana evoca Hécate Erototokos, a Portadora do Amor. Assim como as propriedades curativas da damiana eram restritas às habilidades sexuais, a sexualidade de nossa Mãe também era removida de seu conhecimento geral. Entretanto, para os antigos, ela era uma grande Deusa Mãe, associada à fertilidade. Às vezes, era a donzela; outras vezes, a anciã. Ela estava em todas as fases da vida ao mesmo tempo. É *Triformis*. Recorra à damiana para entender sua natureza multifacetada, para a sexualidade e para a cura por meio da regressão.

Propriedades e Correspondências

- *Nome científico: Turnera diffusa*
- *Gênero: Turnera*
- *Classificação:* Arbusto
- *Propriedades espirituais:* Levemente excitante e indutora de transe, resgate da alma, recuperação de relacionamentos rompidos, cura sexual.
- *Propriedades medicinais:* A damiana tem muitas propriedades curativas para o corpo e a mente, especialmente na redução da ansiedade, depressão, inflamação e dor. É também um antitussígeno, antibacteriano, analgésico e antifúngico.
- *Propriedades mágicas:* Feitiços de atração de todos os tipos, alívio da ansiedade, felicidade, cura por meio da regressão a vidas passadas e ao eu mais jovem, despertar a paixão sexual.
- *Partes utilizadas:* Folhas
- *Correspondências planetárias:* Vênus
- *Correspondências elementais:* Fogo
- *Arquétipo:* Erototokos (Portadora do Amor)
- *Mundo:* Médio
- *Zodíaco:* Escorpião, Áries

- *Cor:* Amarelo, cinza-escuro
- *Pedra:* Quartzo fumê
- *Animal:* Coiote

Indicações

Não é indicada para crianças, animais de estimação, gestantes ou lactantes. É seguro consumir em pequenas quantidades por até três meses. Como a damiana pode estimular a libido, teste uma pequena quantidade para avaliar sua reação.

Apresentações

- A damiana pode ser usada em tinturas, infusões, óleos e como emplastro.
- Tem sabor levemente amargo, que pode ser adoçado com mel.
- Um licor está disponível para compra.
- Uma tigela de damiana no quarto vai despertar energia sexual, seja para aventuras solitárias, seja para relações com outros parceiros. Para usá-la dessa maneira, abençoe uma tigela de damiana com um pouco de seus próprios fluidos sexuais mágicos.
- Sintonize-se com a damiana como um guia para curar traumas sexuais.

Pharmakeia

Damiana esquenta qualquer formulação, embora suas inclinações naturais tendam à restauração da alma, a viagens no tempo e a aventuras eróticas. Sua reputação como afrodisíaca pode ser baseada em sua característica central de recordação; se os bons e velhos tempos eram sensuais, então ela reacenderá seu fogo novamente. No entanto, se houver algum trauma no seu passado, ela vai querer que você o cure. Esta é uma erva complexa que recompensa os *pharmakas* que estão dispostos a ver como a damiana se reflete neles mesmos.

Para usar como estimulador sexual, mantenha um sachê de damiana com qualquer roupa ou acessório erótico. Sirva também uma infusão misturada em um coquetel com Triple Sec, gim e água com gás com gelo para realmente entrar no clima.

No trabalho de cura de recuperação da alma, a damiana tem um papel fundamental no apoio à nossa magia kairós, voltando ao longo dos anos para curar nossos antigos Eus feridos ou para estender a cura às versões mais jovens das pessoas que ferimos.

Tintura de Viagem no Tempo

Esta tintura é excelente para viajar ao passado e recuperar partes perdidas de si mesmo, encontrar soluções e se conectar com versões mais jovens de você. É muito curativa.

Ingredientes

- 1 colher de sopa de damiana
- 1 colher de sopa de artemísia
- 1 colher de sopa de mil-folhas
- ¾ de xícara de álcool, glicerina ou vinagre de maçã

Orientações

- Coloque os elementos vegetais em um recipiente limpo e adicione o líquido. Geralmente, despejo água fervida suficiente sobre os elementos botânicos para soltá-los, acelerando o processo de destilação.
- Tampe o recipiente.
- Agite suavemente diariamente. A tintura estará pronta para uso após cerca de quatro a seis semanas para misturas à base de álcool – tempos mais curtos para gliceritas e vinagres.
- Teste colocando uma pequena quantidade embaixo da língua.

Incenso Kairós

Este incenso é outro companheiro de viagem no tempo. Combina o poder da damiana com o zelo da dedaleira, auxiliado pela facilidade da artemísia em abrir o caminho para o passado.

Ingredientes

- Cerca de 1 colher de chá de flores ou folhas secas de dedaleira
- 1 colher de sopa de artemísia
- 2 colheres de chá de damiana

Orientações

- Misture em uma tigela preta, de preferência de obsidiana ou granito escuro, mexendo no sentido anti-horário, atraindo a energia do Mundo Inferior.
- Queime uma pequena quantidade em ¼ de um disco de carvão por cerca de cinco minutos para avaliar sua resposta.
- Prossiga com cautela a partir daí.
- Não inale quantidades excessivas de fumaça.

Você também pode fazer um óleo para aquecer em um difusor, mas não consuma nem se unja com ele.

Dedaleira

A dedaleira é uma planta incrível para incorporar à bruxaria do Mundo Inferior, mas é somente para praticantes habilidosos. É uma planta temperamental, que faz o que quer. Se você está pronto para o desafio, prossiga com uma mentalidade firme porque precisará disso para controlar a dedaleira incrivelmente venenosa e obstinada. Pode adicioná-la a uma base de artemísia e hortelã para formar um incenso de jornada ao Mundo Inferior.

De pé na entrada do Jardim de Hécate, a dedaleira, também conhecida como digitalis, bane o profano enquanto guarda os segredos daqueles que entram. Assim como muitos dos mestres professores, "o" dedaleira prefere sua própria companhia. Escrevi "o" porque a dedaleira é uma planta hermafrodita, contendo órgãos masculinos e femininos. Por isso, é um excelente curandeiro para aqueles que também resistem às normas tradicionais de gênero e aos papéis sexuais.

A dedaleira é frequentemente associada ao povo das fadas e a outros tipos de espíritos de pequenos reinos. As belas flores em forma de luvas são tradicionalmente atraídas por esses espíritos, e a tradição diz que eles se reúnem ao redor das plantas, usam as flores e as compartilham com as raposas. Deixe oferendas a esses espíritos sob as folhas da dedaleira e você será recompensado – possivelmente. Assim como a dedaleira, o povo das fadas é obstinado e empresta seus favores em seus próprios termos. É melhor deixar ambos no estado natural, exceto pelas bruxas mais confiantes. Dançar com plantas digitálicas, como são as dedaleiras, ou com esses seres pequeninos pode ser uma aventura, e não isenta de riscos.

Na minha prática pessoal, a dedaleira é uma das minhas principais professoras. Ela cresce no lado esquerdo da minha porta da frente, representando o Caminho do Veneno do lado esquerdo.

Devido aos séculos de popularidade da dedaleira e aos extensos contos populares que a cercam, a planta é conhecida por muitos nomes, incluindo dedos sangrentos, sinos do homem morto, dedo de fada, sinos de fada, dedais de fada, boné de fada, luvas de goblin, luvas de nossa senhora, dedal de senhora, dedo de moça, boca de leão, flor de coelho, erva-da-garganta, mercúrio escocês, luvas de virgem e luvas de bruxa.

A dedaleira oferece um estímulo para aqueles que estão se sentindo deprimidos, mas amplifica muito esses efeitos quando o praticante já está em um estado de excitação. Portanto, não é uma companhia adequada para bruxas ansiosas, embora possa ser curativa quando estamos deprimidos.

Dedaleira é regida por Vênus e fortemente ligada às profundezas emocionais. Sua resistência a receber ordens pode ser superada por meio da sinceridade e persistência de uma mente ainda mais forte. Pode ser um excelente estudo para aqueles dispostos a explorarem seus próprios lados sombrios, mas esteja ciente de sua natureza caprichosa. Como Vênus tem um talento para guardar segredos, adicione a dedaleira a qualquer coisa que você queira manter escondida.

A bruxaria de viagem no tempo, como viajar ao passado para recuperar partes perdidas de nós mesmos ou curar a linhagem ancestral, se beneficia da adição da dedaleira, pois ela é um portal para o kairós, o tempo não linear do mundo etérico.

Todas as partes da dedaleira são venenosas, por isso é melhor manuseá-la usando luvas em áreas bem ventiladas, embora não seja excessivamente tóxica ao toque.

Propriedades e Correspondências

- *Nome científico: Digitalis purpurea*
- *Gênero: Digitalis*

- *Classificação:* Planta
- *Propriedades espirituais:* Cura do passado, elevação dos espíritos, trabalho no Mundo Inferior, incluindo recuperação da alma e renascimento (para o praticante obstinado).
- *Propriedades medicinais:* A digitalis, folhas da dedaleira, foi usada por muito tempo como tratamento para problemas cardíacos, embora tenha sido substituída por uma versão sintética na prática médica alopática. A dedaleira aumenta rapidamente a pressão arterial. Então, passar um tempo com um belo espécime pode ser útil para pessoas com hipotensão crônica.
- *Propriedades mágicas:* Banimento, astúcia, guardar segredos, proteção.
- *Partes utilizadas:* Todas
- *Correspondências planetárias:* Vênus
- *Correspondências elementais:* Água
- *Arquétipo:* Daidalos (Astuciosa)
- *Mundo:* Inferior
- *Zodíaco:* Touro
- *Cor:* Roxo ou branco
- *Pedra:* Opalina
- *Animal:* Raposa

Indicações

Todas as partes da planta são venenosas. Não ingerir nem esfregar diretamente na pele. Esta planta não deve ser usada em conjunto com acônito, pois eles anulam o efeito medicinal um do outro.

Apresentações

- A dedaleira é uma planta de jardim popular porque cresce muito facilmente. Todas as suas partes podem ser colhidas para uso em pharmakeia. As sementes podem ser compradas on-line.
- Utilize todas as partes da planta em infusões, tinturas, óleos etc.

- Ao misturar com outras plantas, seja muito claro sobre como você deseja que a dedaleira atue. Ela pode ou não obedecer se você não tiver dedicado tempo para construir um relacionamento forte com esta planta.
- A dedaleira exige respeito e, com o tempo, passará a confiar somente em você.

Pharmakeia

Plante dedaleiras em seu jardim como sentinelas enérgicas que manterão todos os intrusos afastados. Esta planta é uma excelente "autopropagadora" que se espalha alegremente, mesmo quando negligenciada. Para praticantes iniciantes, recomendo deixar a dedaleira fazer o que quiser e permitir que as plantas cresçam livremente.

Para aqueles que confiam em sua capacidade de trabalhar com dedaleira, todas as partes da planta podem ser utilizadas em banimentos, para guardar segredos e para cura emocional. Observe que a dedaleira tem uma temperatura quente e é bastante úmida, como o ar de uma sauna. Então, se esse clima não agrada a você, é melhor evitar essa planta. Se deseja trabalhar com dedaleira de uma maneira menos intensa, uma carta de oráculo da planta é adequada.

Vassoura de Banimento

Eu mantenho uma vassoura de dedaleira pendurada na cozinha, que afasta continuamente o indesejado. Eu a uso para varreduras rápidas quando algo prejudicial entra. Também a utilizo para me conectar com o espírito da digitalis quando preciso tomar decisões difíceis e para minha própria cura emocional.

Para fazer uma vassoura, junte treze folhas grandes e as amarre com um cordão preto. Adicione amuletos para agradar a dedaleira, como símbolos de bruxaria. As folhas duram um ano, enquanto as flores tendem a se desgastar muito mais rapidamente, na minha experiência.

Luva de Segredos da Bruxa

Use este feitiço para garantir que seus segredos não sejam revelados. Você pode continuar adicionando seus segredos depois que o feitiço for lançado.

Elementos

- Uma luva preta
- Barbante preto
- Papel
- Caneta preta
- Sementes de dedaleira
- Frasco de vidro com tampa

Orientações

- Coloque um pouco de dedaleira (ou suas sementes) em cada dedo da luva enquanto recita:

  Dedaleira mais bela, atenda ao meu pedido, guarde meus segredos em seu poder. Com seus poderes contidos dentro da luva, meus segredos permanecem dentro da luva.

- Escreva seus segredos no papel com a caneta preta e o coloque dentro da luva enquanto recita o encantamento.
- Amarre a luva e guarde em local fresco e escuro.
- Adicione segredos como desejar, sempre recitando o encantamento.

Dente-de-leão

Esta humilde planta nos oferece uma grande quantidade de energia simbólica. Assim como Hécate, o dente-de-leão representa os Três Mundos e nossos Três Eus. As raízes penetrantes nos lembram da importância da energia do Mundo Inferior – que tudo o que existe vem das profundezas escuras da Terra. As emoções, a força dominante do Eu Inferior, são profundas e vastas. Elas nutrem nossas mentes e informam nossas ações. A flor dourada alcança o Mundo Superior, nos mostrando que as habilidades do Eu Superior se estendem até os mistérios do intelecto e do misticismo. No Mundo Médio, o caule e as folhas são a parte ativa da planta, crescendo e se espalhando, como nossas ações.

A persistência do dente-de-leão em crescer em qualquer lugar e sua recusa em ceder às tentativas de destruí-lo são uma lição poderosa para vivermos nossa verdade. Houve uma época, quando eu morava no subúrbio, em que eu seguia a prática do bairro de destruir dentes-de-leão para ter um gramado livre de ervas daninhas. Os dentes-de-leão persistiram e, eventualmente, eu também persisti. Esta planta nos lembra que a conformidade é muito chata e exige muito esforço.

Portanto, a mensagem do dente-de-leão é apenas para você – desde suas raízes emocionais até suas curiosidades intelectuais. Hécate também chega até seus devotos de muitas formas diferentes. Deixe você ser você e permita que sua Hécate seja sua.

Propriedades e Correspondências

- *Nome científico: Taraxacum officinale*
- *Gênero: Taraxacum*
- *Classificação:* Planta
- *Propriedades espirituais:* Limpeza, toda cura (especialmente emocional), proteção, habilidades psíquicas.
- *Propriedades medicinais:* Promove a digestão, estimula os rins, limpa o fígado, melhora o funcionamento imunológico e reduz o estresse.
- *Propriedades mágicas:* Clareza, comunicação, liberdade, mensagens, dinheiro, poder, profecia, invocação de espíritos.
- *Partes utilizadas:* Raízes, topos jovens, folhas.
- *Correspondências planetárias:* Júpiter, Mercúrio
- *Correspondências elementais:* Ar
- *Arquétipo:* Nyssa (Dos Inícios)
- *Mundo:* Superior
- *Zodíaco:* Aquário
- *Cor:* Amarelo
- *Pedra:* Lepidolita
- *Metal:* Bronze
- *Animal:* Leão

Indicações

Muito seguro.

Apresentações

- O dente-de-leão pode ser formulado como infusão, decocção ou tintura. A raiz é normalmente usada para essas formulações, embora a planta inteira possa ser aproveitada quando fresca.
- Crie uma raiz inteira como um boneco de cura.
- As folhas são excelentes cozidas ou servidas em salada.

Pharmakeia

O dente-de-leão é um poderoso curandeiro para todos os fins. Muito útil na limpeza e purificação. Você pode adicionar raiz, folhas ou flores secas de dente-de-leão a um incenso. Beber um tônico diário de raiz de dente-de-leão é benéfico para a mente, o corpo e a alma. Adicione as folhas às saladas e vitaminas para obter um benefício semelhante. Uma poção de dente-de-leão composta por um concentrado de chá de raiz pode ser usada como base para outras poções e é um ótimo ingrediente para banhos rituais.

Carregar um dente-de-leão como parte de um amuleto também pode ser muito benéfico. Claro, você pode usar a flor desta planta como um canal para ativar um feitiço soprando as pétalas frágeis ao vento. Não é de surpreender que o dente-de-leão esteja associado ao elemento Ar. Você pode adaptar a energia do dente-de-leão ao seu foco específico, adicionar correspondências apropriadas e lançar um feitiço sobre ele com um grande encantamento.

Oferenda a Hécate

Uma coroa de dentes-de-leão seria uma excelente oferenda a Hécate na Lua Negra ou em qualquer momento. Você pode usá-la durante seu ritual e depois oferecê-la a ela, colocando ao redor de uma estátua ou deixando na encruzilhada.

Calmante para Evolução Espiritual

Beber chá de raiz de dente-de-leão após um trabalho profundo nos ajuda a lidar com a bagunça pós-ritual. Esta planta deixa o corpo, o espírito e a mente em sincronia, ao mesmo tempo que sintetiza nossas experiências e nos guia pela lama da transformação.

Como raiz, o dente-de-leão libera suas propriedades muito mais facilmente por meio do processo de decocção. Para fazer uma decocção, basta adicionar uma colher da planta para cada duas xícaras de água. Deixe a mistura ferver suavemente por cerca de cinco minutos, depois tampe e mantenha em infusão por mais cinco minutos. Se você estiver se sentindo muito irritado com o ritual, resfrie a decocção e beba gelada. Muito frio? Beba morno. Adicione mel e limão a gosto, se quiser. Você também pode preparar com antecedência e congelar em cubos de gelo para ter em mãos depois do ritual. Descongele em água fervente e misture com mel e limão.

Feitiço de Verificação da Realidade

Expectativas irreais podem ser muito prejudiciais. Quer pensemos que nossas casas devam estar sempre arrumadas ou que nossos amantes estejam livres de falhas, não há benefício em esperar pela perfeição. Uma abordagem melhor é desejar que as coisas sejam completas – com falhas e tudo. Louça suja é sinal de uma vida corrida. Seu parceiro em potencial realmente precisa satisfazer todos os itens da sua lista?

Transmutação é um tipo de feitiço que nos faz mudar as propriedades energéticas de um objeto para atingir o resultado desejado. Nesse caso, a intenção é transformar expectativas irreais em realistas. Essa é uma meta elevada, mas usar a energia do dente-de-leão pode ser muito útil nessa situação.

Elementos

- Um dente-de-leão fresco ou a planta seca (está amplamente disponível como chá de ervas)
- Papel
- Caneta
- Vela (se possível, amarela)
- Bolsa pequena (amarela é melhor)

Orientações

- Crie seu círculo de proteção como você costuma fazer. Uma técnica simples é varrer o espaço com três rodadas no sentido horário antes de começar o feitiço com uma vassoura limpa ou com a mão direita limpa.

- Sente-se dentro do seu círculo e faça uma lista de suas expectativas irreais.
- Coloque o dente-de-leão e a lista no saco.
- Acenda a vela e coloque seu talismã na frente dela.
- Visualize todas essas expectativas sendo transformadas em expectativas mais realistas pela energia da vela.
- Abra o círculo varrendo três vezes no sentido anti-horário com a vassoura ou com a mão esquerda limpa.
- Leve seu talismã com você. Acenda a vela diariamente para ajudar no processo de transmutação.

Ditamno de Creta

Ditamno pode ser adicionado a qualquer trabalho mágico e usado como cura para problemas físicos. É uma verdadeira panaceia. Existem dois tipos comuns de ditamno que são intimamente relacionados: o americano e o cretense. Ambos são semelhantes ao orégano e à manjerona, embora existam diferenças importantes. Eles compartilham as mesmas propriedades e características. Se você puder acessar a versão americana por meio de pesquisa na natureza, recomendo fazê-lo. Caso contrário, encomendar ditamno de plantas de Creta e cultivá-las você mesmo é a melhor opção.

Ditamno de Creta (*Origanum dictamnus*) também é conhecido como eronda, diktamo, ditamno cretense, manjerona-lúpulo, ulmária e manjerona selvagem. A palavra cretense para a planta é *erontas*, que significa "erva do amor". O ditamno americano (*Cunila origanoides*) é chamado, ainda, de ditamno selvagem, orégano selvagem, flor de geada, erva-de-febre, ditamno da montanha, planta-de-gás e hortelã-de-pedra. Ambos pertencem à família *Lamiaceae* (hortelã).

Lepidium latifolium, às vezes conhecida como ditamno, mas mais comumente como erva-pimenta ou mostarda-d'água, pertence à família da mostarda e, como tal, tem propriedades que refletem essa classificação e não as verdadeiras formas de ditamno. E há ainda outro impostor de ditamno (*dictamnus alba*): o ditamno ou sarça ardente. Meu conselho é optar por *Origanum dictamnus* ou *Cunila origanoides*. Por fim, há alguns varejistas que rotulam falsamente o orégano ou a manjerona como ditamno.

O Elemento Real

O verdadeiro ditamno de Creta é uma raridade,
já que cresce naturalmente apenas em lugares perigosos,
como topos de penhascos, na ilha que lhe dá nome.
O ditamno cultivado em Creta está disponível em varejistas
confiáveis. Se comprar a planta seca on-line,
certifique-se de que está adquirindo um verdadeiro ditamno.
Procure pelas folhas felpudas e flores roxas.

Ditamno de Creta é sagrado para várias deusas das antigas culturas mediterrâneas, que remontam aos minoicos. Afrodite/ Vênus, Ártemis, Circe, Diana, Hécate, Hera e Perséfone podem ser evocadas usando a variedade europeia ou norte-americana. Júpiter/ Zeus também estão associados a ele. Segundo a mitologia, Zeus deu a planta a Creta em gratidão por ter prosperado por lá.

Há muito folclore em torno desta planta, especialmente em relação ao seu uso em todas as questões relacionadas ao amor – desde encontrá-la até seu resultado: gravidez e parto. Diz-se que Vênus curou Eneias com ela. Ártemis e outras foram retratadas usando coroas de ditamno. É uma planta muito nobre para se conectar com o sagrado feminino. Ditamno é excelente para repelir venenos do corpo, da mente e do espírito. É particularmente útil para acalmar a digestão. Ditamno traz conexão amorosa com os mortos e é ótima para caminhar com a morte.

Os incríveis e diversos poderes de cura do ditamno são lendários, variando desde curar feridas de faca até facilitar o parto. Os colonizadores reconheceram propriedades comparáveis nas espécies norte-americanas e as nomearam adequadamente.

O ditamno de Creta não é amplamente disponível, embora haja um interesse crescente nele para fins farmacêuticos, culinários e em licores (Diktamo Amaro). O extrato do ditamno de Creta é usado para dar sabor ao vermute seco italiano, que pode ser base para poções e muito mais.

Propriedades e Correspondências

- *Nome científico: Origanum dictamnus*
- *Gênero: Origanum*
- *Classificação:* Erva
- *Propriedades espirituais:* Acalma a mente, o corpo e o espírito. Excelente para cura e para conexão com os Outros Mundos. Evoca, funde e invoca o sagrado feminino. Soberania, representação e poder pessoal. Traz conforto aos solitários e simboliza o amor verdadeiro.
- *Propriedades medicinais:* Digestão, reprodução, anti-inflamatório, cicatrização de feridas, antídoto de venenos, extração de farpas.
- *Propriedades mágicas:* Abundância, viagem astral, beleza, caminhada com a morte, adivinhação, eliminação de toxinas (pessoas e espíritos nocivos), cura, jornada, misticismo, paixão, proteção, espíritos e visões.
- *Partes utilizadas:* Folhas, flores
- *Correspondências planetárias:* Vênus, Júpiter
- *Correspondências elementais:* Água, Ar
- *Arquétipo:* Pandoteira (Doadora de Tudo)
- *Mundo:* Médio
- *Zodíaco:* Virgem, Touro, Libra.
- *Cor:* Cinza, roxo
- *Pedra:* Selenita
- *Animal:* Abelha

Indicações

Não foi estabelecido em ensaios clínicos se este elemento botânico é seguro para uso durante a gravidez ou por crianças. Recomenda-se cautela para pessoas com sensibilidade à hortelã, ao orégano ou à manjerona.

O ditamno americano pode ser usado como substituto para muitos propósitos mágicos, mas não é tão adequado para caminhar com a morte. Você pode substituir por orégano, manjerona ou hortelã, desde que faça isso de acordo com o foco específico do seu trabalho, já que nenhum deles pode ser considerado uma substituição geral. Manjerona e artemísia juntas podem produzir resultados semelhantes para o trabalho espiritual.

Apresentações

- O ditamno pode ser usado em todos os tipos de formulações. Em Creta, é popularmente consumido como chá diário por suas propriedades curativas e profiláticas. Recomenda-se uma infusão de meia colher de chá de planta para duas xícaras de água fervida. Também é excelente em tinturas, que podem ser feitas adicionando cerca de uma colher de chá da planta a meia xícara de álcool com 40% de teor alcoólico ou mais. Também pode ser adicionado a óleos.
- Ditamno é excelente como emplastro curativo, para feridas físicas e para curar ou abrir o Eu Médio e o centro cardíaco.
- Plante ditamno na soleira da sua casa para garantir abundância e saúde, além de atrair bons espíritos e proteger contra danos. Um prato de ditamno seco pode ser usado como substituto.
- Este adorado elemento botânico tem um aroma incrível, tanto em sua forma natural quanto queimado como incenso.

Pharmakeia

Ditamno de Creta é uma superplanta incrível que pode ser usada de muitas maneiras. É excelente para se conectar com entes queridos que já partiram. Para usá-lo dessa maneira, diga à planta que ela deve facilitar sua conexão com a pessoa amada que partiu. Monte um altar incluindo fotos e *memento mori*, expressão em latim que significa "lembre-se de que você vai morrer" – ela se refere a objetos ou símbolos que servem como lembretes da mortalidade, muito usados em práticas espirituais e rituais para contemplar a transitoriedade da vida e honrar a ancestralidade. Queime um raminho de ditamno enquanto você relembra as memórias da pessoa. A imagem do seu ente querido aparecerá na fumaça. Para melhorar a experiência, beba uma infusão.

Dittamo

Faça uma tintura de ditamno usando cerca de duas colheres de sopa de folhas frescas para meia xícara de álcool. Deixe descansar por seis semanas, agitando diariamente. Misture algumas gotas da tintura em alguns mililitros de suco de laranja cerca de trinta minutos antes de começar qualquer ritual, para aprofundar sua capacidade de viajar no mundo espiritual. Esta tintura é especialmente útil para invocar Hécate e Circe.

Escutelária

O nome escutelária pode ser usado para duas plantas muito diferentes: escutelária americana (*Scutellaria lateriflora*) e escutelária chinesa (*Scutellaria lateriflora*). Aqui, descrevo a escutelária americana. Observe que as duas não são intercambiáveis. A escutelária nativa da América do Norte é uma planta tradicional para muitos povos indígenas. Ela tem sido uma das minhas maiores professoras há muito tempo. Em meus vinte anos de conhecimento desse espírito poderoso, me apeguei à sua natureza complexa.

A escutelária é, antes de tudo, um aglutinante. Ela tem um espírito duplo na forma como une, trazendo clareza à mente e, ao mesmo tempo, afogando o que não serve mais. É andrógina, no sentido de que possui muitos traços estereotipados masculinos e femininos. Traz calma, mas por meio de uma natureza quase agressiva. Este não é um elemento botânico de abraços ternos, mas de força de aço. A escutelária é fantástica quando combinada com lavanda para proporcionar calma instantânea, pois age rapidamente.

Energeticamente falando, aprisiona sob suas flores tudo o que está sendo evocado. Seja qual for sua intenção, e dentro de seu alcance de poderes, a escutelária irá envolvê-las firmemente, apertando até que não haja mais vida ou envolvendo de uma maneira protetora e nutritiva. Esta planta parece complexa, mas é bem tranquila, por isso a recomendo para praticantes intermediários. Ela fica feliz em compartilhar, mas nem todos entenderão sua natureza dualística.

A amarração é a habilidade fundamental da bruxaria, desde manter os ingredientes em nossas preparações e feitiços juntos até uni-los uns aos outros. A escutelária é inigualável em sua capacidade de vincular e, portanto, é excelente para todos os rituais de compromisso, incluindo casamentos.

Propriedades e Correspondências

- *Nome científico: Scutellaria lateriflora*
- *Gênero: Scutellaria*
- *Classificação:* Planta
- *Propriedades espirituais:* Acalmar e abrir a mente, conectar-se com a Mãe, expandir a consciência, extrair a verdade da alma, renascer.
- *Propriedades medicinais:* Antioxidante, redutor de ansiedade, anticonvulsivante, protetor contra problemas neurológicos, pode reduzir problemas do ciclo menstrual.
- *Propriedades mágicas:* Ligação (tudo), clareza, comprometimento, cura emocional, evocação de Hécate, fidelidade, renascimento.
- *Partes utilizadas:* Folhas
- *Correspondências planetárias:* Júpiter
- *Correspondências elementais:* Água
- *Arquétipo:* Arkyia (Que Aprisiona)
- *Mundo:* Inferior
- *Zodíaco:* Aquário
- Cor: Azul
- *Pedra:* Safira azul
- *Animal:* Aranha

Indicações

Não recomendada para crianças, animais de estimação ou gestantes. É mais seguro consumir por curtos períodos, e doses muito altas podem causar convulsões.

A escutelária pode estar misturada com têucrio (*Teucrium*), um grupo de plantas conhecidas por causar problemas no fígado. Isso levou à crença equivocada de que ela afeta a saúde desse órgão. Certifique-se de que você está comprando escutelária americana pura.

Apresentações

- A escutelária pode ser adquirida em várias formas. Fique atento para levar para casa a escutelária pura. É recomendável comprar folhas cortadas e secas. As cápsulas podem ser abertas para uso em infusões, tinturas etc.
- A coleta de escutelária na natureza ainda é possível em algumas áreas da América do Norte.
- As plantas e sementes cultivadas de escutelária são geralmente da variedade chinesa. Tenha isso em mente se você estiver pensando em cultivar a sua própria.

Pharmakeia

Use a escutelária como um tônico para se preparar para o trabalho de renascimento e cerimônias de compromisso, e como um agente de ligação em praticamente qualquer feitiço.

Boneco de Amarração

Bonecos são ótimos para magia que busca controlar o comportamento de outra pessoa. Este é fácil de fazer e altamente eficaz. É uma versão do feitiço do caixão, no qual o alvo é amarrado e depois enterrado ou colocado em um recipiente. Efetivamente, eles se tornam mortos para você quando são amarrados.

Elementos

- Meia preta
- Barbante preto, vermelho e branco (cerca de 60 cm de cada)
- *Taglock* (um vínculo energético, um vínculo mágico), uma imagem do alvo, uma mecha de cabelo etc.
- Papel
- Caneta preta

Ingredientes

- Sal
- Escutelária

Orientações

Mantenha-se bem protegido antes, durante e depois deste ritual para garantir que ele não volte como um bumerangue para você. Não se deixe levar pelo feitiço ou você ficará preso à amarra. Comece com o ritual Khernips para banir quaisquer energias desnecessárias ou prejudiciais. No mínimo, um prato de sal deve ser colocado no espaço em que você faz o feitiço para proteção.

Este é um feitiço de bruxaria emocional, um feitiço simpático (onde o semelhante afeta o semelhante), então fique calmo antes de lançá-lo para evitar efeitos colaterais e desorientações. A proteção é importante, pois você está lembrando do mal que o alvo causou a você ou a outras pessoas. Use o sal para cortar seus laços com as energias que você conjura durante o lançamento e, em seguida, esfregue suas mãos com ele depois de terminar de criar o boneco. Mantenha-o em uma caixa, embrulhe em um pano preto ou enterre do lado de fora. Personalize o encantamento o máximo possível para amplificar o poder do feitiço. Cada barbante deve ser enrolado três vezes ao redor da meia e depois amarrado no topo.

- Coloque o *vínculo mágico* e a escutelária na meia.
- Segure o barbante preto com as duas mãos, invoque a energia do dano emocional causado e, então, a despeje no cordão preto, sentindo que se solta de você. Ao amarrar o barbante preto ao redor da meia, direcione todas as emoções contidas diretamente para o objeto de vínculo mágico, dizendo:

  Pelo barbante preto,
  Dor, sofrimento e desespero eu envio de volta.
- Segure o barbante vermelho, invocando o poder das ações prejudiciais do alvo e despeje essa energia no cordão. Ao amarrar o barbante vermelho ao redor da meia, direcione o poder das ações prejudiciais para o objeto de vínculo energético, dizendo:

  Pelo barbante vermelho,
  Todos os atos de dano cometidos estão vinculados a eles.
- Segure o barbante branco, invocando o poder das palavras ofensivas do alvo, e despeje essa energia no barbante. Ao amarrar o barbante branco ao redor da meia, direcione

o poder das palavras ofensivas para o objeto de vínculo energético, dizendo:

Pelo barbante branco,
Eu os amarro esta noite.
Assim como eu teço, eu reivindico.
Morto para mim agora, de fato e nome.

- Enterre ou coloque a meia em um local isolado – no fundo de um armário, no porão etc. –, dentro de uma caixa ou embrulhada em pano preto. Não se esqueça de selar o túmulo com sal.
- Esfregue com sal.

Este feitiço libera muita dor interiorizada. Por isso, seja gentil consigo mesmo nos dias seguintes. Tome um banho ritual de cura depois. Leve um pedaço de quartzo rosa com você para ajudar a se renovar sem carregar o fardo do mal que o alvo causou.

Funcho

Antigo membro do Jardim de Hécate, esta planta também é conhecida como erva-doce com sabor de alcaçuz era consumida para dar coragem, proteção, força e para vitória em competições. O funcho quebra correntes, o que significa que tem o poder de remover bloqueios, especialmente em todas as formas de comunicação.

Às vezes, é usado em feitiços de amor, para estimular o envio de sinais corretos sobre romance e sexo, o que lhe dá a reputação de estimulante sexual. Suas aplicações se estendem a todos os tipos de problemas de comunicação, desde quebrar maldições até remover barreiras para um envolvimento bem-sucedido com figuras de autoridade e governo, tornando-se indispensável a um boticário.

Propriedades e Correspondências

- *Nome científico: Foeniculum vulgare*
- *Gênero: Foeniculum*
- *Classificação:* Vegetal
- *Propriedades espirituais:* Comunicação, coragem, cura da mente, sexualidade.

- *Propriedades medicinais:* Aromático, digestivo, pesticida.
- *Propriedades mágicas:* Quebrar maldições e falta de sorte, clareza, comunicação, coragem, lidar com autoridade e governo, prevenção, proteção, bruxaria psíquica, visões.
- *Partes utilizadas:* Sementes, bulbo, caules.
- *Correspondências planetárias:* Mercúrio
- *Correspondências elementais:* Ar
- *Arquétipo:* Rixipyle (A Que Quebra as Correntes)
- *Mundo:* Superior
- *Zodíaco:* Aquário, Gêmeos
- *Cor:* Azul
- *Pedra:* Ágata azul
- *Animal:* Pega (ave)

Indicações

Geralmente seguro em pequenas doses, mas não deve ser usado durante a gravidez. Tenha cuidado com crianças e animais de estimação.

Apresentações

- Como todas as partes deste vegetal são adequadas para consumo, o funcho é um excelente complemento ao cardápio quando o objetivo é melhorar a comunicação. É ótimo para jantares românticos, assim como para aqueles momentos em que o assunto é difícil. Prepare funcho para você quando precisar de clareza.
- As sementes são muito fáceis de trabalhar. Libere suas propriedades as moendo levemente em um pilão. Para melhorar a comunicação, moa no sentido horário; para remover barreiras, inverta a direção.
- Cinco é o número mais associado ao funcho. Libere suas propriedades usando múltiplos de cinco ao moer e use sementes em múltiplos do mesmo número.
- O funcho é excelente como tônico, embora o uso diário contínuo por mais de seis semanas não seja recomendado.

Para fazer um tônico, adicione meia colher de chá de sementes a uma xícara de água fervida. Deixe a mistura em infusão por quinze minutos, pois o funcho demora um pouco para liberar o efeito. Use sozinho ou misturado ao seu tônico diário.

- Beba uma infusão de funcho antes de fazer qualquer tipo de feitiçaria comunicativa, como sigilos ou *voces magicae*.
- Mantenha um prato aberto com sementes suavemente moídas para garantir uma comunicação suave.
- Mantenha sementes de funcho em um frasco de vidro. Elas são excelentes para digestão e para bruxaria em qualquer lugar. Coloque algumas sementes onde for necessário. Mastigue as sementes para facilitar a digestão e falar a verdade. Cinco bastarão.
- O funcho está fortemente associado a Mercúrio. Adicionar este símbolo planetário a qualquer trabalho aumentará sua potência.

Pharmakeia

O funcho é uma planta muito específica que está ansiosa para ajudar em uma variedade de situações que envolvam a quebra de barreiras à comunicação. É excelente para eliminar a resistência. Beba um tônico e observe sua procrastinação se dissolver.

Funcho na soleira da porta garante que somente a verdade seja dita. Adicione-o às proteções da sua casa – aquelas barreiras de proteção colocadas nas entradas ou ao redor do perímetro.

Se você tem um espírito familiar, como eu, sementes de erva-doce podem ser um excelente lanche. Deixo um prato no local de LeRoy, ativado com a intenção de que ele alimente sua capacidade de se comunicar comigo. Ao oferecer as sementes, fortaleço minha conexão com ele.

Tintura de Descruzamento de Rixipyle

Esta tintura pode ser feita com antecedência para que esteja pronta para ser usada sempre que a comunicação der errado – ou para quando você precisar ter certeza de que isso não vai acontecer. Rixipyle significa "a que quebra as correntes", então é um excelente arquétipo para evocar para essa tintura. Considere isso uma espécie de antídoto para Mercúrio retrógrado.

Essa tintura é excelente quando aplicada a quaisquer documentos escritos, especialmente aqueles que envolvam situações legais e o governo. É uma desfaz-burocracias. Faça uma cópia do documento, se não for aconselhável usar o original, e, em seguida, aplique algumas gotas enquanto visualiza uma resolução bem-sucedida. Esfregue-o no seu Terceiro Olho quando as mensagens do Outro Lado forem turvas.

Esta tintura é segura para consumir quando você deseja melhorar suas habilidades de comunicação ou remover maldições rapidamente. Diga suas instruções ao funcho e ele obedecerá de bom grado, desde que esteja dentro de suas habilidades.

Elementos

- Frasco de vidro com rolha
- Almofariz, pilão
- Funil
- 5 g (aproximadamente, 1 colher de chá) de sementes de funcho
- 25 ml (aproximadamente, ¼ de xícara) de álcool de alta graduação, como vodca
- Barbante azul

Orientações

- Moa delicadamente as sementes no sentido anti-horário e as adicione ao frasco, dizendo este encantamento:

  Funcho, seu espírito eu agora libero.
  Todas as barreiras cessarão.
- Se a tintura estiver sendo feita para um propósito específico, ajuste o encantamento apropriadamente. Por exemplo:

  Todas as barreiras entre mim e (o objetivo ou a pessoa) cessam agora.
- Entoe o feitiço enquanto mói as sementes e depois as misture com o álcool.
- Se você não for usar a tintura imediatamente, sele com cera para mantê-la pronta para uso.

- Em uma pequena panela de aço inoxidável, coloque cerca de uma colher de sopa de *pellets* de cera de abelha.
- Mexendo sempre com um espeto, derreta a cera em fogo baixo.
- Deixe esfriar por alguns minutos e, em seguida, mergulhe a parte superior da garrafa (com a tampa) na cera, girando até formar uma boa vedação.
- Você pode adicionar algumas gotas de corante alimentício azul ou tinta acrílica para deixar a cera azul e depois amarrá-la com um cordão azul.

Hortelã-pimenta

A hortelã é um dos *Pharmakoi Kyrios* mais comuns, mas também mais poderosos. Indicada para iniciantes *pharmaka*, mas não deve ser descartada por profissionais experientes. Ela traz calma, contentamento e conexão aos espíritos, especialmente aos entes queridos que partiram.

Perséfone, enfurecida com a ligação romântica de Hades com uma ninfa chamada Mentha, a transformou na planta homônima. Hortelã se refere a uma variedade de mais de duas dúzias de espécies botânicas, incluindo as populares hortelã-pimenta e menta. Poejo é um tipo de hortelã que é especialmente útil para banimento e pode ser considerado uma forma amplificada de hortelã. Enquanto o poejo e a hortelã são mais agressivos, a hortelã-pimenta é reconfortante.

A hortelã-pimenta tem fortes propriedades como uma erva que estimula visões e é excelente quando consumida como tônico. Nos tempos antigos, a hortelã era usada para perfumar o corpo após a morte, o que levou à sua associação com os mortos e o mundo espiritual. Também é tradicionalmente utilizada como uma erva de boas-vindas, atraindo visitantes amigáveis e boa vontade.

Os romanos tinham a hortelã em tão alta estima que usavam coroas dela. É uma excelente oferenda para Hécate e seus companheiros ao recebê-los em seu espaço.

A hortelã tem inúmeros usos na *pharmakeia* e é tão fácil de trabalhar quanto de cultivar. Mantenha um vaso de hortelã crescendo perto da entrada da sua casa para garantir boas vibrações e para usar em suas bruxarias quando necessário. É um item básico da botica das bruxas.

Propriedades e Correspondências

- *Nome científico: Mentha piperita*
- *Gênero: Mentha*
- *Classificação:* Erva
- *Propriedades espirituais:* Acalma a mente, o corpo e o espírito. Excelente para aumentar a consciência da sua vida interior e dos espíritos. Facilita sentimentos de confiança.
- *Propriedades medicinais:* Acalma o sistema digestivo, tônico geral.
- *Propriedades mágicas:* Pode ser utilizada para purificação, caso não haja plantas mais apropriadas disponíveis. Se usada sozinha, certifique-se de direcionar as propriedades de limpeza por meio de suas intenções para garantir que o tóxico seja banido, para que a hortelã não crie uma espécie de caos complacente tanto no mundo físico quanto no etérico (a menos que esse seja seu objetivo). A hortelã é fantástica para feitiços de ação rápida e para aqueles de curta duração. Pode ser uma substituta para feitiços de comunicação quando outros elementos botânicos, como funcho ou alcaçuz, não estiverem disponíveis.
- *Partes utilizadas:* Folhas
- *Correspondências planetárias:* Mercúrio
- *Correspondências elementais:* Ar
- *Arquétipo:* Melinoe (A Reconfortante)
- *Mundo:* Superior
- *Zodíaco:* Aquário, Gêmeos
- *Cor:* Verde
- *Pedra:* Topázio azul
- *Animal:* Tentilhão (pássaro)

Indicações

A hortelã é geralmente segura para consumo, mas algumas pessoas são alérgicas a ela.

Apresentações

- A hortelã pode ser usada como óleo, seca ou fresca. Geralmente, as folhas são a única parte usada, embora você possa usar os caules em coroas ou talismãs.
- É altamente aromática, o que torna a experiência olfativa tão poderosa quanto consumi-la. Usar óleo de menta no difusor durante eventos sociais garantirá momentos felizes para todos. Evite quantidades excessivas quando utilizar para criar um clima social positivo, pois pode mudar para sua outra função principal: conectar ao mundo espiritual.
- O chá de hortelã pode ser tomado como um tônico diário para fortalecer o Terceiro Olho e manter o equilíbrio físico e espiritual. Use ¼ de colher de chá para uma xícara de água fervida. Para trabalhos que estimulam as visões, aumente a concentração para meia colher de chá por xícara.
- O óleo de hortelã pode ser facilmente feito adicionando meia xícara de planta fresca picada (ou ¼ de xícara seca) a uma xícara de óleo. Para ativar como uma portadora de interações sociais felizes, faça durante a Lua Crescente. Para uso como erva que estimula as visões, prepare durante a Lua Cheia.
- Animais de estimação podem gostar de hortelã. Se for o caso do seu, adicione um pouco às refeições dele para acalmá-lo.

Pharmakeia

A hortelã é reconfortante e evocativa. Geralmente, como observado, quantidades menores são recomendadas para criar contentamento, enquanto maiores facilitam visões, invocam espíritos e evocam a Deusa.

Salada da Deusa Tríplice

Esta salada leve é excelente como parte de qualquer refeição que você compartilhe com Hécate e sua Horda para criar a energia da gratidão e evocar sua presença. Sirva com arroz e pão de milho para uma refeição digna de um jantar com as rainhas. Remédio saboroso.

Ingredientes

- 4 xícaras de pepinos picados e sem sementes, cobertos com ¼ de xícara de vinagre por uma hora (use um com infusão, aromático, como manjericão, erva-doce ou tomilho)
- 1 xícara de queijo de ovelha ou cabra esfarelado
- ½ xícara de sementes de romã

Molho

- 4 xícaras de iogurte grego natural espesso
- 1 colher de chá de azeite de oliva
- ½ colher de chá de sal marinho
- 3 colheres de sopa de hortelã picada finamente
- 1 colher de chá de alho picado
- ¼ de colher de chá de pimenta moída na hora

Orientações

- Misture os elementos vegetais, o queijo e as sementes em uma tigela grande.
- Misture os ingredientes do molho em uma tigela separada e despeje sobre a salada.
- Cubra com pétalas de rosas frescas, se possível.

Chá Atravessando o Véu

Esta infusão é uma ajuda suave para caminhar no mundo espiritual. A hortelã se conecta aos espíritos, enquanto a artemísia abre o Terceiro Olho. A mil-folhas traz cura para todos os envolvidos e as bagas de zimbro servem para banir o que é indesejado.

Ingredientes

- 1 colher de chá de artemísia
- 1 colher de chá de mil-folhas
- ½ colher de chá de hortelã
- 13 bagas de zimbro
- 2 xícaras de água fervida

Orientações

- Em um infusor, como uma bola de chá ou uma peneira pequena, misture a artemísia, a mil-folhas, a hortelã e as bagas de zimbro.
- Despeje duas xícaras de água fervida sobre a mistura e deixe em infusão por dez minutos.
- Retire as ervas.

Consuma uma xícara e ofereça o restante aos espíritos com os quais deseja se conectar.

Lavanda

A poderosa lavanda é uma erva essencial na botica da bruxa. Ela tem sido usada em magia e medicina há milhares de anos. Para os gregos antigos, era utilizada como cura, para dormir e para purificação, sendo conhecida como espicanardo ou nardo em textos antigos, como *Os Papiros Mágicos Gregos*. Canídia, uma das antigas bruxas de Hécate, lamenta que "ele está encharcado de nardo melhor do que qualquer outro feito por minhas mãos" (Horácio, *Epodos 5*), ao se referir sobre o poder da lavanda para induzir o sono profundo. Era conhecida como *asarum* pelos antigos romanos, que a utilizavam em sua purificação espiritual e prática. Na verdade, "lavanda" vem da palavra latina *lavare*, que significa "lavar". As antigas sacerdotisas de Hécate, incluindo Sibila, provavelmente a usavam em seus ritos, incluindo seus oráculos. A lavanda está associada à energia da serpente, especificamente à víbora áspide da tradição romana.

Utilizada de maneiras espirituais, mágicas, físicas e psicológicas, é uma erva culinária maravilhosa. Existem mais de 115 variedades cultivadas da erva, sendo a mais comum a variedade inglesa.

Lavanda é vigorosa, firme e calma. Excelente para acalmar o corpo, a mente, o espírito e para permitir que a verdade venha à tona. Perfeita para trabalhos proféticos de todas as formas, além de fornecer suporte maravilhoso para esforços de soberania.

Propriedades e Correspondências

- *Nome científico:* Lavanda inglesa é *Lavandula Angustifolia*
- *Gênero: Lamiaceae*
- *Classificação:* Erva
- *Propriedades espirituais:* Calma, clareza, amor, proteção, purificação.
- *Propriedades medicinais:* Calmante, desodorante, diurético, emenagogo, tratamento para dor de cabeça, parasiticida, inseticida, sedativo, estimulante.
- *Propriedades mágicas:* Banimento, calma, clareza, caminhada com a morte, adivinhação, sonhos, profecia, proteção contra o mal, renascimento, renovação.
- *Partes utilizadas:* Flores, folhas
- *Correspondências planetárias:* Mercúrio, Virgem
- *Correspondências elementais:* Ar
- *Arquétipo:* Aregos (A Que Ajuda)
- *Mundo:* Superior
- *Zodíaco:* Aquário, Gêmeos, Virgem
- *Cor:* Roxo, azul
- *Pedra:* Fluorita
- *Animal:* Pássaro canoro

Indicações

Não deve ser consumida durante a gravidez. Geralmente, zimbro ou valeriana podem ser usados como substitutos.

Apresentações

- A lavanda é uma planta extremamente versátil, que pode ser consumida, queimada e transformada em essências, óleos, tinturas e infusões. Fresca ou seca, permite ser usada sem formulação com resultados surpreendentes.
- Para formulações que serão consumidas, tenha em mente que um pouco já rende muito. A lavanda pode ser muito forte para o paladar, e talvez seja por isso que as bruxas antigas a usavam para mascarar o gosto de venenos.

Pharmakeia

A lavanda é muito útil, pois traz clareza e calma para nos ajudar na jornada ao mundo espiritual. Os saquinhos de lavanda (sachês/bolsas de bruxa) têm muitos usos. Sintonize a lavanda que está sendo usada com o propósito específico, seja sono ou proteção.

Banho de Lavanda Esclarecedor

Este banho é desintoxicante e restaurador, e lhe dará uma profunda consciência do que é importante quando você se depara com uma grande decisão.

Faça uma infusão colocando uma colher de chá de camomila e meia colher de chá de lavanda em duas xícaras de água fervente por dez minutos. Depois, adicione ao banho. Vá mais fundo colocando lavanda seca em uma mistura de carvão ativado (cerca de uma colher de chá) com 1/3 de xícara de sal marinho e azeite de oliva suficiente para fazer um esfoliante.

Louro

Folhas de louro são um ingrediente comum em feitiços de bruxas da cozinha. Esta humilde erva – provavelmente presente em seu armário – tem sido associada a Hécate desde os tempos antigos. A história do louro remonta a uma época ainda mais antiga do que este exemplar do século II a.C. Tem sido relacionado há muito tempo à atração de benefícios, do amor às finanças. O último uso da folha de louro se tornou bastante comum na bruxaria contemporânea, com muitos feitiços simples proclamando que o dinheiro pode ser manifestado queimando uma única folha ou carregando uma na carteira.

A louro era uma erva religiosa mastigada pelas sacerdotisas de Delfos enquanto anunciavam suas visões. Coroas e outros objetos feitos de louro eram símbolos de *status* e reconhecimento de conquistas no mundo antigo de Hécate.

Propriedades e Correspondências

- *Nome científico: Laurus nobilis*
- *Gênero: Laurus*

- *Classificação:* Árvore, erva
- *Propriedades espirituais:* Bondade, proteção do lar, amor, prosperidade, visões.
- *Propriedades medicinais:* Cicatrizante de escoriações, adstringente, emético.
- *Propriedades mágicas:* Atração, manifestação, desenvolvimento psíquico.
- *Partes utilizadas:* Folhas, caules
- *Correspondências planetárias:* Sol
- *Correspondências elementais:* Ar, Fogo
- *Arquétipo:* Enodia (A do Caminho)
- *Mundo:* Médio
- *Zodíaco:* Leão
- *Cor:* Verde
- *Pedra:* Aventurina
- *Animal:* Cavalo

Indicações

Evite ingerir grandes quantidades, embora geralmente seja seguro. O louro tem propriedades narcóticas leves.

Apresentações

- A tintura de louro é ótima para trabalhos físicos, espirituais e mágicos. Coloque várias folhas em um copo com álcool 40%. Feche bem e mantenha em local fresco e escuro. Agite diariamente. Estará pronto para uso após alguns dias. Teste a mistura na parte interna do seu pulso para verificar a sensibilidade da pele.
- O louro também pode ser usado em óleos mágicos e comprado como óleo comercial.
- Pode ser usado em infusão, mas deixe que descanse um pouco mais do que o normal, pois as folhas são bem duras.
- Queime o louro sozinho para fazer um feitiço de atração simples.

- Use uma folha de louro queimando no ritual Khernips.
- Para adicionar ao incenso, corte a planta (usando os dedos ou uma tesoura) em pedaços pequenos e depois bata com um pilão, pedra ou algo parecido, para liberar suas propriedades.

Pharmakeia

Um prato de sal com uma folha de louro purificará a casa. Adicione grãos de pimenta para manter a energia quente. Folhas de louro em um talismã na entrada principal afastam energias nocivas e espíritos indesejados de todos os tipos. A prática popular de escrever sua intenção em uma folha de louro pode ser bem-sucedida, desde que você invoque o espírito do louro e escolha a cor da tinta com cuidado. Um dos atributos mais surpreendentes da magia e da medicina do louro é que o espírito desta planta pode ser usado de muitas maneiras.

Cálice de Bênçãos Sagradas com Louro

Um cálice de bênção é um feitiço contido em um recipiente. Encha o fundo de uma tigela com sal, areia ou terra. Em seguida, arrume folhas de louro ao redor, nas bordas do recipiente. No meio das folhas, adicione uma imagem, um amuleto ou até mesmo uma pedra que represente o que você está abençoando. O louro também pode ser usado sem o talismã (imagem, amuleto) para abençoar a casa e todos os que vivem nela.

Mandrágora e Mandrágora Americana

Membro orgulhoso do Jardim de Hécate desde a Antiguidade, a mandrágora tem sido associada à magia na Europa há muito tempo. Talvez não haja outra planta tão fortemente relacionada à magia quanto ela. Da Bíblia a Harry Potter, as propriedades mágicas da mandrágora são tema de tradição e ficção.

A raiz bifurcada da mandrágora europeia tem alguma semelhança com as pernas de um homem. Combinada com as propriedades enteógenas da planta (que gera o "divino interior"), a personalidade da mandrágora deu origem a muito folclore. Dizia-se que ela crescia apenas sob a forca e, quando arrancada da terra pela raiz, emitia um grito assassino.

A mandrágora europeia é incrivelmente difícil de comprar e mais desafiadora de cultivar. A grande maioria vendida na América do Norte é da variedade nativa (*Podophyllum peltatum*). As raízes picadas devem ser vendidas em sacos de papel pardo de espessura dupla para proteger da luz e evitar a infiltração dos óleos da raiz. Varejistas respeitáveis rotularão a mandrágora americana como tal ou como *mayapple* (maçã-de-maio). Se você comprar a raiz cortada, ela deverá ter um cheiro intenso de terra.

As variedades europeias (mandrágora) são consideradas solanáceas, enquanto a mandrágora americana é membro da família *berberidaceae* (assim como a *blue cohosh*). Nem todas as solanáceas são enteógenas, mas muitas têm propriedades que alteram a consciência – por exemplo, o tabaco. A mandrágora americana provavelmente recebeu esse nome porque a estrutura de sua raiz pode se assemelhar a uma pessoa. Os povos das Primeiras Nações (povos indígenas) também tinham tradições e usos semelhantes para esta planta. Ambas são membros orgulhosos do Caminho do Veneno. Por isso, devem ser abordadas com muita cautela.

A mandrágora americana pode ser encontrada em florestas no leste da América do Norte. Ela, assim como a mandrágora europeia, amadurece muito lentamente. Algumas colônias da planta podem ter mais de cem anos. Como a raiz é usada em bruxaria, pegue apenas o necessário na colheita e sempre use luvas. O componente ativo da maçã-de-maio é a *podofilina*. A ingestão de mandrágora americana como enteógeno deve ser feita com cautela.

Outros nomes para a planta incluem pé de pato, maçã de porco, maçã de Satanás, baga de guaxinim, mandrágora de limão selvagem, raiz de homem, *circeium*, forca, erva de Circe, *ladykins*, *womandrake* (raízes femininas) e raiz de feiticeiro.

Em geral, a mandrágora é um espírito complexo. Como é uma solitária que tende a ocupar muito espaço espiritual, adicionar correspondências pode ser desafiador, exceto em feitiços em que a mandrágora seja usada em conjunto com outras plantas.

Propriedades e Correspondências

- *Nomes, nome científico e gênero:* Três tipos de plantas completamente independentes compõem as muitas faces da mandrágora. Às variedades americana e europeia mencionadas anteriormente pode-se adicionar uma terceira concorrente da Grã-Bretanha. A mandrágora inglesa, a briônia branca, *Bryonia dioica*, é uma planta de sebe do sudeste da Inglaterra, que tem uma grande raiz principal multilobada semelhante à mandrágora europeia.
- *Partes utilizadas:* A raiz é geralmente usada em bruxaria. O fruto da mandrágora americana pode ser utilizado de diversas maneiras, pois é seguro para consumo. Esta planta tem sido uma substituta da mandrágora há séculos devido à semelhança das raízes, embora as propriedades das duas plantas sejam um pouco diferentes. Raízes de briônia branca eram esculpidas em talismãs elaborados e vendidas por preços absurdos. As raízes foram substituídas pela mandrágora em outras apresentações, inclusive para uso como *bitters* (licores).
- *Propriedades gerais:* Fertilidade, invisibilidade, transe, revelação, aumento da potência de qualquer bruxaria simpática e atuante. Impede a entrada de espíritos nocivos.
- *Propriedades espirituais:* Coragem, disciplina, aumento de energia espiritual, poder, proteção, transe, sono, visões. Mandrágora é um poderoso enteógeno.
- *Propriedades medicinais:* Purgativo e emético muito forte. Venenosa. Tratamento para verrugas (americana). Danos aos olhos.
- *Propriedades mágicas:* Atrair espíritos, banir, quebrar maldições, adivinhação, magia defensiva, celebrar a bruxaria.
- *Correspondências planetárias:* Mercúrio, Saturno, Lua.
- *Correspondências elementais:* Fogo (primário), Terra, Ar (secundário).
- *Arquétipo:* Borborophorba (Comedora de Sujeira)
- *Pedra:* Ônix
- *Zodíaco:* Gêmeos
- *Cor:* Preto

- *Mundo:* Inferior
- *Animal:* Morcego

Indicações

Venenosa. Evite contato com os olhos.

Apresentações

- As diretrizes a seguir são para uso com mandrágora americana. Evite que este elemento botânico entre em contato com seus olhos.
- A raiz cortada da mandrágora americana pode ser facilmente transformada em uma tintura. Use cerca de uma colher de sopa de raiz em ⅓ de xícara de vodca com 40% de teor alcoólico ou outra bebida alcoólica forte e clara. Deixe em infusão por um ciclo lunar, agitando suavemente diariamente. Esta tintura é excelente para ungir ferramentas mágicas. Use como base para frascos de bruxa, especialmente em banimentos.
- Eficaz como uma água da lua. Misture ¼ de xícara de raiz cortada e duas xícaras de água pura em um recipiente de vidro transparente. Energize durante a fase lunar apropriada por, no mínimo, três noites. Sele e embrulhe em tecido preto até que a mistura esteja pronta para uso.
- A energia intensa e de queima lenta da mandrágora americana é muito adequada para utilização em amuletos e feitiços. O espírito da mandrágora geralmente é aceitável como um complemento a qualquer feitiço, se ele lhe agradar. Mandrágora é um deva obstinado, então tenha confiança em suas instruções.
- A mandrágora pode ser queimada sozinha. Às vezes, não combina com outros elementos botânicos, por isso misturá-la em uma poção pode ser difícil. No entanto, se adapta bem com benjoim. Evite inalar grandes quantidades de fumaça e que ela entre em contato com seus olhos.
- Circe usou mandrágora em seu feitiço para transformar homens em porcos, demonstrando o poder de revelação desta raiz. Use a tintura aplicada à imagem da pessoa de interesse para revelar sua verdade.

- Coloque água da lua de mandrágora ou tintura diluída em um borrifador para aspergir as soleiras da casa e afastar todo o mal.
- Mandrágora é excelente para magia simpática. Faça um boneco protetor o enchendo com mandrágora ou amarre raízes de mandrágora americana em um feixe. Sintonize o boneco adicionando símbolos daquilo que será protegido. Este elemento botânico é especialmente bom para proteger objetos mágicos, ferramentas, símbolos e coisas do gênero.

Pharmakeia

O trabalho com espíritos das plantas é talvez a forma mais poderosa de magia com mandrágora. Usar uma raiz intacta ou uma planta inteira é mais fácil para a comunicação. A raiz picada pode ser religada a um espírito dentro de uma bolsa de bruxa ou boneco. Minha mandrágora é uma fonte potente de magia que zela pela minha feitiçaria.

Colocar mandrágora em um saco ao lado da cama facilitará o trabalho dos sonhos. Debaixo da cama, garante paixão e fertilidade. Raiz de mandrágora em pó é usada para aumentar a fertilidade e os encantos da prosperidade. Passe algum tempo se conectando com a magia desta planta. É um espírito muito poderoso que aprofundará sua prática.

Serviçal Mandrágora

Este boneco é preenchido com tecido preto e raiz picada de mandrágora ou mandrágora americana. Isso cria um espírito serviçal que é feito puramente do *deva* (alma arquetípica) da planta. Portanto, é um pouco da essência capturada do espírito mestre da planta. O serviçal ficará com você e ajudará a cuidar do seu boticário. Eu guardo o meu, Sr. Philip Mandrágora, em um armário antigo junto com meus produtos botânicos, fórmulas e suprimentos. É um companheiro e também um guardião, cuidando dos meus objetos mágicos mais preciosos. Ele reside com eles, os mantendo seguros e energizados. Falo com Sr. Philip regularmente. Como é muito difícil para mim ter uma planta viva em meu ambiente, usar a raiz cortada para animar um espírito funciona muito bem.

A mandrágora é uma planta muito obstinada que precisa de um manejo rigoroso, mas é mais útil como um espírito para vigiar a bruxaria. Depois de estabelecer um relacionamento com a planta, explique ao espírito como você trabalhará com ele. Mandrágora responde bem a instruções específicas. Esteja ciente de que o espírito pode ter um remédio forte para você.

Elementos

- Pequena quantidade de mandrágora cortada
- Bolsa preta para a mandrágora
- Agulha e linha de cerzir
- Tecido de juta
- Barbante natural
- Retalhos de tecido preto para encher o boneco

Orientações

- Costure um pequeno boneco com o tecido, deixando um lado do corpo aberto.
- Encha a cabeça, as pernas e os braços com os retalhos de tecido.
- Coloque a mandrágora no saco preto e a insira no corpo do boneco, depois costure a abertura.
- Ative o boneco falando com ele, explicando qual será o seu papel.
- Abrigue o boneco junto com suas plantas e deixe ao seu lado quando praticar sua *pharmakeia*.

Manjericão

O manjericão é tradicionalmente associado à morte, ao sepultamento e à iniciação. Na antiga região do Mediterrâneo, era conhecido como uma erva de luto, sendo provavelmente usado em embalsamamento. Para os gregos antigos, o manjericão era conhecido como *basilikon phuton*, o Rei das Ervas. Pode ter sido utilizado em ritos fúnebres para banir o espírito do presente, protegendo assim os vivos e ajudando na transição dos mortos. O manjericão expulsa pela energia do fogo, queimando o que não é mais desejado.

Esta planta provavelmente se originou na Índia, onde sempre desempenhou um papel na Medicina Tradicional do Ayurveda, bem como na Medicina Tradicional Chinesa. Por estar associada à remoção do que não serve mais, é tradicionalmente uma erva de iniciação, consumida por iniciados à medida que aprendem os mistérios. O manjericão foi escolhido para essa função porque não apenas bane o antigo eu ignorante, mas também acalma a mente enquanto libera nosso fogo. É uma erva tão complexa que o próprio Culpeper recomendou moderação no seu uso medicinal.

Existem muitas variedades de manjericão, desde a doce, mais popular na culinária, até outras, como o tailandês, o sagrado e o limão. Existem algumas variações nas características. Os dados a seguir se referem ao manjericão doce comum.

Propriedades e Correspondências

- *Nome científico: Ocimum basilicum*
- *Gênero: Ocimum*
- *Classificação:* Erva
- *Propriedades espirituais:* Vida após a morte, banimento, tristeza, iniciação, perda.
- *Propriedades medicinais:* Antioxidante, antiviral, antimicrobiano. Tomado como parte do tônico diário para aumentar a temperatura interna. Reduz a pressão arterial.
- *Propriedades mágicas:* Banimento, confiança, coragem, iniciação, poder, renascimento, libertação.
- *Partes utilizadas:* Folhas
- *Correspondências planetárias:* Marte, Vênus
- *Correspondências elementais:* Fogo
- *Arquétipo:* Basileia (Imperatriz, Rainha)
- *Mundo:* Médio
- *Zodíaco:* Áries, Escorpião
- *Cor:* Vermelho
- *Pedra:* Granada
- *Animal:* Carneiro

Indicações

Geralmente, é seguro em pequenas doses para animais, crianças e adultos. Pessoas com pressão arterial baixa devem usar com cautela. O manjericão se conecta à energia do dragão e ativa sua serpente interior.

Apresentações

Pode ser usado em todo o espectro de medicamentos. O óleo essencial pode ser comprado e o manjericão fresco é amplamente disponível. É uma erva de cozinha difícil, mas gratificante de cultivar. Leve manjericão fresco para ser mais assertivo, firme e também para ajudar falar a sua verdade. Sirva como parte da refeição para garantir que todos os presentes acelerem seu fogo pessoal.

Pharmakeia

O manjericão é um *pharmakoi* ardente. Ele queima com presteza, e isso deve ser considerado ao trabalhar com ele. Associado à morte e à destruição, é uma excelente ferramenta para banimentos, além de iniciações e caminhadas pelos mistérios do fim.

Regido por Marte, o manjericão traz coragem. Ele também é famoso por caminhar com a morte, pela facilidade de transição e pelo lado de remoção do medo desta planta incrível. Lembre-se de deixar o manjericão saber como você quer que ele se apresente.

Banimento Duplo B

Este é um dos meus feitiços favoritos. Ele tem esse nome (duplo B) por conta das palavras em inglês para amora-preta e manjericão: *backberry* e *basil*. Eu faço uma quantidade extra do papel encantado e o guardo embrulhado em tecido preto para tê-lo em mãos para banimentos rápidos. O papel permanece neutro até ser ativado com sigilos. Crie seu sigilo decompondo as letras do nome da pessoa ou situação que deseja banir e, em seguida, moldando-as em uma única forma simbólica. Banir é um assunto sério. Certifique-se de que você realmente deseja banir (remover o que quer que seja) antes de prosseguir. Gosto desse feitiço para remover obstáculos, mas ele também funciona para pessoas e lugares.

A amora-preta se dá muito bem com o manjericão porque eles combinam seus lados espinhosos. Ambos estão associados a Vênus, mas a amora-preta a tem em Áries. Os dois eram usados como tratamento para venenos, então você pode considerar esse banidor como um antídoto para qualquer coisa tóxica em sua vida. Lembre-se sempre de que os elementos botânicos apresentam múltiplas propriedades, por isso certifique-se de informá-los sobre quais energias você usará. Concentre-se no poder de banimento da amora e nas notas mortais do manjericão enquanto estiver com eles. Escreva um encantamento para recitar enquanto você prepara a poção.

Sozinho, use o feitiço para banir durante a Lua Minguante. Adicione um feitiço de atração (por exemplo, crescimento, prosperidade) para remover obstáculos durante a Lua Cheia. As cores potentes para esse feitiço são preto e roxo-escuro.

Elementos

- Panela média de aço inoxidável com tampa
- Colher de bruxa (de madeira)
- Coador de malha fina
- Papel-manteiga
- Marcador permanente preto
- Tesoura
- Faca
- Funil
- Garrafa de vidro com tampa

Ingredientes

- ½ quartilho de amoras
- 2 xícaras de vinagre branco
- ½ xícara de manjericão fresco ou 1 colher de sopa de manjericão seco

Orientações

- Certifique-se de que todas as misturas e outros movimentos sejam feitos no sentido anti-horário.

- Aqueça delicadamente o vinagre branco na panela em fogo baixo a médio até que fique ligeiramente quente ao toque.
- Depois de aquecido, adicione as amoras e o manjericão. Reduza o fogo e deixe cozinhar em fogo baixo, tampado, mexendo sempre, por quinze minutos.
- Espere a mistura esfriar até a temperatura ambiente.
- Enquanto a mistura esfria, corte o papel vegetal em tiras de cerca de dez por quinze centímetros.
- Depois que a poção esfriar, mergulhe delicadamente o papel nela, certificando-se de que esteja completamente coberto pelo líquido. Faça isso com cada pedaço individualmente, deixando cada um descansar por pelo menos dez minutos.
- Retire os papéis e os coloque sobre uma toalha que você não se importe de manchar. Deixe secar. Você pode acelerar o processo com um secador de cabelo em temperatura baixa ou fria. Tenha cuidado para não colocar os papéis em contato com outras superfícies, pois eles podem manchar.
- Coe e despeje o restante da poção em uma garrafa de vidro.
- Depois que os papéis estiverem secos, desenhe um sigilo representando o que você deseja banir. Quando estiver satisfeito, os transfira para uma das tiras de banimento.
- Coloque a tira de banimento perto do que você quer que seja removido. Se isso não for possível, use uma imagem ou escreva as palavras associadas em um cartão e depois agregue ao papel-manteiga. Coloque-o sob a estátua de Hécate, pedindo que ela o libere no mundo.

Essa mistura é segura para consumo. Você pode usá-la como molho para uma salada que pode servir ao seu inimigo.

Mil-folhas

Mil-folhas é um potente remédio para todos os males na botica da bruxa. Notavelmente, seu nome botânico vem da história de como Aquiles foi ensinado por Quíron a usá-lo para estancar o sangramento de seus soldados feridos. Aquiléa, outro nome para mil-folhas, se refere às milhares de pequenas folhas características da planta. Acredita-se que o nome "*yarrow*" (em inglês) seja baseado em "Hieros", refletindo a sacralidade desta planta. A cura mencionada na descrição do Jardim de Hécate, em *As Argonáuticas*, pode muito bem ter sido mil-folhas, já que este é um antigo nome popular para a erva. A mil-folhas tem sido usada para fins medicinais e espirituais há dezenas de milhares de anos em muitas culturas, desde a China até os povos das Primeiras Nações da América do Norte.

É uma planta-mãe orgulhosa, tão gentil quanto forte, e companheira voluntária das bruxas hecateanas. Existem diversas variedades dela que crescem selvagens em muitos lugares do planeta. Fácil de cultivar, a delicada mil-folhas malva até se instalou na vala de drenagem no final da minha garagem. Adoro usar essas flores precoces no cabelo, no solstício de verão, para amenizar o calor da celebração, porque a mil-folhas oferece um efeito curativo refrescante.

Esse espírito benevolente pode acompanhar todos os tipos de cura do corpo, da mente e do espírito. Ela alivia o sangramento corporal e espiritual e é uma excelente companhia para explorar o divino interior e se conectar com o sagrado. A mil-folhas é uma planta de Vênus profundamente conectada à cura emocional e uma aliada segura em todos os tipos de devoção sincera. Use-a em feitiços de amor para invocar afeição e amores verdadeiros e duradouros.

No sistema de adivinhação do I Ching, maços de mil-folhas são usados para facilitar a interpretação. Queime um incenso ou beba um chá para ajudar nas suas leituras de tarô e runas.

A mil-folhas tem muitos outros nomes, o que não é surpreendente, já que é uma curandeira poderosa. Entre eles, erva-de-todo-o-remédio, flor do anjo, brinquedo do homem mau, erva-de-sangue, camoca, erva-do-carpinteiro, urtiga-do-diabo, brinquedo-do-diabo, margarida-do-cão, gordoloba, flecha-verde, erva-militaris, erva-das-cortes, milefólio-do-cavaleiro, milefólio, erva-de-sangramento-nasal, mostarda-do-velho (ou do diabo), pimenta-do-velho, plumajillo, sanguinária, erva-das-feridas-do-soldado, cauda-de-esquilo, capim-estancador, erva-estancadora, mil-ervas e erva-das-feridas.

Propriedades e Correspondências

- *Nome científico: Achillea millefolium*
- *Gênero: Achillea*
- *Classificação:* Erva
- *Propriedades espirituais:* Adivinhação, cura emocional, guia gentil para o sagrado interior e exterior, calma, meditação.
- *Propriedades medicinais:* Cura geral, especialmente a emocional, alivia a inflamação e o estresse, interrompe o sangramento e acelera a cicatrização de feridas.
- *Propriedades mágicas:* Bênçãos, limpeza (emocional, Mundo Inferior), conexão com espíritos e divindades, adivinhação, oferendas sagradas, relacionamentos, libertação, cessação de discórdia.
- *Partes utilizadas:* Flores, às vezes folhas e caules. Procure plantas que contenham apenas a parte de cima.
- *Correspondências planetárias:* Vênus
- *Correspondências elementais:* Ar, Água
- *Arquétipo:* Paionios (A Curandeira)
- *Mundo:* Inferior
- *Zodíaco:* Gêmeos
- *Cor:* Branco, amarelo, rosa.
- *Pedra:* Jade
- *Animal:* Elefante

Indicações

Foi comprovado que o consumo de mil-folhas é seguro em quantidades de até 4,5 gramas por dia. Evite durante a gravidez.

Apresentações

- A mil-folhas pode ser usada em infusões, decocções, óleos e tinturas. A formulação depende muito do propósito. Eu bebo mil-folhas como base do meu tônico diário, usando cerca de uma colher de sopa para duas xícaras de água fervida. Depois, adiciono ingredientes botânicos adequados às minhas necessidades diárias e deixo em infusão no bule por quinze minutos.
- Como incenso, mil-folhas tem um aroma levemente adocicado por si só e combina muito bem com outras plantas. Queime em um disco de carvão.
- Um emplastro de mil-folhas em feridas ajudará a curá-las sem infecção e sem deixar cicatrizes. Aplicado no centro do coração, curará o sofrimento espiritual.

Pharmakeia

A mil-folhas pode ser usada de diversas maneiras para curar e conectar ao mundo espiritual.

Banho Mágico de Mil-folhas

Este banho ritual é um dos meus métodos testados e comprovados para um profundo despertar de autenticidade e cura emocional. Misture cerca de uma colher de sopa de mil-folhas com uma colher de chá de artemísia e uma pitada de gengibre para revigorar (reserve para uma dose calmante do banho) em duas xícaras de água fervente. Mantenha em infusão até atingir a temperatura ambiente. Adicione uma pedra de quartzo rosa à mistura e deixe descansar por dez minutos ou mais. Depois, despeje na sua banheira.

Milho e Grão

O milho tem uma história interessante como símbolo da colheita de outono. O milho simboliza Hécate como a Mãe de Todos. Faça bonecas de milho em sua homenagem durante a época da colheita, celebrando seu papel mais antigo como deusa da colheita. Saudações ao *pharmakoi* milho.

Mãe do Milho

Antes de ser associada ao milho norte-americano, a palavra "milho" era usada, e ainda é, para descrever qualquer grão. Isso torna confusa a leitura de textos antigos – por exemplo, quando Deméter é chamada de "Mãe do Milho". Obviamente, os gregos antigos não tinham o que hoje chamamos de milho, já que ele é nativo da América do Norte. Entretanto, Deméter, Perséfone e sua companheira próxima, Hécate, são muito honradas com oferendas de milho.

O milho se tornou uma cultura tão difundida que a maioria de nós pode dizer que é local. Embora a política do milho mereça consideração cuidadosa, a importância do grão não deve ser descartada. Em vez disso, honrar o milho como um símbolo de abundância nos lembra que a agricultura é necessária e problemática. O uso consciente dela, como de tudo, faz parte da prerrogativa de uma bruxa. O milho é humilde e nobre, um símbolo da generosidade da terra, e é sagrado para Hécate como Pammetor.

Propriedades e Correspondências

- *Nome científico: Maiz*
- *Gênero: Zea*
- *Classificação:* Grão
- *Propriedades espirituais:* O milho simboliza uma colheita abundante, nutrindo o corpo e o espírito. Útil se conectar com o milho enquanto você se prepara para o renascimento.
- *Propriedades medicinais:* Grãos nutritivos, especialmente para vitaminas do complexo B e outros nutrientes.
- *Propriedades mágicas:* Abundância, bênçãos, colheitas, outono, questões governamentais.
- *Partes utilizadas:* Todas
- *Correspondências planetárias:* Sol
- *Correspondências elementais:* Fogo

- *Arquétipo:* Pammetor (Mãe de Tudo)
- *Mundo:* Médio
- *Zodíaco:* Leão
- *Cor:* Amarelo
- *Pedra:* Citrino
- *Animal:* Galinha

Indicações

O uso é seguro.

Apresentações

- Tenha farinha de milho à mão para oferendas quando fizer pedidos de abundância; use-a para sintonizar suas ferramentas com o poder da abundância.
- Encha um saco verde com farinha de milho, adicione sua intenção específica de abundância e pendure sobre a mesa da cozinha para levar fartura aos seus armários.
- O milho totalmente desenvolvido é alimento e semente, representando simultaneamente a conclusão e o começo.
- As espigas de milho simbolizam todas as partes do ciclo da vida e o poder da criação.
- O milho é usado para fazer vários tipos de álcool, incluindo o uísque, que é uma das minhas bases favoritas para preparar tinturas de abundância.

Pharmakeia

Enrole um feitiço em um talo de milho para prendê-lo. Escreva sigilos e encantamentos em talos de milho e queime para ativar. As espigas de milho representam o ciclo reprodutivo. Use sementes de milho secas para reforçar seus feitiços de iniciações.

O milho atrai alguns espíritos animais, como certos pássaros (especialmente corvos) e veados. Para usá-lo dessa maneira, coloque uma oferenda para o animal em uma grade energética contendo seus símbolos. Então medite nos símbolos, visualizando que está lhes oferecendo o milho e se abrindo para o espírito animal.

Use uma espiga como "caixão" para enterrar aquilo que precisa morrer. Abra a espiga com cuidado e escreva sua intenção diretamente nela. Feche a espiga novamente, amarrando-a com um barbante preto. Enterre-a longe de casa.

Use uma palha de milho como canal para falar com os falecidos. Retire a espiga e substitua por uma imagem, pelo nome e por alguns pertences pessoais. Escreva sua mensagem ou pergunta e inclua isso também. Enrole a casca em volta do seu feitiço e depois sele com um cordão branco. Realize um ritual em homenagem a esse ancestral para atrair sua atenção. Quando o ritual estiver completo, abra os ouvidos e você receberá sua resposta.

Adicione elementos botânicos à farinha de milho para realçar ambos.

Pão da Deusa

Esta é uma receita superfácil, que não requer utensílios sofisticados.

Elementos

- Tigela grande
- 2 tigelas menores
- Copo medidor
- Colher
- Forma untada

Geralmente, uso uma forma quadrada de oito centímetros por oito centímetros, que rende de seis a oito muffins de bom tamanho, ou aquelas forminhas pequenas em formato de milho. Já dobrei e tripliquei a receita muitas vezes.

Ingredientes

- 2 colheres de chá de vinagre branco
- 1 xícara de leite integral
- ½ xícara de manteiga
- 1 ovo
- 1 xícara de farinha de trigo
- 1 xícara de farinha de milho

- ¼ de xícara de açúcar branco, refinado
- 1 colher de chá de fermento em pó
- ½ colher de chá de bicarbonato de sódio
- 1 colher de chá de sal

Orientações

- Aqueça o forno a 180 graus e unte bem a forma.
- Misture o vinagre branco no leite.
- Deixe descansar por pelo menos dez minutos no balcão. Isso coalhará o leite, o que o tornará muito melhor para deixar o pão fofo.
- Derreta a manteiga e deixe esfriar um pouco.
- Bata o ovo levemente.
- Misture a farinha de trigo com a farinha de milho.
- Adicione o açúcar, o fermento, o bicarbonato de sódio e o sal. Misture bem.
- Despeje a manteiga na mistura de leite, mexa e adicione o ovo.
- Agora, despeje essa mistura úmida na mistura seca, mexendo apenas até que tudo esteja incorporado. Não misture demais.
- Despeje na forma preparada e leve ao forno por cerca de vinte a vinte e cinco minutos.
- Depois de retirá-lo do forno, passe manteiga em toda a parte superior do pão.

Mirra

A mirra é o *pharmakoi* da iniciação. Esta resina tem o poder de elevar nossas vibrações até as alturas da possibilidade. É uma porta que abre para a alma que está por nascer e para o misticismo.

É o incenso mais usado pelos antigos criadores dos *Papiros Mágicos Gregos*, aqueles feiticeiros hecateanos que atravessam o tempo para compartilhar sua sabedoria. Em feitiços e oferendas, a mirra representa o mistério da bruxaria hecateana. Complexa e desafiadora, não é para os fracos. É ancestral, sábia e intimidadora. Muito parecida com nossa Mãe, abre o caminho para os mistérios internos e externos, mas precisamos nos iniciar antes.

As *Ophies Pteretoi* eram serpentes aladas e emplumadas que guardavam os campos de mirra na antiga Arábia, revelando que somente os mais corajosos tinham acesso à sua generosidade. Portanto, a mirra está fortemente associada à energia do dragão. A fênix, como um prenúncio do processo de renascimento, muitas vezes surge quando estamos conectados a esta planta.

Dizem que a resina corresponde às lágrimas da mãe de Adônis, a Mirra original, que foi acusada de enganar seu pai para ter relações sexuais – um pecado pelo qual ela foi transformada em uma árvore, chorando por meio de sua resina. Lágrimas de arrependimento ou de pessoas injustamente presas? Uma releitura desse mito retrata Mirra como a vítima inocente, cujo poder ameaçava seu pai, em vez de ser uma pessoa má. Como uma mulher desonrada e negada a um enterro adequado, ela é membro da Horda de Hécate. Espírito triste, deseja apenas ter sua honra restaurada. Ela também pode se apresentar quando a mirra é utilizada.

As propriedades da mirra são um excelente acréscimo a todos os tipos de trabalhos psíquicos, especialmente para magia de morte e renascimento. É também um potente ativador de habilidades psíquicas. Um lado peculiar da mirra é que ela é um poderoso complemento para feitiços de abundância.

Propriedades e Correspondências

- Nome científico: Commiphora myrrha
- *Gênero: Commiphora*
- *Classificação:* Resina de árvore
- *Propriedades espirituais:* A mirra traz leveza ao ser e conexão com a alma que está por nascer, os mistérios superiores, os mestres ascensionados, os anjos e o Caminho Estrelado.
- *Propriedades medicinais:* Antisséptico, usada em enxaguantes bucais e pastas de dente; também pode ser aplicada na pele para tratar feridas e aliviar dores de dente.
- *Propriedades mágicas:* Abundância, vida após a morte, bênçãos, morte, quebra de feitiços, iniciação, purificação (ritual), renascimento, ritos sagrados.

- *Partes utilizadas:* Resina
- *Correspondências planetárias:* Júpiter, Lua
- *Correspondências elementais:* Ar
- *Arquétipo:* Daeira (A Sábia)
- *Mundo:* Superior
- *Zodíaco:* Escorpião
- *Cor:* Âmbar
- *Pedra:* Pedra da Lua
- *Animal:* Libélula

Indicações

Não é indicada para animais, crianças ou mulheres grávidas. Esta resina deve ser consumida apenas ocasionalmente, numa dose inferior a dois gramas.

Apresentações

- A mirra pode ser comprada como óleo essencial, já moída ou em pedaços que você mesmo mói em um pilão.
- Faça uma tintura usando gim para um potente "viajante espiritual" que abre o caminho enquanto afasta o que é indesejado.

Pharmakeia

Queimar mirra como incenso ou vaporizá-la em um difusor cria leveza ao ser, estimulando a separação do Eu físico. Ponha uma pequena quantidade (do tamanho da unha do dedo mindinho) em um pedaço um pouco maior de carvão. Também pode ser colocada em uma panela de aquecimento aquecida por uma vela. Em caso de emergência, a mirra pode ser levada a um forno a 180 graus por trinta e cinco minutos para liberar seus poderes.

Use um pedaço da resina em volta do pescoço para invocar o poder da mirra sem fumaça sagrada. Para inalar a fumaça sagrada da mirra, use uma série de respirações curtas, rápidas e superficiais, como você faria na respiração holotrópica ou na ativação da kundalini. Isso aumentará muito seus efeitos.

Tinta de Mirra

Os antigos hecateanos reservavam a mirra para seus ritos mais sagrados, incluindo a escrita de feitiços a usando como tinta. Crie tinta de mirra para utilizar em feitiços e rituais que invocam as alturas do Caminho Estrelado e para se conectar com sua alma que ainda está por nascer. É especialmente útil para escrever proclamações de iniciação.

Tinta preta ou dourada funcionam melhor. Compre um pequeno pote de tinta com uma abertura larga o suficiente para colocar os pedaços pequenos. Use uma caneta-tinteiro de vidro que possa ser mergulhada no tinteiro para obter melhores resultados, ou uma pena de águia. Moa a mirra em pedaços do tamanho da unha do seu dedo mindinho e coloque vários no frasco de tinta. Deixe descansar por sete dias e use quando a lua estiver cheia ou nova para escrever seu feitiço ou ritual.

Musgo

Esta planta tem sido frequentemente ignorada pelos praticantes, mas ela nos oferece a oportunidade de contemplar como o que é espiritualmente verdadeiro pode divergir do pensamento científico, devido à diferença na compreensão comum das muitas plantas conhecidas como musgos em comparação com as classificações científicas. A Rainha do Musgo é a sabedoria das eras. O musgo nos oferece a entrada para um mundo mais profundo, além dos caprichos das estruturas que o homem impõe à natureza. Passe algum tempo se conectando com os musgos locais para vivenciar a atemporalidade do Mundo Verde. Eles são conectores para o primitivo. O musgo é um mestre professor que nutre nossas emoções, nos conecta à terra e nos lembra que somos eternos.

A Rainha do Musgo veio até mim pela primeira vez em um sonho como uma guia para a Caverna de Hécate. Ela testemunhou toda a história. É um dos membros mais antigos do Jardim de Hécate, tendo sido criada para ser a presença constante de nossa Mãe, o tapete de veludo no qual Hécate e suas bruxas pisam. Musgo é reverenciada como a *pharmakoi* mais sábia, pois ela sabe de tudo.

E como sabe de tudo, ela pode facilmente absorver qualquer coisa que surge em seu caminho, o que a torna um espírito excelente para todo trabalho de liberação. Recorra ao musgo para nutrir profundamente sua alma.

O musgo mantém seu próprio tempo. Ele cresce lentamente, de acordo com o tempo dos deuses. Portanto, é uma planta de kairós e não de cronos. Tenha isso em mente ao trabalhar com ela. O musgo é tão antigo quanto o nosso planeta. Ele se adapta ao ambiente em mudança, mas continua único.

Na classificação científica das plantas, se refere a uma família específica, mas na prática comum, o termo "musgo" diz respeito a plantas que podem ou não ser classificadas como tal pelos botânicos. Geralmente, no herbalismo, musgos podem incluir plantas fora da classificação botânica, especialmente certos líquens, que são relacionados ao musgo. As hepáticas e os antóceros também são frequentemente considerados musgos, enquanto o musgo espanhol é uma espécie completamente diferente. Há, ainda, o musgo irlandês, que na verdade é um tipo de alga marinha. O musgo *club-moss* é outro exemplo de uma espécie que é energeticamente um musgo, embora não seja classificada como tal. O esfagno, comumente conhecido como turfa, é uma forma tradicional de musgo e é usado para evitar que feridas se tornem sépticas.

O que une essas plantas tão diferentes na compreensão que o praticante tem delas? Elas são antigas, perenes e especialmente adequadas para trabalhos que exigem estabilidade robusta. Musgos podem ser adicionados a praticamente qualquer feitiço para desempenhar essa função.

Além do esfagno, também gosto de musgo-vassoura (*Dicranum scoparium*). Essa linda planta é encontrada em toda a América do Norte. Procure pelos leques de folhas semelhantes a vassouras, geralmente misturados com outros tipos de musgos.

O musgo ensina paciência e aumenta a perseverança, tudo isso levando ao poder pessoal sustentado. Tenha em mente: ele adquire as propriedades da planta ou rocha na qual cresce. Por exemplo, o musgo encontrado no granito será especialmente útil para a cura emocional prolongada.

Propriedades e Correspondências

- *Nome científico:* Muitos, incluindo *Sphagnum* e *Dicranum scoparium*
- *Gênero: Bryophyta*
- *Classificação:* Planta
- *Propriedades espirituais:* Cura emocional (especialmente para feridas profundas da infância), entrada no Mundo Inferior, purificação, libertação e sabedoria.
- *Propriedades medicinais:* Antisséptico (turfa), antifebril, tratamento de doenças de pele (*club*).
- *Propriedades mágicas:* Absorve bem a energia de outras plantas, podendo ser adaptado a qualquer feitiço. Especificamente, para feitiços de purificação que exigem absorção de toxicidade existente e para aqueles planejados para durar. Paciência e persistência.
- *Partes utilizadas:* Todas
- *Correspondências planetárias:* Júpiter
- *Correspondências elementais:* Terra
- *Arquétipo:* Presbeia (Anciã)
- *Mundo:* Inferior
- *Zodíaco:* Peixes
- *Cor:* Marrom
- *Pedra:* Ágata musgo
- *Animal:* Tartaruga

Indicações

A maioria dos musgos é considerada não tóxica, embora seu consumo deva ser feito com cautela, exceto no caso do musgo islandês, que é muito curativo.

Embora os musgos (*briófitas*) constituam o segundo maior grupo de plantas do planeta, eles continuam sendo um mistério em termos de seus usos na medicina de feitiçaria. Este é um *pharmakoi* em que nossa intuição é nosso melhor guia.

Apresentações

- O musgo guarda seus próprios conselhos, então normalmente precisa de um pouco de incentivo para ser usado na pharmakeia. Não que ele seja teimoso, como a mandrágora, ou voluntarioso, como a dedaleira, mas é muito contido. Em todas as minhas experiências e comunicações com vários musgos e líquens, descobri que ele responde melhor à chama. Por isso, é recomendado em magia com velas.
- Pode ser adicionado a tinturas e infusões como estabilizador. O chá de musgo islandês está disponível para compra e é bastante seguro para todos os usos.
- A turfa comercial geralmente é tratada com produtos químicos. Evite-a.
- A coleta selvagem de musgo é a melhor abordagem. Leve apenas o que você precisa.
- Deixe o musgo secar ao ar se você for queimá-lo como parte de um incenso. Tenha em mente que ele é bastante inflamável. Uma pequena pitada adicionará longevidade aos outros ingredientes botânicos da sua mistura.
- O musgo geralmente é o lar de espíritos da terra, que são sombrios e tímidos. No entanto, podem se tornar aliados maravilhosos para aqueles que são pacientes o suficiente para estabelecer um relacionamento com eles. Oferendas de água geralmente são bem aceitas.

Pharmakeia

Usei musgo em muitos feitiços para dar persistência e resistência. Saiba que o musgo tem ação lenta, por isso é mais adequado para trabalhos que você deseja realizar ao longo de meses e anos. Coloque musgo em seu altar para se conectar com a força primordial de Hécate.

Bolas de Musgo Mágicas

Essa é uma das minhas técnicas favoritas para feitiços de longo prazo. Utilize o musgo como estabilizador e aglutinante, além de dar resistência ao feitiço. Adicione plantas, pedras, remédios de espíritos animais e outras correspondências, conforme adequado ao seu objetivo.

Este é um ótimo feitiço para criar usando sua intuição. Encontre seu musgo e deixe que o resto do feitiço chegue até você enquanto medita sobre sua intenção. Quanto mais natural, melhor. Musgo é sabedoria primordial; deixe que ela conecte você à sua enquanto desenvolve este feitiço. Depois de reunir os espíritos que responderam ao chamado da sua intenção, escreva um encantamento.

Elementos

- Tigela ou outro recipiente de vidro de boca larga.
- Vela na cor correspondente ao seu propósito, posicionada em vidro, em um copo ou jarra resistente para evitar que o musgo pegue fogo
- Musgo – vassoura, islandês ou qualquer outro que se apresente a você

Orientações

- Faça um ninho no fundo da tigela usando o musgo, enquanto recita:

  Senhora Musgo, aquela que persevera, faça com que este feitiço seja verdadeiro e puro. Eu peço a você, e você faz.
- Adicione os espíritos escolhidos enquanto entoa seu encantamento. O musgo tem vibração muito baixa e aprecia uma voz mais grave do que a maioria das plantas.
- Coloque a vela no ninho e acenda, recitando seu encantamento.
- Reacenda a vela pelo menos uma vez por semana para reforçar o feitiço.

Descobri que o musgo nunca falha em sua tarefa e requer pouca atenção, mas ocasionalmente acender a vela reacenderá o feitiço.

Nogueira

A nogueira é uma orgulhosa e sábia mestra do Jardim de Hécate. Suas propriedades atraem clareza mental e afastam a atenção indesejada. Fisicamente, a nogueira expulsa entidades nocivas do corpo, desde parasitas até colesterol ruim. Não é de surpreender que pesquisas modernas tenham descoberto que comer nozes pode prevenir a demência, promover acuidade mental e clareza duradouras.

Historicamente, o uso da nogueira em oferendas e celebrações envolvendo Hécate pode ser rastreado até a Galácia, onde hoje é a Turquia. Ela é a brilhante estrela cadente se movendo pelo céu noturno e trazendo uma clareza penetrante da mente. A nogueira abre a escada para as alturas do nosso Eu superior, a essência que ainda não nasceu que é conhecida como alma. Dançamos com a nogueira, passando pela lua até o Salão de Hécate, onde o conhecimento místico das eras está armazenado.

Esta árvore empresta folhas, sementes e madeira para toda a nossa feitiçaria envolvendo o Eu superior, desde banir a conversa interna negativa até facilitar a comunicação com a Mãe. Em ritos sagrados, você pode invocar a energia de nossos ancestrais oferecendo nozes a Hécate enquanto as mastiga. As refeições tradicionais consumidas por suas *Mystai*, suas sacerdotisas sagradas, geralmente incluíam romãs, nozes e queijo. Essa refeição também era oferecida a Hécate e outros espíritos do templo. Muitas vezes, havia ainda uma espécie de *cheesecake* feito de mel, ovos e queijo macio. Embora seja muito divertido reviver essa festa antiga, criar nossas próprias tradições torna os rituais muito mais significativos. Acrescente óleo de nogueira e nozes em seus banquetes – e talvez até mesmo o *Cheesecake* da Deusa Negra descrito adiante.

A nogueira, com sua abordagem equilibrada para atrair bênçãos e banir pragas por meio da sabedoria, é verdadeiramente nutritiva. Em última análise, a sua mensagem é conhecer seu próprio valor.

Propriedades e Correspondências

- *Nome científico: Juglans nigra* (nogueira preta); *Juglans regia* (nogueira comum)
- *Gênero: Juglans*
- *Classificação:* Árvore
- *Propriedades espirituais:* Consciência, acuidade, limpeza da mente, clareza, foco, correção de emoções exageradas e muita energia do Mundo Inferior.
- *Propriedades medicinais:* Problemas cardíacos, colesterol, cascas para cicatrização de feridas, interrompe diarreia, o consumo regular é útil para controle de peso e inflamação.

- *Propriedades mágicas:* Ativa intenções para empreendimentos intelectuais, abre o Terceiro Olho, conecta com espíritos do Mundo Superior, traz inspiração e sabedoria.
- *Partes utilizadas:* Nozes, madeira, folhas.
- *Correspondências planetárias:* Júpiter
- *Correspondências elementais:* Ar, Fogo
- *Arquétipo:* Noeros (Intelectual)
- *Mundo:* Superior
- *Zodíaco:* Gêmeos, Leão
- *Cor:* Dourado
- *Pedra:* Moldavita
- *Animal:* Águia

Indicações

Pode causar reações alérgicas. Por outro lado, é muito segura e saudável em pequenas quantidades.

Apresentações

- O óleo de nozes é um excelente óleo base para ativar a mente e banir o que bloqueia sua acuidade mental. Se os seus poderes psíquicos parecem obscuros, limpe seu Terceiro Olho o ungindo com óleo de nozes.
- Crie uma tinta de nogueira para escrever encantamentos para o Eu superior e para evocar Hécate como a Portadora da Luz. Este epíteto está associado a habilidades psíquicas, profecia, atividades intelectuais e sabedoria.
- Comer nozes é bom para a mente e o corpo. Adicione algumas antes de um ritual para se sintonizar com o Caminho Estrelado. Consuma após os trabalhos emocionais do Mundo Inferior para equilibrar suas energias.
- As cascas podem ser moídas para serem incluídas no incenso do Mundo Superior.
- Adicione noz ao fogo para uma excelente vidência, pois ela abre o caminho e afasta o profano.

Pharmakeia

Um dos meus usos mágicos favoritos da noz é para adivinhação, como parte da minha coleção de objetos que uso para "jogar os ossos". No conjunto, as cascas em forma de concha representam o Eu superior, o misticismo e a sabedoria. Estão associadas ao lado intelectual de Hécate, conhecido como *Noetikeia*. Se a "concha" cair virada para cima, a indicação é para permanecer na mente; se cair virada para baixo, é hora de ficar mais emocional. A noz é excelente para todas as formas de adivinhação. Crie seu próprio conjunto de informações proféticas com epítetos hecateanos em peças da nogueira. Você também pode usar a nogueira em um pêndulo.

Uma varinha de nogueira é útil para se conectar à energia do Caminho Estrelado e afastar espíritos indignos. Outros usos para cascas de nozes incluem usá-las como recipientes mágicos que trazem clareza a qualquer símbolo colocado dentro delas.

A nogueira é considerada uma planta expulsora por causa do *Juglans*, um composto químico que envenena a maioria das plantas que crescem em sua proximidade. Use esta propriedade para banir atenção indesejada. As nozes são um símbolo de abundância, seja em relação ao poder da mente, seja em nossas contas bancárias. Elas são caras para comprar e ricas para serem consumidas. Excelentes por si só como uma oferenda a Hécate, que você pode reutilizar depois. Melhor ainda, incorpore-as ao seu próprio banquete, como no *Cheesecake* da Deusa Negra.

Alimento dos Deuses

Um dos ingredientes ativos do chocolate é a teobromina, que se traduz como "alimento dos deuses", o tornando uma oferenda muito adequada a Hécate. O chocolate é feito a partir das sementes da árvore do cacau. Geralmente, leite, óleo, açúcar e outros ingredientes são adicionados para tornar o amargor natural mais palatável. O chocolate amargo tem menos aditivos e uma porcentagem maior de cacau. Nas regiões onde o cacau é cultivado, as sementes são usadas em cerimônias de cura espiritual.

Cheesecake da Deusa Negra

Este é o destaque do Banquete de Hécate – uma sobremesa de esplendor que evoca a presença da Deusa Negra por meio de chocolate, bordo, romã e nozes. O chocolate é conhecido como o "alimento dos deuses", enquanto o bordo é associado à abundância, à conexão e ao amor ilimitado, além de ser um ótimo impulsionador de relacionamentos. Portanto, é perfeito para expressar sua afeição por Hécate, ao mesmo tempo que fortalece sua conexão com ela.

Nozes atraem o poder do Caminho Estrelado e Hécate, como a Portadora da Luz que caminha pelas estrelas. Este é o seu aspecto mais primitivo. Antes que a Terra ganhasse vida, ela era a luz que acendeu o Universo.

Este é um bolo especial que é muito adequado para a Festa de Hécate em uma de suas noites sagradas, em agosto, novembro ou maio. Comece a prepará-lo logo após o pôr do sol para deixá-lo pronto para o banquete no pôr do sol seguinte.

Elementos

- Forma de fundo falso de 30 centímetros
- Batedeira, mixer
- Saco de confeitar com bico fino ou saco plástico para freezer
- Papel-manteiga
- Strophalos impresso (Roda de Hécate)
- Fita adesiva transparente

Ingredientes

- 1½ xícara de migalhas de biscoito
- 2 xícaras de nozes picadas finamente (uma será para a massa e a outra para decorar)
- 1/3 de xícara de manteiga derretida
- 3 pacotes de 250 gramas de *cream cheese*, em temperatura ambiente
- 1 xícara de xarope de bordo
- ¼ de xícara de açúcar mascavo
- 2 colheres de sopa de farinha de trigo

- 3 ovos
- 1 xícara de chocolate amargo para o recheio
- 1½ xícara de chocolate meio amargo para a cobertura
- ½ xícara de creme de café
- 2/3 de xícara de chocolate branco para decorar
- 1½ xícara de sementes de romã

Instruções para a massa (crosta)

- Aqueça o forno a 180 graus.
- Em uma tigela pequena, derreta a manteiga no micro-ondas e adicione as nozes e as migalhas de biscoito até misturar bem.
- Pressione no fundo e na metade das laterais da forma de fundo falso. Coloque o papel-manteiga sobre a crosta enquanto pressiona para minimizar a aderência. Realmente faz a diferença. Quanto mais firme a crosta, menos quebradiço o bolo ficará. Isso é realmente mágico.
- Asse a 180 graus por oito a dez minutos, até firmar.

Instruções para o recheio

- Bata o *cream cheese* em uma tigela grande em velocidade média até ficar homogêneo e cremoso.
- Adicione o xarope de bordo aos poucos até que esteja bem incorporado e, em seguida, coloque o açúcar mascavo.
- Misture a farinha aos poucos.
- Reduza a velocidade da batedeira para baixa e adicione os ovos, um de cada vez, batendo apenas até misturar bem.
- Derreta o chocolate amargo. Pegue um pouco da massa e misture ao chocolate. Depois, despeje essa mistura no restante da massa para evitar fracionar o chocolate. Bata até ficar homogêneo.

Instruções para assar

- Quando a crosta estiver pronta, reduza a temperatura para 160 graus.
- Despeje o recheio na crosta.

- Asse por 45 a 55 minutos, ou até ficar pronto. Após 45 minutos, insira um palito. Se sair limpo, o bolo está pronto.
- Deixe esfriar sobre uma grade até a temperatura ambiente.
- Leve à geladeira por, no mínimo, seis horas.

Instruções para a cobertura

- Imprima um strophalos (Roda de Hécate) em papel branco comum. Usando fita adesiva transparente, coloque um pedaço do papel-manteiga sobre isso, selando todas as bordas. Ponha esse molde em uma superfície firme que possa ser refrigerada, como um prato ou tábua de corte. Cole o molde na superfície com fita adesiva.
- Derreta o chocolate branco e despeje em um saco de confeitar ou em um saco plástico com fecho para freezer. Se estiver usando um saco para congelador, corte um furo diagonal de mais ou menos meio centímetro em um dos cantos inferiores.
- Coloque o chocolate branco sobre a parte branca do strophalos.
- Deixe na geladeira por pelo menos três horas.

Finalizando o bolo

- Depois que o bolo e o strophalos estiverem bem gelados, crie o fundo do strophalos usando o chocolate meio amargo.
- Adicione o creme ao chocolate mal derretido, aos poucos, até obter uma consistência levemente líquida.
- Retire o bolo da forma com fundo falso.
- Despeje a mistura de chocolate por cima, alisando as laterais.
- Deixe esfriar por cerca de 30 minutos.
- Retire cuidadosamente a parte de chocolate branco do strophalos do papel-manteiga e a posicione sobre o bolo.
- Decore com sementes de romã e nozes trituradas.

Tire muitas fotos da sua obra-prima e compartilhe comigo para que eu possa me deliciar com sua criação. Este é realmente um bolo digno de Hécate e suas bruxas.

Olíbano

Essencial para a bruxaria ritual, é um tipo de espírito mais formal do que muitos outros membros do Jardim de Hécate. Os usos medicinais e mágicos do olíbano são diversos, desde suas notáveis propriedades como cicatrizante de feridas até seu poder de iniciação.

O olíbano é a resina de cinco espécies diferentes de árvores Boswellia, obtida cortando a casca e deixando a seiva formar pedaços. A resina pode ser queimada em pequenos pedaços como incenso, seguindo práticas antigas. O olíbano era um incenso muito comum em rituais nas antigas culturas mediterrâneas. Nos *Papiros Mágicos Gregos*, é o segundo incenso mais comum depois da mirra. Era usado para ungir tudo, desde crianças até os mortos, trazendo a energia da purificação enquanto invocava os espíritos para a pessoa ou o objeto que estava sendo ungido.

Propriedades e Correspondências

- *Nome científico: Boswellia caterii, sacra, frereana, serrata* e *papyrifera*
- *Gênero: Boswellia*
- *Classificação:* Árvore
- *Propriedades espirituais:* Unção, limpeza, foco, abertura, autodisciplina, expansão da consciência.
- *Propriedades medicinais:* Adstringente, melhora a circulação, diurético, cicatrizante, alivia o estresse, auxilia na respiração.
- *Propriedades mágicas:* Unção, iniciação, clareza, conexão com o mundo espiritual, trabalho devocional, caminhada com a morte.
- *Partes utilizadas:* Resina
- *Correspondências planetárias:* Sol
- *Correspondências elementais:* Ar, Fogo
- *Arquétipo:* Amphiphaes (Circuncidada)
- *Mundo:* Superior
- *Zodíaco:* Aquário, Áries, Leão.

- *Cor:* Dourado profundo
- *Pedra:* Calcita amarela
- *Animal:* Leão

Indicações

Não deve ser usado durante a gravidez ou amamentação, nem por crianças. É seguro consumir em quantidades muito pequenas (ou seja, uma a duas gotas do óleo essencial misturado a um veículo).

Apresentações

- O olíbano é usado como resina bruta ou como óleo essencial. Faça um óleo infundido usando alguns pedaços em cerca de uma xícara de óleo carreador, especialmente azeite de oliva ou amêndoa. Deixe fundir por algumas semanas, começando quando a lua estiver cheia. Tinturas também podem ser feitas.
- Queime pedaços como incenso ou adicione gotas do óleo a misturas botânicas. O óleo essencial é excelente em um difusor.
- Experimente os diferentes tipos e qualidades de olíbano. Em geral, prata e *hojari* são considerados os graus mais altos, embora não estejam amplamente disponíveis.

Pharmakeia

O olíbano é um poderoso mestre para quase qualquer ritual. É especialmente útil para preparar o corpo para o transe. Tomar um banho ritual com infusão de olíbano, seja com alguns pedaços, seja com algumas gotas do óleo essencial, alivia o sofrimento, acalma a mente e prepara a alma para o ritual e o transe.

Unja os sete centros de poder do corpo no início do ritual, para iniciação e para trabalhos de renascimento. Dilua sete gotas de óleo essencial em ¼ de xícara de azeite de oliva por uma semana, agitando diariamente, para fazer um óleo com infusão de olíbano que pode ser usado para ungir o corpo e objetos sagrados. Cubra as velas com óleo com infusão de olíbano para prepará-las para o trabalho ritual. Como mencionado anteriormente, o olíbano é muito apropriado para ungir (ativar) todos os ícones e objetos hecateanos.

Oleum Spiritus (Óleo Espiritual)

Olíbano é um espírito que traz magia, medicina e mistério e torna todos os três prontamente disponíveis para o *pharmaka*, nos tornando verdadeiramente imbatíveis. Faça um óleo base de artemísia misturando ¼ de xícara de artemísia seca com meia xícara de azeite de oliva. Deixe descansar por seis semanas, agitando diariamente. Na Lua Cheia, coe a artemísia do óleo e adicione algumas gotas de olíbano. Este óleo deve ser aplicado nos centros energéticos do *Septem Novum* cerca de trinta minutos antes de viajar para o mundo espiritual. Também é recomendado ungir o Terceiro Olho.

Oliveira

A oliveira era muito apreciada pelas antigas bruxas de Hécate. Aprendemos com Medeia que ela usou uma varinha feita de oliveira para misturar sua poção de renascimento em seu caldeirão. Quando lançou o feitiço e girou o galho morto em sua poção, ele renasceu. Depois, Medeia usou o galho para devolver o esplendor à Terra e, finalmente, rejuvenescer seu sogro. Após tudo isso, ela está aqui agora como nossa guardiã. Em vez de deixá-lo morrer, Medeia derramou seu tônico na ferida e sua juventude foi restaurada.

O azeite de oliva era o mais sagrado nos antigos templos hecateanos, usado como combustível em lâmpadas, para unção e como oferendas. Também era utilizado em poções e como madeira para varinhas.

Hoje, o azeite de oliva se tornou tão fortemente parte da nossa dieta que podemos perder de vista sua sacralidade. Cada vez que você derramar um pouco, agradeça silenciosamente a Hécate por abençoar o mundo com um presente tão incrível.

Propriedades e Correspondências

- *Nome científico: Olea europaea*
- *Gênero: Oleaceae*
- *Classificação:* Árvore
- *Propriedades espirituais:* Criação, proteção, purificação, sacralidade, bem-estar.

- *Propriedades medicinais:* O azeite de oliva pode reduzir o risco de certos problemas de saúde, incluindo doenças cardíacas. Além disso, é excelente como lubrificante e hidratante, sendo ótimo para aliviar constipação e aliviar distúrbios internos em geral.
- *Propriedades mágicas:* Abundância, equilíbrio, consagração, cura, honra, prosperidade, proteção, purificação, renascimento, sucesso, riqueza, bem-estar.
- *Partes utilizadas:* Todas as partes da oliveira podem ser usadas em bruxaria. O óleo é feito da fruta.
- *Correspondências planetárias:* Sol
- *Correspondências elementais:* Todas
- *Arquétipo:* Pasikratea (Rainha Universal)
- *Mundo:* Todos
- *Zodíaco:* Leão
- *Cor:* Dourado
- *Pedra:* Labradorita, diamante
- *Animal:* Pombo

Indicações

O uso é seguro.

Apresentações

- O azeite de oliva é usado como fixador, base e em formulações farmacêuticas. Nós evocamos as propriedades da planta quando a usamos dessa forma. A proteção oferecida pela oliveira garantirá que os outros elementos botânicos estejam seguros em sua capacidade de realizar o trabalho.
- O azeite de oliva pode ser consumido e usado diretamente na pele.
- Observe que o azeite de oliva tem uma temperatura de queima relativamente baixa.

Pharmakeia

O azeite de oliva é excelente para a vivificação e consagração de ícones, objetos e ferramentas sagradas sem necessidade de ingredientes botânicos adicionais. Para sintonizar seus objetos sagrados com sua própria energia, impregne o óleo com algumas gotas de seu sangue ou mechas de seu cabelo. O azeite de oliva é um fantástico hidratante e lubrificante sagrado, sem nenhum aditivo.

Óleo e Talismã de Brimo

Brimo *é o nome dado a* Hécate em sua expressão mais assustadora. Desinibida, mas sábia; raivosa, mas justa. Evoque o poder de Brimo quando sua raiva estiver coerente. Este óleo funciona quando você precisa ser corajoso, lutar e obter justiça. Coloque em um pequeno frasco de vidro e use em um cordão vermelho para amplificar sua Deusa feroz interior. Unja os sete centros sagrados de energia para ativar sua própria ferocidade.

A mistura contém pimenta-do-reino para justiça, funcho para coragem e comunicação, e carvalho para sucesso na batalha. A base de azeite de oliva proporciona proteção. Este feitiço também usa o poder do número cinco, que está associado ao conflito e à paz que vem depois de se vencer a guerra.

Ingredientes

- 5 colheres de chá de azeite de oliva de alta qualidade (de preferência, orgânico e grego)
- 5 grãos de pimenta preta
- 5 sementes de funcho
- 5 gotas de essência de carvalho (como *Oak* , de Bach)
- 1 bolota ou 1 folha de carvalho rasgada em 5 pedaços

Orientações

- Potencialize este óleo ao criá-lo no dia da Lua Cheia, deixando que ele coagule e se torne pastoso sob sua luz.
- Misture os ingredientes na ordem listada. À medida que você adiciona cada ingrediente, mexa no sentido horário cinco vezes, enquanto recita:

Cinco vezes eu mexo este caldeirão,
Para lançar este feitiço com firmeza e verdade.
A proteção da Oliveira é uma espiral agora liberada,
Invoco minha Brimo para finalmente trazer a paz.
Pimenta traz justiça rapidamente,
O funcho faz minha coragem durar,
E o Rei da Floresta
Torna minha raiva forte e boa.
Enquanto eu giro você em círculos,
Brimo transborda,
Seu poder é bárbaro e verdadeiro,
Este feitiço agora é lançado,
E o trabalho está concluído.

Se você não for usar o óleo imediatamente, é melhor mantê-lo em um frasco marrom ou preto para evitar desencadear raiva em pessoas altamente sensíveis (incluindo você, possivelmente). Guarde-o sozinho em um local escuro e fresco.

Papoula

Papoula é um espírito sombrio, pois ela conhece a tristeza da morte – a tristeza daqueles que ficaram para trás e as almas inquietas dos mortos inquietos. Também conhece a paz da morte, que alivia o sofrimento e traz realização. Entre em seu abraço para caminhar com a morte e para um sono profundo.

Esta planta é uma das amantes do Jardim de Hécate, encarregada de ensinar uma de suas lições mais importantes: sem morte, não há vida. Sagrada para Hécate e Perséfone, ela é reverenciada como uma reveladora dos mistérios dos mortos. O ópio, produzido a partir do *Papaver somniferum*, é um narcótico poderoso que já matou muitas pessoas. Preste atenção a esta mensagem: a papoula é poderosa. Sua beleza intoxica a mente e o corpo.

Lindas papoulas vermelhas são uma adição resistente ao jardim de uma bruxa. Elas são especialmente mágicas sob a Lua Minguante. Minhas primeiras lembranças de papoulas vermelhas são da horta da minha avó, onde ela sempre as tinha ao redor do terreno para manter os animais afastados. Eu adorava essas papoulas, embora não me fosse permitido tocá-las. Elas me encantaram desde então, talvez representando minha conexão de alma com Hécate antes que eu pudesse articular conscientemente meu pertencimento à Nossa Senhora.

As papoulas são flores de memória, usadas para homenagear aqueles que perderam suas vidas em batalha. Elas estão profundamente conectadas ao Samhain e à Sagrada Escuridão de novembro.

Propriedades e Correspondências

- *Nome científico: Papaver somniferum* (papoula do ópio); *Papaver rhoeas* (papoula vermelha)
- *Gênero: Papaver*
- *Classificação:* Planta
- *Propriedades espirituais:* Excelente para abrir o caminho para o desmembramento, renascimento espiritual e para a recuperação da alma.
- *Propriedades medicinais:* As sementes de papoula têm muitos benefícios para a saúde, incluindo facilitar a digestão, fortalecer os ossos, aumentar a produção de glóbulos vermelhos e melhorar o sono.
- *Propriedades mágicas:* Vida após a morte, caminhada com a morte, trabalho com sonhos, necromancia, psicopompia (condução de almas), renascimento, ritos sagrados, visões.
- *Partes utilizadas:* Sementes para consumo, flores para decoração
- *Correspondências planetárias:* Lua
- *Correspondências elementais:* Água, Fogo
- *Arquétipo:* Aidonaea (Senhora do Submundo)
- *Mundo:* Inferior
- *Zodíaco:* Capricórnio
- *Cor:* Preto, vermelho, branco
- *Pedra:* Hematita
- *Animal:* Coruja

Indicações

Sementes de papoula comerciais geralmente são seguras para consumo em pequenas quantidades. Porém, são narcóticos leves, e consumi-las pode resultar em um teste de drogas positivo.

Apresentações

- As sementes de papoula são bastante adequadas para todas as formulações, desde infusões até iguarias assadas.
- Uma infusão de sementes de papoula não deve exceder meia colher de chá em uma xícara de água, pois doses maiores podem ser tóxicas quando consumidas.
- Eu uso sementes de papoula todo outono em meus altares, rituais e feitiços. Minha experiência tem sido que ela resiste à contaminação que assola plantas mais fracas. Tudo o que é necessário é uma simples orientação para que ela desperte todo o seu poder. Nunca me decepcionou.

Pharmakeia

Papoula fica de guarda na entrada do Mundo Inferior. Arranque-a por sua conta e risco. Para as bruxas de Hécate, ela abre o caminho para a caverna sagrada de nossa Mãe, bem no fundo. O ritual a seguir foi profundamente transformador para meus alunos. É usado durante a Escuridão Sagrada de Hécate, do Samhain ao Solstício de Inverno, especificamente nos dias 16 e 30 de novembro.

Óleo e Ritual de Caminhada com a Morte

Seja para buscar conselhos de entes queridos que já partiram, nos conectar com nossos ancestrais bruxos ou apenas vagar pelo Outro Lado, a fragilidade do véu pode ser facilmente rompida por especialistas botânicos. Caminhar com a morte nos dá a oportunidade de entender melhor os mistérios da vida após a morte. Se você é novo nesse tipo de bruxaria, proceda com cautela. Sugiro que entre em contato com um ente querido que já partiu na sua primeira caminhada no Outro Lado.

Elementos

- Frasco de vidro com tampa
- Almofariz, pilão
- Pano preto

Ingredientes

- 1 xícara de azeite de oliva orgânico de alta qualidade
- ¼ de xícara de sementes de papoula
- 1 colher de chá de artemísia seca
- 1 pedaço de benjoim do tamanho de uma unha ou 4 gotas de óleo essencial
- 1 raminho de zimbro fresco ou 13 bagas
- 1 raminho de lavanda fresca ou 4 gotas de óleo essencial
- 3 flores de áster ou 1 áster floral grande (sálvia pode ser usada como substituição)
- 1 flor de rosa selvagem (pode ser substituída por vermelha)

Orientações

- No pilão, adicione primeiro as sementes de papoula.
- Moa no sentido horário até que o óleo comece a ser liberado.
- Acrescente a artemísia e triture no sentido horário até misturar bem.
- Esmague o benjoim ou adicione as gotas do óleo.
- Coloque o zimbro e a lavanda, misturando delicadamente na mesma direção.
- Ponha o óleo no frasco.
- Adicione a mistura botânica, mexendo no sentido horário.
- Finalize com o áster e a rosa.
- Feche o frasco e cubra com o pano preto.
- Deixe o óleo descansar por três noites.

Ritual

Crie um altar de caminhada com a morte em homenagem a Hécate Aidonaea. Adicione os ancestrais com os quais você deseja se comunicar incluindo pertences, fotos e suas coisas favoritas.

Quando estiver pronto, unja os objetos dos ancestrais, as imagens das divindades que estão sendo evocadas e você mesmo (por último) com o óleo. Esta é uma grade triangular. Visualize a grade sendo criada entre os ancestrais (ou o Outro Lado), Hécate e você. Unja três pontos em cada um (superior, médio, inferior) no sentido horário (Hécate, ancestral, você), enquanto se concentra na criação desta grade que representa a energia mística do Eu superior/ Mundo superior, a energia ativa do Eu médio/Mundo médio e a energia emocional do Eu inferior/Mundo inferior.

Quando essa grade for ativada, um portal será aberto no espaço entre os três. É um local seguro e protegido. Liberte-se do seu ser físico e entre na grade. Seu ser físico está sentado confortavelmente esperando seu retorno.

Quando você retornar de uma visita aos seus ancestrais do Outro Lado, libere a grade no sentido anti-horário. Certifique-se de expressar gratidão a Hécate e aos seus ancestrais. Registre todas as mensagens recebidas e certifique-se de consumir um lanche doce, como suco de laranja, para trazê-lo de volta ao Mundo Intermediário, ao Mundo Médio da vida cotidiana.

Pinheiro

O poderoso pinheiro – árvore muito ligada às festividades, quando ela geralmente reina em nossas salas de estar – é um portador de bênçãos. Nossa associação moderna do pinheiro com celebrações e o sagrado está enraizada nas práticas dos antigos hecateanos, que usavam as pinhas em rituais e feitiços. Na verdade, as pinhas são um dos ingredientes mais comuns nos *Papiros Mágicos Gregos*. Foi a minha pesquisa sobre os ingredientes botânicos usados neste antigo grimório que me inspirou a criar o Talismã Ekdotis, descrito adiante quando compramos nossa casa. Esse talismã nos trouxe grandes recompensas, mas está começando a ficar cansado. Meus planos para este solstício de inverno incluem criar um novo.

Acrescente pinhas em seus rituais seus rituais de inverno para trazer prosperidade no ano novo e atrair alegria. Tente usá-las em seu próprio talismã. Elas são adequadas para oferendas a Hécate Enodia e em trabalhos que trazem energia, concedem bênçãos e ajudam a garantir a segurança de todos os bens. Pinheiro é um excelente presente para outra bruxa.

Propriedades e Correspondências

- *Nome científico: Pinus*
- *Gênero: Pinus* (única espécie neste gênero)
- *Classificação*: Árvore
- *Propriedades espirituais:* O pinheiro traz abundância, por isso é mais útil para todos os trabalhos de crescimento pessoal. Excelente quando adicionado a rituais de cura e renascimento.
- *Propriedades medicinais:* A casca de certas espécies, como o *Pinus pinaster*, pode ser consumida e é relatada como tendo propriedades anti-inflamatórias e sendo uma rica fonte de muitos nutrientes.
- *Propriedades mágicas:* Abundância, começos, crescimento, lar feliz, energia, liberdade, dinheiro, verdade, riqueza e sabedoria.
- *Partes utilizadas:* Todas – vagens de sementes (cones), sementes (pinhões), agulhas (folhas), casca, resina e madeira.
- *Correspondências planetárias:* Júpiter, Marte, Saturno.
- *Correspondências elementais:* Ar, Terra, Fogo.
- *Arquétipo:* Ekdotis (Doadora)
- *Mundo:* Médio
- *Zodíaco:* Aquário, Áries, Escorpião.
- *Cor:* Verde profundo
- *Pedra:* Sungita
- *Animal:* Cervo

Indicações

Algumas espécies são potencialmente tóxicas, portanto, tome cuidado com animais de estimação que consomem todas as partes dos pinheiros encontrados na natureza. Algumas espécies têm casca segura para consumo por adultos, e outras produzem aqueles deliciosos pinhões usados em muitas receitas, como o pesto.

Apresentações

- Encontrar suas próprias pinhas para usar em bruxaria é uma aventura muito agradável. Estude o impressionante pinheiro, aprenda sobre as variedades existentes na sua região e depois as compare com as diferentes espécies que você encontrar em suas viagens. Sou uma estudante de longa data desta planta, que nunca deixa de me abençoar em qualquer forma que a encontro.
- Considerando que existem mais de cem espécies diferentes de pinheiro, há algumas diferenças sutis em suas aplicações *pharmakeia*. No entanto, todos elas são distribuidoras de bênçãos.
- Tenha sempre um pote de pinhas na farmácia porque elas são muito úteis.
- O óleo essencial de pinho pode ser misturado com um óleo carreador, como o azeite de oliva, para ser usado em um difusor ou para ser fervido suavemente para liberar o espírito de bênção.
- Faça óleo de pinho enchendo um frasco com pinhas, agulhas, casca e despejando óleo por toda parte. Deixe em infusão por cerca de um mês, pois o pinho pode demorar para se misturar aos óleos.
- Para fazer uma decocção, encha uma panela de aço inoxidável com pinho, cubra com água e deixe ferver. Continue fervendo suavemente por dez minutos, depois tampe e deixe esfriar.
- A tinta de pinheiro certamente trará abundância. Adicione algumas gotas de óleo essencial ou pedaços de pinha ao seu tinteiro.
- Em vez de descartar a árvore de Yule, encontre um lugar para ela no seu quintal para que você possa colher seus frutos para seus feitiços nos próximos meses.
- Normalmente, as variedades selvagens comuns de pinheiro não são consumidas, mas você pode comprar pinhões e chá de casca para uso em infusões, decocções e receitas. O pesto é um dos molhos hecateanos: manjericão, alho e pinhões.
- Considerando as bênçãos do pinheiro, usar as lascas como cama para animais de estimação é excelente para o bem-estar deles.

Pharmakeia

Faça uma tigela de bênçãos simples e a coloque no coração da sua casa. Encha 2/3 de uma tigela verde com sal e adicione três pinhas, três paus de canela e três folhas de louro. Você também pode adicionar três bagas de zimbro para banir o mal.

Esfregue óleo de pinho em todos os feitiços de dinheiro. Também é ótimo para atrair a atenção dos deuses com chifres e da energia masculina, por isso esfregue esse óleo em estátuas e imagens de deuses homens.

Talismã Ekdotis

Um talismã é uma combinação de espíritos, transformados em um feitiço de objeto material. Neste feitiço, você invocará os espíritos do louro, da canela e do pinho em um nó que ficará na entrada da sua casa. Ekdotis significa "Doadora", e este talismã certamente manifestará muitas bênçãos da Deusa.

Elementos

- Barbante verde, dourado e branco
- Fio de metal (dourado)
- Galho de pinheiro ou outra madeira, ou osso (eu tenho uma costela de coiote no meu)
- Objeto doméstico encantado (por exemplo, um símbolo de espírito animal, como uma pena ou osso que você encontrou)
- Outros encantos que representam abundância para você
- Furador

Ingredientes

- 3 pinhas
- 3 folhas de louro (escolha as mais grossas, para que você possa fazer um furo no topo de cada uma delas sem quebrá-las)
- 3 paus de canela

Orientações

- Amarre as três pinhas com o fio de metal.

- Corte os três barbantes com cerca de cinco vezes o comprimento dos paus de canela. Você pode usar paus de canela menores.
- Amarre os três barbantes ao seu bastão, dando um nó firme, enquanto recita:

  Com um nó, esse feitiço começou.
- Trance cerca de 1/5 do cordão e deslize as três folhas de louro, recitando:

  O louro bane toda a maldição desta casa.
- Dê um nó sob o louro para selar esta parte do feitiço, dizendo:

  No segundo nó, esse feitiço será verdade.
- Trance a próxima seção e, em seguida, prenda o fio de arame das pinhas aos três barbantes, recitando:

  O pinheiro traz muito para esta casa.
- Dê um nó na parte da pinha, dizendo:

  No terceiro nó, esse feitiço flui livremente.
- Trance outro segmento do barbante, deslizando um pau de canela em cada barbante, recitando:

  A canela garante que o calor esteja presente nesta casa.
- Adicione quaisquer outros pingentes ou contas para completar o talismã. Quando terminar, dê os três nós finais enquanto recita (na ordem em que você os deu):

  No quarto nó, esse feitiço é para sempre.
  No quinto nó, esse feitiço prosperará.
  No sexto nó, esse feitiço já está estabelecido.

Pendure o talismã na entrada de sua casa. Toque-o diariamente para ativar ainda mais seus poderes e para verificar se está esgotado. Quanto mais ele tiver que trabalhar, mais rápido se esgotará.

Romã

A romã é o fruto sagrado da tentação e da verdade. Dependendo da sua perspectiva, foi o veneno que prendeu Perséfone ao Mundo Inferior ou a bênção que a libertou do olhar severo de sua mãe. Hécate e Perséfone são incrivelmente próximas, tanto que podem ser confundidas uma com a outra. Perséfone, a benevolente Rainha do Mundo Inferior, mantém aconselhamento com sua companheira de confiança, Hécate. Enquanto nossa Mãe vagueia livremente pelo Universo, Perséfone está presa ao ciclo da vida, eternamente obrigada a manter a humanidade em movimento.

Plantas de Perséfone

Perséfone é minha confidente de longa data. Não sendo dada a praticar pharmakeia, ela, no entanto, supervisiona os pharmakoi que residem em seu reino. Os venenos, e particularmente os elementos botânicos associados à morte e à vida após a morte, estão sob seu comando. Podemos nos conectar com Perséfone por meio dessas plantas.

A romã é a planta mais conectada às tochas de Perséfone e Hécate brilhando na escuridão. Podemos seguir essas luzes ou resistir a elas, mas a jornada é obrigatória. É só uma questão de quando. Essa é a mensagem da romã.

Recorra ao *Hieros Pyr*, o fogo sagrado que flui da romã, para aprofundar sua experiência dos mistérios femininos, se conectar com os que partiram e honrar Hécate e Perséfone. O *Hieros Pyr* traz renascimento para aqueles que são sinceros.

Propriedades e Correspondências

- *Nome científico: Punica granatum*
- *Gênero: Punica*
- *Classificação:* Árvore, fruto
- *Propriedades espirituais:* Vida após a morte, compreensão do ciclo da vida, morte e renascimento espiritual, cura ancestral, perdão.
- *Propriedades medicinais:* Tônico geral, anti-inflamatório, aumenta a imunidade e é antioxidante.
- *Propriedades mágicas:* Assim como o *Hieros Pyr*, a romã cria e destrói. Com feitiços de romã, certifique-se de dar instruções claras sobre como ela deve se comportar. Abundância, banimento,

clareza, engano, perdão, amor, renascimento, confiança e a sabedoria de Perséfone são alguns dos usos da romã.

- *Partes utilizadas:* Frutos
- *Correspondências planetárias:* Saturno
- *Correspondências elementais:* Terra
- *Arquétipo:* Perséfone (Destruidora)
- *Mundo:* Inferior
- *Zodíaco:* Escorpião
- *Cor:* Vermelho-escuro
- *Pedra:* Jaspe vermelho
- *Animal:* Cisne

Indicações

As sementes desta planta geralmente não oferecem riscos, e o suco é excepcionalmente seguro.

Apresentações

- Esta planta pode ser usada para a maioria dos trabalhos e em uma variedade aparentemente infinita de maneiras, desde colocar as sementes em sorvete de baunilha até usá-las como oferendas a Hécate e Perséfone. Um pharmakoi tão versátil, gostoso e agradável.
- Sementes de romã congeladas podem ser armazenadas por até um ano e são um item básico do boticário *pharmaka*. O suco está amplamente disponível. Romãs frescas geralmente estão disponíveis apenas no outono (já no Brasil, a época é de novembro a fevereiro).
- O suco de romã é um excelente complemento para infusões. De modo geral, faça a infusão mais concentrada – cerca do dobro da concentração – e depois adicione uma quantidade igual de suco.
- Grenadina é um xarope concentrado de romã que pode ser usado em infusões e tinturas. Alguns produtos comerciais não são mais feitos com romãs, então leia o rótulo para ter certeza de que você tem uma verdadeira grenadina.

Pharmakeia

O suco de romã é uma excelente base para papéis mágicos (papiros). Aqueça delicadamente o suco em temperatura baixa até que comece a ferver levemente e, em seguida, insira papel-manteiga sem tingimento usando um pegador. Espalhe o papel e deixe descansar por alguns minutos. Seque o papel em toalhas que possam ficar manchadas. Adicione pedaços do miolo (a membrana branca) aos incensos. Use as sementes secas em bonecos, sachês e muito mais.

Água de Fogo Sagrado

Manjericão, escutelária e artemísia são infundidos com sementes de romã para produzir esta água sagrada. O manjericão é tradicionalmente uma erva consumida por iniciados enquanto aprendem os mistérios, por isso é escolhido: acalma a mente e libera nosso fogo. A artemísia é invocada para proteção, consciência psíquica e sabedoria. Certifique-se de direcionar as energias dessa maneira enquanto prepara a poção. A escutelária é um aglutinante supremo. Um feitiço de escutelária é quase impossível de quebrar. Aqui, invoque as características de aprendizado, clareza e sucesso, além de unir a água sagrada. A romã carrega a energia do preço da iniciação. Planta de Saturno, a romã aumenta a estabilidade e o foco.

Esta é uma fórmula testada e comprovada que meus alunos adoram para se conectar com seu fogo interior e os mistérios de Perséfone e Hécate. Consuma antes de evocar suas presenças. É seguro para adultos consumirem, e você pode adicionar gim à água gelada para fazer um coquetel mágico.

Elementos

- Coador ou bule de aço inoxidável
- Frasco de vidro com tampa

Ingredientes

- 3 folhas de manjericão fresco
- ½ colher de chá de escutelária
- 1 colher de chá de artemísia
- 1 xícara de suco de romã

Orientações

- Deixe os elementos botânicos em infusão em uma xícara de água fervida por dez minutos, tampada.
- Coloque o suco de romã em um frasco de vidro e despeje a infusão.

Rosa

A mais sagrada das flores para as bruxas hecateanas, a rosa é um membro necessário da botica. Suas belas flores representam o fogo da criação e destruição de nossa Mãe. Os frutos maduros e os frutos (vagens) de algumas variedades selvagens são seu belo ventre escuro, e os espinhos banem o profano. Tenha todos os três à mão.

Quando Hécate foi até Perséfone durante seu lamento por ter se juntado a Hades no Mundo Inferior, ela caminhou entre rosas que estavam tristes com a situação. Perséfone é fortemente evocada pelas rosas, e elas acalmam nossas almas perturbadas, especialmente quando estamos com o coração partido. Hoje em dia, um presente de rosas muitas vezes simboliza o amor, o que é muito diferente da associação que os antigos faziam delas com a morte e a perda. No Jardim de Hécate, a rosa tem um lugar especial perto da entrada da Caverna de Hécate, um bosque tranquilo onde podemos buscar abrigo para nossa tristeza.

A Rosa de Fogo

Em algumas traduções dos Oráculos Caldeus, Hécate é chamada de Rosa de Fogo. A rosa, especialmente as rosas selvagens que eram abundantes na época e no lugar onde os oráculos e outros textos antigos representando Hécate foram escritos, é um símbolo vibrante de Hécate no mundo material e seu domínio sobre a natureza. A variedade comum durante os tempos da Roma Antiga também era associada a cães, dando outra conexão com Hécate. Os hecateanos romanos usavam a rosa como símbolo de sangue, como no festival de Rosália, e em ritos funerários.

As rosas selvagens, aquelas trepadeiras e errantes, são símbolos do espaço entre mundos e tempos. Tradicionalmente conhecidos como sarças das bruxas, são lugares onde podemos transcender a corporeidade para nos comunicar com Hécate e suas bruxas, bem como com outros espíritos. Essas rosas antigas eram usadas de diversas formas mágicas, incluindo ritos de homenagem aos mortos, como ingrediente em feitiços, em rituais de templos e para adornar estátuas.

Atualmente, existem muitas variedades de rosas, e suas cores diversas têm propriedades especiais – por exemplo, vermelho para amor e compromisso, branco para pureza, amarelo para amizade.

A rosa é uma planta professora primária cuja diversidade reflete a nossa e a da nossa Mãe. Rosa é tanto perda e amor, bênção e ruína – e o espaço entre eles.

Propriedades e Correspondências

- *Nome científico: Rosa*
- *Gênero: Rosa*
- *Classificação:* Flor
- *Propriedades espirituais:* Ancestrais, apegos, começos, calma, habilidades psíquicas, renascimento, sacralidade interior.
- *Propriedades medicinais:* Adstringente, acalma o coração atribulado, tônico e pomada para inflamação.
- *Propriedades mágicas:* Usos diversos, desde aproveitar os botões para ativar novos empreendimentos até espalhar pétalas para atrair um amante. Para banir, prefira flores mortas e espinhos. Para manifestação, utilize pétalas frescas ou secas. As rosas são excelentes para cura emocional, proteção e para reconstruir a confiança em nós mesmos e nos outros. Como auxílio à bruxaria psíquica, opte por pétalas de rosas selvagens ou de sebes.
- *Partes utilizadas:* Botões, flores, pétalas, frutos silvestres, espinhos.
- *Correspondências planetárias:* Vênus
- *Correspondências elementais:* Água

- *Arquétipo:* Anima Mundi (Alma do Mundo)
- *Mundo:* Inferior
- *Zodíaco:* Touro
- *Cor:* Muitas
- *Pedra:* Sugilita
- *Animal:* Borboleta

Indicações

Pétalas de rosas e água de rosas fraca podem ser consumidas com segurança por adultos em pequenas quantidades. Água de rosas é segura para a pele. Em geral, é inofensivo consumir o fruto maduro de uma rosa.

Apresentações

- Prepare infusão, óleo, tintura ou incenso com pétalas de rosas. Ótimo quando adicionadas a misturas usadas em rituais sagrados, especialmente com artemísia e tomilho.
- Pétalas de rosas estão amplamente disponíveis para compra, assim como chá de rosa mosqueta. Óleo essencial de rosas também pode ser utilizado.
- As rosas são compatíveis com muitos tipos de bruxaria espiritual. Adicione a energia da fase lunar para sintonizar esta planta.
- Os botões de rosa simbolizam começos e uma nova vida. Excelente para incluir em feitiços para novos projetos.

Pharmakeia

Use pétalas de rosa, frutos e espinhos para diferentes formas de bruxaria. As pétalas são mais associadas a propriedades que aquecem o coração, como gentileza e paixão. Os frutos maduros evocam as profundezas emocionais e, portanto, são muito adequados para a cura emocional. Espinhos são excelentes para banimento. As flores em seus caules simbolizam Hécate como *Anima Mundi*, Alma do Mundo. As rosas são oferendas excelentes e úteis para sintonizar com a força primordial.

Para guardar um segredo, o escreva em um pedaço de papel usando tinta preta e depois coloque em um saco preto. Adicione pétalas de rosa. Dê um nó no saco e o enterre ou esconda bem.

Água de Rosas

Água de rosas é um ingrediente básico do boticário. Embora você possa comprar versões prontas, fazer as suas próprias é muito gratificante. As rosas selvagens são especialmente hecateanas, então use-as se puder. Se optar por rosas cultivadas, tente evitar aquelas tratadas com pesticidas agressivos.

Elementos

- Panela de aço inoxidável com tampa
- Coador de aço inoxidável
- Tigela grande de vidro resistente ao calor
- Colher de pau

Ingredientes

- Pétalas de 6 rosas
- Água de nascente

Orientações

- Remova as pétalas com cuidado e lave, se necessário.
- Coloque as pétalas na panela e cubra com água até que fique cerca de cinco centímetros mais alta que as pétalas.
- Deixe ferver lentamente em fogo médio-alto, mexendo sempre.
- Retire do fogo, tampe e deixe descansar até esfriar.
- Coe usando uma peneira em uma tigela de vidro grande.
- Guarde em frascos fechados em local escuro e fresco.

Depois que a água de rosas esfriar, você pode adicionar uma colher de sopa de vodca ou álcool neutro para cada duas xícaras de água como conservante. Misture delicadamente. Guarde as pétalas, que ainda estarão cheias de nutrientes e propriedades mágicas. Espalhe sobre papel vegetal e deixe no forno a 120 graus por trinta minutos ou até secar.

Sálvia

A sálvia é uma excelente erva mágica para iniciantes na arte, mas também é uma companheira fiel para praticantes experientes. Membro orgulhoso do Jardim de Hécate, é uma das principais plantas da bruxaria de Hécate.

Fácil de conhecer, mas tem profundezas ocultas. A sálvia faz magia sem precisar de muita invocação da nossa parte, o que pode explicar a sua popularidade. Mas não a descarte por sua acessibilidade. Deixe claro que você está falando sério e ela responderá da mesma forma.

Propriedades e Correspondências

- *Nome científico: Salvia officinalis* (comum), *Salvia apiana* (cerimonial)
- *Gênero: Salvia*
- *Classificação:* Erva
- *Propriedades espirituais:* Paixão, proteção, limpeza, "abertura de caminho", clareza, fertilidade, amor, bem-estar.
- *Propriedades medicinais:* Para sangramentos, alivia dores de estômago e nas articulações.
- *Propriedades mágicas:* Limpeza, proteção, abertura.
- *Partes utilizadas:* Folhas
- *Correspondências planetárias:* Júpiter, Vênus
- *Correspondências elementais:* Ar, Terra
- *Arquétipo:* Lampadios (Portadora da Tocha)
- *Mundo:* Inferior
- *Zodíaco:* Aquário, Peixes, Sagitário, Touro.
- *Cor:* Preto
- *Pedra:* Azeviche
- *Animal:* Cachorro

Indicações

Geralmente, é seguro consumir sálvia em pequenas quantidades.

Apresentações

- A sálvia pode ser usada em infusões, tinturas chás etc. Ela é comumente queimada sozinha em "varetas", bastões, embora uma abordagem melhor seja desfazer a vareta e queimar apenas o que for necessário. O poder da bela fumaça purificadora da sálvia não pode ser descrito com exagero.
- Pode ser usada fresca ou seca para fazer tinturas, águas, feitiços etc.
- A sálvia comum e a sálvia cerimonial têm propriedades comparáveis, embora a última tenda a ser um espírito mais poderoso.
- Existem muitas variedades de sálvia, da grega à russa. Experimente as diferenças sutis nas assinaturas energéticas dos diferentes tipos.

Pharmakeia

Cultivar sálvia como um espírito protetor para o lar é maravilhoso. Escolha uma variedade que se adapte bem ao seu clima e geografia.

Para fumigar com sálvia, quebre as varinhas em pedaços individuais em vez de queimar o maço inteiro de uma vez. Limpe seu corpo com a fumaça, começando pelos pés e subindo até o topo da cabeça, movendo a sálvia em círculos no sentido anti-horário para liberar qualquer estresse e miasma presos a você. Para se proteger, faça movimentos da cabeça para baixo no sentido horário, atraindo a fumaça para um escudo ao seu redor. Use sálvia no ritual Khernips.

Amuleto da Sálvia Guardiã

Use um raminho de sálvia junto com um pedaço de obsidiana negra em um pequeno frasco de vidro preso a um cordão preto em volta do pescoço, para proteção e percepção contínuas.

Tomilho

O tomilho era uma erva de fumigação tão importante para os gregos antigos que compartilha o mesmo nome com o processo de purificação. Tem sido associado aos abelhões (*bumblebee*) desde que os guerreiros gregos usavam ambos para decorar seus equipamentos de batalha. Coloque um prato aberto com tomilho na soleira da porta para manter afastadas todas as criaturas indesejadas, materiais e espirituais. Queime tomilho como incenso para limpar o ambiente. É especialmente útil para rituais que evocam Hécate Enodia, A do Caminho. O tomilho traz ambição e coragem, dois atributos muito úteis ao longo da jornada de nossas bruxas.

Suavemente reconfortante, abre caminho para rituais e é uma erva excelente para todos os ritos sagrados. É tradicionalmente utilizada no ritual Khernips. O tomilho é um revelador da verdade e é excelente para uso na bruxaria kairós – viagem no tempo. Uma aplicação moderna dele é no trabalho de desenvolvimento espiritual e pessoal, pois estimula a honestidade consigo mesmo. Também é recomendado para jornadas de resgate da alma.

Propriedades e Correspondências

- *Nome científico: Thymus vulgaris*
- *Gênero: Lamiaceae*
- *Classificação:* Erva
- *Propriedades espirituais:* Consciência, limpeza, alívio de angústia, sacralidade.
- *Propriedades medicinais:* O óleo antisséptico diluído é bom para dores musculares e articulares, tônico para tosse (também esfregado no peito), reduz a gravidade de resfriados quando tomado no início como tônico.
- *Propriedades mágicas:* Ambição, limpeza, coragem, crescimento, lar feliz, pesadelos, força.
- *Partes utilizadas:* Folhas, flores
- *Correspondências planetárias:* Vênus
- *Correspondências elementais:* Ar, Fogo

- *Arquétipo:* Agia (Sagrada)
- *Mundo:* Superior
- *Zodíaco:* Touro
- *Cor:* Branco, malva
- *Pedra:* Ametista
- *Animal:* Gato

Indicações

Geralmente, é seguro para consumo e uso na pele. Grandes quantidades podem causar tonturas e mal-estar estomacal. Os gatos costumam gostar de tomilho, que é totalmente inofensivo para eles. Evite quantidades excessivas do óleo puro na pele, pois ele pode ser irritante, já que é rubefaciente (causa vermelhidão).

Apresentações

- O tomilho pode ser adicionado às receitas para ajudar a purificar o ar. Ao fazer isso, cante uma pequena canção para Thumon, dizendo para ele purificar todos aqueles que o consomem.
- Pode ser usado seco ou fresco. É relativamente fácil cultivá-lo como erva de cozinha e é altamente recomendado para seu jardim lunar.
- Infusões, emplastros, xaropes e muito mais podem ser feitos para liberar o espírito do tomilho.

Pharmakeia

Fumigar com tomilho, seja o queimando ou aspergindo, limpa o ambiente do miasma rapidamente e sem complicações. É recomendado para níveis moderados de sujeira, como quando sua casa está bagunçada, mas não é um desastre. Se as coisas estiverem muito caóticas, adicione manjericão e lavanda para criar um trio poderoso que certamente banirá toda a negatividade da sujeira. Use em um maço ou no ritual Khernips. O mesmo vale para um procedimento de banimento. O tomilho é mais um empurrãozinho constante do que um chute rápido (como o manjericão).

Excelente em produtos de limpeza doméstica. Adicione algumas gotas de óleo essencial a uma parte de vinagre branco e quatro partes de água mineral. Mantenha em um borrifador de vidro, pronto para banir poeira e espíritos indesejados. Para aqueles que sofrem de pesadelos, limpe o quarto com esse *spray*, incluindo a roupa de cama e especialmente embaixo da cama.

É claro que o tomilho é mais adequado para iniciar ritos sagrados que evocam Hécate e suas bruxas. Por ser uma planta de Fogo, Medeia gosta particularmente dela. Ofereça a ela, a Hécate e a outras divindades do Fogo um prato simples de queijo que você também possa comer.

Crescentes de Queijo de Cabra

Eles são muito fáceis de preparar, fáceis de transportar e deliciosos.

Ingredientes

- 1½ xícara de chèvre (queijo de cabra macio)
- ½ xícara de mel
- 2 colheres de chá de tomilho seco
- Sementes de romã

Orientações

- Esfarele o queijo de cabra em uma tigela usando um garfo, adicione o mel e o tomilho até misturar bem. Molde duas luas crescentes, uma para oferenda e a outra para você comer durante o ritual. Sirva com biscoitos ou pão pita.

Também é excelente como aperitivo para quando seu *coven* se reúne. Certamente limpa a mente, criando espaço para magia e alegria.

Verbena

A flor de Perséfone, a verbena, indicava a chegada da primavera para os antigos, anunciando seu retorno. A verbena simboliza a força de aço da bela rainha renascida. Usada pelos antigos em ritos sagrados, representa o rejuvenescimento. É um dos *pharmakoi* mais importantes da nossa botica.

Também conhecida como erva-de-ferro, é uma das plantas mais versáteis do Jardim de Hécate. É muito sensível ao toque de uma bruxa e tem mais de duzentas variedades diferentes. A verbena comum e a variedade azul são muito semelhantes, e é a elas que este verbete se refere.

Hécate Enodia

Eu a saúdo, Enodia
Ela é a Estrada,
E Guia ao longo da minha
Jornada terrestre.
Reluzindo sua tocha,
E balançando suas chaves.
Meu coração se curva ao dela.
Ela responde, como sempre,
"Siga-me".

A verbena azul é amplamente distribuída pela América do Norte como espécie nativa, mas a verbena comum também, porque foi naturalizada em muitos lugares. Aparentemente, isso se aplica ao final da minha garagem, onde um pequeno, mas determinado, aglomerado cresce – mais um sinal de que minha propriedade estava destinada a ter uma bruxa residindo nela. Provavelmente, os colonos britânicos da minha vila plantaram algumas, que depois se espalharam pela área. Mas ainda não encontrei nenhuma crescendo na natureza.

Às vezes conhecida como erva-de-ferro, a verbena simboliza uma força que parece delicada. As flores são incrivelmente resistentes. Elas são excelentes em buquês e coroas, e para enfeitar seu cabelo. A verbena fala do início do verão, trazendo o brilho da força do aço.

O fato de a verbena ser tradicionalmente usada na Alemanha na forja de aço é mais uma prova da força desta planta. Força pode ser movimento, mas, com a verbena, o poder está em interromper o fluxo de danos e criar espaço para a vitalidade. Por isso, é excelente para estancar sangramentos e curar, interrompendo o processo da doença. Também é útil para acabar com a má sorte ou qualquer sombra prejudicial que esteja sendo lançada em sua direção, melhorando assim sua vida e garantindo um lar feliz.

Para o trabalho pessoal, a verbena é ótima para acabar com as dúvidas e melhorar a maneira como você fala consigo mesmo. Também impede que problemas de sombras egoicas interfiram nos relacionamentos.

Propriedades e Correspondências

- *Nome científico: Verbena officinalis é nativa da Europa; verbena hastata*, da América do Norte
- *Gênero: Verbena*
- *Classificação:* Erva
- *Propriedades espirituais:* Comunicação, criatividade, liberdade, cura, mente, inspiração, aprendizado, otimismo, poder.
- *Propriedades medicinais:* Tônico geral, antisséptico, trata tosse brônquica, asma e problemas menstruais, estanca sangramentos, desintoxicante, diurético, limpa o fígado.
- *Propriedades mágicas:* Adivinhação, trabalho com sonhos, quebra de feitiços, magia defensiva, profecia, proteção, purificação, proteção contra bruxaria.
- *Partes utilizadas:* Planta, folhas, caules finos, galhos.
- *Correspondências planetárias:* Mercúrio, Vênus
- *Correspondências elementais:* Ar, Terra
- *Arquétipo:* Alkimos (Forte, Robusta)
- *Mundo:* Superior
- *Zodíaco:* Capricórnio, Gêmeos, Sagitário.
- *Cor:* Malva (roxo)
- *Pedra:* Ágata azul
- *Animal:* Cabra

Indicações

Geralmente segura para adultos, mas não deve ser usada durante a gravidez ou quando estiver tentando engravidar.

Apresentações

A verbena é um fármaco muito agradável, que funciona bem em todos os tipos de formulações. Ela tem um toque picante. Por isso, se o objetivo é evocar seus aspectos mais dóceis, misture com uma erva calmante, como lavanda, e adicione mel. Perséfone era muito mais que uma bela donzela; ela tinha sua própria escuridão. E assim é a verbena. Torne-a uma companheira e professora maravilhosa.

Pharmakeia

A verbena azul é uma presença frequente no meu tônico diário, servindo para equilibrar as energias femininas e ao mesmo tempo alimentando minha escrita. Um banho de verbena no solstício de verão é uma excelente maneira de celebrar sua própria soberania e a de nossas Deusas.

Adicione bastões aos maços ou queime sozinha para banir o profano e dar boas-vindas à Hécate e sua amiga mais próxima, Perséfone, especialmente em suas formas mais brilhantes. É uma erva de verão no Hemisfério Norte, florescendo de junho a setembro. Portanto, é útil para evocar a energia de dias mais brilhantes quando nos sentimos sombrios. Excelente para trabalhar perto do solstício de verão.

Poção Mágica de Circe

Uma poção mágica é uma mistura de diferentes tipos de preparações herbais. Nesta, uma tintura é misturada com uma infusão e reforçada com óleo essencial, sendo então formulada em um *spray* maravilhoso para restaurar nossos poderes sagrados de bruxaria.

É uma mistura para remover as teias de aranha dos seus poderes de bruxa por meio da magia da filha mais velha de Hécate, Circe. Use como *spray* corporal antes dos rituais para liberar seu *pharmaka* interior, limpar seu espaço sagrado e suas ferramentas. Todos os ingredientes podem ser frescos ou secos, com exceção do cravo, que é o óleo desta poção mágica.

INGREDIENTES

- Verbena
- Mil-folhas

- Açafrão
- Artemísia
- Ditamno
- Rosa selvagem
- Cravo

Instruções para a infusão

- Misture uma colher de sopa de verbena, uma colher de chá de mil-folhas e alguns estigmas de açafrão em uma xícara de água fervida.
- Despeje a água sobre as ervas.
- Coe as ervas quando a mistura estiver completamente fria.

Use esta infusão como um tônico geral, especialmente para acabar com a dúvida e falar a sua verdade. Excelente para se banhar.

Instruções para a tintura

- Coloque meia xícara de artemísia, uma colher de sopa de ditamno de Creta seco (ou um punhado de folhas e flores frescas) – se não estiver disponível, substitua por Damiana –, uma colher de sopa (ou pétalas de uma flor fresca) de rosa selvagem (substitua por rosa vermelha, se necessário) em um frasco de vidro de 500 ml.
- Despeje uma xícara de álcool ou glicerol sobre as ervas e agite bem.
- Adicione a infusão fresca.

Finalize com sete gotas do óleo. Mantenha em local fresco e seco e agite diariamente durante duas semanas. Esta é uma poção mágica excelente para fazer na Lua Cheia, iniciando o uso na Lua Negra. Quando estiver pronta, escorra as ervas e guarde em frascos de *spray* de cor escura. É um ótimo presente de bruxa para aqueles que desejam se conectar com sua Deusa interior. Boa também para dores de cabeça, especialmente aquelas induzidas por estresse ou causadas por alterações hormonais femininas.

Ritual Restaurador de Circe

Este ritual maximiza o poder da Poção Mágica de Circe. A própria Circe pode aparecer para dar conselhos e abençoar seu trabalho. É excelente para usar sempre que você se sentir esgotado ou desconectado, e para movimentar os espíritos antes de um rito mais pesado ou lançamento de feitiços.

Para utilizar na ativação, borrife seus três centros espirituais começando pela raiz (acima do osso púbico e na base da coluna), depois no centro do coração e, por fim, na coroa (do centro da testa até o topo da cabeça).

Zimbro

Sagrado para Hécate, Medeia e Circe, assim como para muitas outras divindades e espíritos, o zimbro é um elemento botânico muito útil. Os cones de sementes, conhecidos como bagas, são potentes para limpar o corpo de toxinas. Moa as bagas ou as deixe de molho para usar em tônicos. A madeira do zimbro é excelente para varinhas usadas para conjurar energia de fogo, seu elemento regente. Regido por Marte, é, portanto, excelente para promover coragem e entrar em batalha.

O zimbro é um guarda-costas fenomenal, protegendo contra todo o mal. Tradicionalmente, era usado para proteção contra bruxas e todos os tipos de espíritos malévolos. Ele era frequentemente plantado perto da soleira, e galhos eram colocados sobre a porta para afastar o mal.

Eu colho zimbros selvagens ao longo dos penhascos costeiros que cercam minha casa. Este é o *Juniperus horizontalis*, que difere do zimbro comum em aparência e padrão de crescimento, embora compartilhem atributos e aplicações semelhantes. É um dos meus *pharmakoi* pessoais. Eu o uso para tratar toxinas do corpo, da mente, do espírito e do ambiente. O zimbro tem dois estilos gerais de cultivo: alguns, como meu zimbro costeiro, se agarram a afloramentos de granito e se espalham pelo chão; outras variedades serpenteiam para cima.

O Poder do Lugar

A influência do ambiente local sobre os elementos botânicos é poderosa. Solo, clima, outras plantas, vida selvagem, paisagem e fatores humanos podem influenciar as plantas, tanto em sua forma física quanto em sua assinatura energética. Meu zimbro costeiro é cultivado com água do mar e solo denso com mica, uma dieta muito diferente daquela de seu companheiro da floresta. A influência do local sobre os elementos botânicos é um fator a ser considerado ao cultivá-los, colhê-los na natureza e comprá-los. Mais importante, essas possíveis influências devem ser exploradas ao usá-los.

O zimbro é comumente encontrado na América do Norte e na Europa. É muito usado em paisagismo, o que o torna fácil de adquirir para nossa bruxaria. A madeira de zimbro é altamente purificadora e produz uma fumaça excelente. Seus ramos podem ser utilizados para a limpeza energética da sua casa e do seu espaço de trabalho mágico. Essa é uma das minhas técnicas favoritas. Geralmente, tenho uma "vassoura" de zimbro na porta da frente que troco quando fica muito seca (então, é hora de queimá-la). Ramos e coroas são decorações tradicionais para dias sagrados e celebrações, como Samhain e Yule. As bagas de zimbro são excelentes para eliminar toxinas do corpo. E depois há o gim (feito com as bagas). O onipresente zimbo é bastante útil para a mente, o corpo e a alma.

Medeia usava zimbro em seus feitiços – por exemplo, quando ela domesticou uma cobra feroz com raminhos colocados sobre seus olhos, enquanto a regava com outras ervas e cantava seu encantamento. Foram encontradas estátuas antigas de Hécate esculpidas em zimbro. Também era especial para Circe, que o queimava como incenso. Preste atenção à prática dela: corte um raminho e o queime, fresco ou seco. A fumaça é de um branco adorável e o cheiro traz conforto, clareza e clarividência.

Outros nomes para o zimbro incluem *aiten*, *aiteal*, *aittin*, matador de bastardo, *enebro*, círculo das fadas, *hackmatack*, baga de gim, *gorst*, *genevier*, *genévrier*, *ginepro*, *gemeiner*, ruína da mãe, teixo das montanhas, *reckholder*, açafrão (só para confundir as coisas), *samh*, *savin* e *wachholde*. Os nomes zimbro anão, zimbro-de-fadas, zimbro-comum-da-montanha, zimbro-comum--de-campo-velho e zimbro-prostrado são geralmente aplicados a variedades de baixo crescimento.

Propriedades e Correspondências

Observe que a maioria dos zimbros compartilha propriedades muito semelhantes, mas os dos antigos praticantes da bruxaria hecateana eram de uma espécie diferente das mais comuns que conhecemos hoje.

- *Nome científico: Juniperus communis* e outros
- *Gênero: Juniperus*
- *Classificação:* Arbusto
- *Propriedades espirituais:* O zimbro acalma, incutindo coragem e banindo toxinas. Ativa a assertividade e estimula a alma. Ele proporciona uma experiência calmante muito diferente da lavanda, por exemplo. Protege o lar e o Eu durante trabalhos espirituais, incentiva visões.
- *Propriedades medicinais:* Nomes populares para o zimbro, incluindo "matador de bastardo" e "ruína da mãe", se referem à capacidade dele de induzir aborto espontâneo. Assim como nos usos espirituais, o zimbro bane aquilo que não serve à verdade do indivíduo. É um excelente tônico e estimula o apetite e a digestão. É um diurético e tratamento para infecções do trato urinário.
- *Propriedades mágicas:* Banimento do mal, clareza, coragem, magia defensiva, proteção, purificação, libertação, força, verdade, força de vontade.
- *Partes utilizadas:* Cones (conhecidos como bagas), resina, agulhas e madeira.
- *Correspondências planetárias:* Marte, Sol
- *Correspondências elementais:* Fogo, Terra
- *Arquétipo:* Triformis (De Três Formas)

- *Mundo:* Médio
- *Zodíaco:* Áries, Leão, Sagitário.
- *Cor:* Azul-escuro, branco creme (*off-white*), verde sálvia.
- *Pedra:* Berilo
- *Animal:* Falcão

Indicações

Geralmente, são consumidas bagas de zimbro, embora as folhas (agulhas) também sejam seguras. As bagas podem conter uma semente dura que pode grudar nos dentes. Não é seguro para pessoas com problemas renais e para mulheres grávidas ou amamentando. Nenhuma pesquisa foi feita sobre seu uso em crianças. Minha experiência com o zimbro é que ele é melhor quando usado por períodos não superiores a quatro a seis semanas.

Apresentações

Como o zimbro é uma planta tripartida, com folhas, frutos (sementes), seiva e madeira passíveis de nossa feitiçaria, as maneiras de usar esta bela árvore são inúmeras.

- Em termos gerais, as bagas são utilizadas para fazer cerveja e as agulhas, para queimar.
- Os galhos são excelentes condutores das propriedades da planta, os tornando mais úteis como varinhas para invocar poderes e se conectar às forças e aos espíritos correspondentes.
- As bagas podem ser compradas na maioria dos supermercados, caso você não consiga encontrá-las para colher. Galhos de zimbro costumam ser cortados de arbustos usados em paisagismo. Galhos mais longos podem ser usados como vassouras (vassouras sagradas) ou pendurados. Adicionar óleo essencial de zimbro em uma vela mágica auxilia todas as questões que exijam coragem, clareza e banimento.
- Infusões de bagas são úteis para a mente e para a magia. Use cerca de dez para cada xícara de água fervida.
- Tinturas que usam ¼ de xícara de bagas por xícara de gim são excelentes.

- Raspe as agulhas dos galhos para fazer infusões, decocções e tinturas.
- Colete resina para utilizá-la como selantes e emplastros.

Pharmakeia

Talvez meu uso favorito de um raminho de zimbro seja como um incenso fácil para limpar meu ambiente de trabalho e clarear minha mente, ajudando a me acalmar para trabalhar quando estou com dificuldade de me concentrar.

O sabor característico do gim vem principalmente das bagas de zimbro, por isso um verdadeiro gim costuma ser feito com elas. Use essa bebida como base para feitiços e tinturas. Misture zimbro, artemísia e carvalho para criar um excelente incenso para visões, um dos meus favoritos para uma jornada estável no mundo espiritual.

Eu mantenho uma vassoura de zimbro na minha porta para varrer todas as energias indesejadas, desde as humanas até a dos espíritos curiosos. Reúna galhos e os amarre com um cordão preto, adicionando amuletos apropriados – especialmente símbolos de Marte, a Roda de Hécate e penas de um falcão.

O zimbro é excelente para uso no ritual Khernips, em trabalhos que exigem limpeza, clareza, clarividência e coragem. A tintura de zimbro é maravilhosa como produto de limpeza. Basta adicionar a uma diluição de vinagre.

Sachê Zimbro para Banimento de Pesadelos

Afaste os pesadelos com um sachê de zimbro sob o travesseiro. Faça um de zimbro e artemísia para inspirar visões oníricas e, ao mesmo tempo, manter a proteção contra espíritos oníricos problemáticos.

A Magia

Eu sou a magia.
Tecendo o fogo da minha alma em cada fio.
Minhas emoções,
Pensamentos,
Ações
São os fios.
Somando-se a isso,
Eu costuro nos espíritos,
Nas plantas, pedras e animais,
Cores, símbolos e muito mais.
Tecendo a magia,
De dentro e de fora.
Invocando minha Deusa para guiar minhas mãos.
Sim,
Eu sou a magia.

Magia consciente é a arte, o ofício e a ciência de lançar feitiços. Todos os feitiços consistem em uma (ou mais) das três funções: banimento, proteção e bênção. O ritual Khernips é um exemplo de feitiço de banimento que remove todo o dano do seu ambiente. É um método excelente para criar o espaço sagrado necessário para feitiçaria e ritual. Quando você realiza feitiços de proteção sem primeiro banir o que é prejudicial, corre o risco de encapsular o negativo que já está ao seu redor. Banir e depois proteger. Sempre. A bênção vem na forma dos espíritos das plantas que escolhemos para nossos feitiços. Nós nos abençoamos por meio da abundância, da criatividade, da cura e do renascimento.

Magia simpática é o processo pelo qual um objeto é infundido com as qualidades de outra fonte. É vinculativo, o próprio cerne da prática da bruxaria. A amarração em si pode ser considerada um símbolo da bruxaria hecateana, já que é a ação fundamental de todos os nossos trabalhos mágicos. A doutrina das correspondências se refere às propriedades naturais inerentes aos elementos botânicos e a outros componentes usados em feitiços.

Os elementos botânicos, por outro lado, são magia direta, porque têm propriedades inerentes, bem como componentes físicos, que atuam diretamente para provocar mudanças. Quando você bebe uma infusão de lavanda e ditamno para ampliar seu poder pessoal ou se lava com uma poção glamorosa de erva-doce e rosa, não há intermediário mágico, nem necessidade de um talismã para simbolizá-lo no feitiço. Você literalmente é o feitiço, é a magia. Se um feitiço usa fumaça sagrada que libera os *pharmakoi* para fazer o que você quer, seu impacto no alvo é direto.

Vários anos atrás, comecei a realizar um feitiço anual de garrafa de bruxa que combina todas as três funções do trabalho com feitiços como um mestre de conjuração para garantir segurança e sucesso no ano seguinte. Em um frasco, adiciono plantas para cada um dos meses. O fixador é escolhido com base na energia geral que desejo criar - normalmente, um álcool associado a memórias felizes ou a um ancestral querido. Depois, adiciono espíritos de animais e pedras e, por fim, cores. Eu teço tudo isso usando o número sagrado treze, que reflete o número de meses lunares em um ano.

Em seguida, eu dou vida ao feitiço por meio de intenções e instruções conhecidas como encantamento. A voz do *pharmaka* libera o feitiço para a existência. Com cada toque, criamos nossas poções e talismãs. Toda *pharmakeia* é uma arte mágica, seja misturando energias de cura em uma decocção de alho, erva-doce e mel para acalmar a tosse de um ente querido, seja criando um pote de bruxa para aumentar sua conta bancária. A magia consiste em invocar espíritos e lhes dar instruções para realizar uma tarefa específica. Muitas vezes, criamos uma poção ou um talismã para garantir que esses espíritos continuem trabalhando em direção ao nosso objetivo após o lançamento inicial.

As Chaves para a Arte da Feitiçaria

Vontade, sabedoria e trabalho são as três chaves da bruxaria magistral. A vontade é a nossa paixão, vista em nosso entusiasmo, determinação, motivação e persistência. Sabedoria é conhecimento, intuição, inspiração e orientação, tudo combinado. Trabalho são nossas ações, o compromisso de viver é nossa verdade. Tudo o que fazemos em nossa *pharmakeia* é uma combinação dessas três chaves. Vivemos o que respiramos em nossos feitiços.

A invocação intencional de energias e o seu direcionamento para atingir um objetivo são as definições mais básicas de feitiçaria. Um feitiço é nossa intenção e energia combinadas com forças externas. Usa palavras de poder, por meio de declarações e encantamentos. Podemos pedir ajuda a Hécate e suas filhas, bem como às nossas outras divindades e guias. Feitiços criam entidades que trabalham independentemente de nós, de acordo com nossas instruções, na forma de nossas poções e talismãs. Esse é o cerne da bruxaria: invocar e comandar espíritos, sejam botânicos, das cores ou espíritos de ordem inferior, como elementais e alguns *daimons*. Eles são então transformados em um novo espírito na forma de uma poção, um talismã, um sigilo ou um boneco. Isso é muito diferente de um ritual, no qual podemos sentir os impactos muito tempo depois do término dele, mas nenhum espírito é criado para fazer nosso trabalho.

Uma intenção é o foco de um feitiço. É uma espécie de declaração de missão que se concentra estrategicamente no objetivo. Ao comandar plantas, assim como em todas as magias, é necessário falar como se a tarefa já estivesse concluída. Todos os espíritos respeitam a confiança. Ela mantém os prejudiciais afastados e aproxima seus aliados. Começar todo o trabalho dessa maneira define o tom do sucesso.

Dependendo dos espíritos invocados, você pode pedir seu favor ou comandar seus serviços. Geralmente, faço petições a espíritos e divindades de ordem superior. Para invocar a própria Hécate, sempre faço uma petição. Para comandar suas sete forças sagradas, eu instruo e dirijo, mas não pergunto. As energias dos mundos e elementos como correntes mestras são onipresentes e estão disponíveis para nosso uso sem buscar aprovação. Isso não significa, no entanto, que eu não expresse gratidão pelo apoio delas. A gratidão é uma parte essencial de qualquer feitiço eficaz. É melhor pedir a espíritos e divindades de ordem superior do que lhes dizer o que fazer.

Bênção e Maldição

Pharmakeia, como toda bruxaria verdadeira, envolve tanto bênção quanto maldição. Como reflexos do Universo, somos ao mesmo tempo sombra e luz. Nossa prática se encontra nas sombras, no espaço entre a luz e a noite. Nós residimos na encruzilhada entre o esplendor espiritual do Jardim de Hécate e o mundo material. Aqui neste lugar, ouvimos os ensinamentos dos mestres das plantas e de nossas Deusas, que nos dizem que a bruxaria não conhece certo ou errado, nem magia negra ou branca. Simplesmente *é*.

Há momentos em que nossos feitiços são de atração, nos trazendo cura, benefícios financeiros, novos empregos e entrada nos mistérios. Em outros, nossas ações são necessariamente nocivas – banindo doenças, prendendo uma pessoa tóxica a si mesma e nos protegendo de espíritos nocivos. O *pharmaka* fala sua verdade por meio de seus feitiços e aceita total responsabilidade por tudo o que faz.

Eu não costumo fazer trabalhos perniciosos envolvendo outra pessoa. Meu foco está no meu próprio caminho, sucesso e saúde. Porém, se preciso enganar para proteger a mim mesma ou aos meus amados, não hesito. Bruxaria tem a ver com persuasão – dos espíritos para fazerem o que queremos, dos deuses para pedirem seu favor e das correspondências para realizar o trabalho. É isso que é a arte da magia.

Tenho um Pote Negro de Segredos no qual guardo o que não quero que seja revelado. Tenho bonecos que estão presos a outros, que desenterro em raras ocasiões quando meus poderes mágicos de persuasão não produzem os resultados de que preciso. Eu incluo sigilos em documentos para que o resultado seja do meu agrado, sem contar aos outros envolvidos. Expulsei meus inimigos sem pedir permissão. Confie em si mesmo para determinar o melhor curso de ação para seu feitiço.

O Papel da Vinculação

A técnica básica para vincular ingredientes em um feitiço é feita por meio das instruções que damos aos espíritos com os quais estamos trabalhando. Alguns elementos botânicos são mais fáceis de direcionar do que outros. Existem *pharmakoi* especialistas que são excelentes em unir outros ingredientes de feitiços, como bétula e escutelária. À medida que você desenvolve seus feitiços, pense em como alcançará a consistência – a ligação – dos vários componentes. Como os elementos botânicos serão combinados sinergicamente?

Muitas vezes, buscamos prender outras pessoas em nossos feitiços, da mesma forma que usamos nossas instruções para controlar os ingredientes neles. Vincular é combinar e controlar. Existem muitas aplicações para feitiços de amarração, desde anexar um aliado espiritual a nós até aprisionar a energia de uma pessoa horrível sobre si mesma. Por exemplo, esse feitiço da tocha de vinculação pode ser adaptado para qualquer propósito, desde vincular dinheiro a você até resolver problemas legais ou controlar as ações de outra pessoa. Ele combina três técnicas diferentes – tocha, *taglock* (objeto de vínculo energético) e cordão –, o que lhe dá mais resistência.

O Poder dos Três

Um feitiço da tocha é aquele em que um talismã é queimado para liberar seu poder. Um feitiço de amarração, vinculação, prende a energia em um alvo usando uma representação simbólica da pessoa ou do objeto para criar uma corrente, conhecida como taglock. Um feitiço do cordão é ativado trançando e/ou dando nós em um cordão enquanto se recita um encantamento. Cada uma dessas técnicas por si só pode ser altamente eficaz. Juntas, elas são impossíveis de serem contidas.

O feitiço requer três cordões – preto, branco e vermelho –, cada um com cerca de vinte e cinco centímetros de comprimento, e uma imagem do alvo da vinculação. O cordão preto é para as emoções; o vermelho, para as ações; e o branco, para os pensamentos. Os três cordões podem ser embebidos em uma poção de bétula ou escutelária com antecedência e podem ser queimados como incenso. Adicione uma planta protetora, como carvalho, ao incenso, mas não à poção, para eliminar o risco de efeito colateral do feitiço. Acrescente outros elementos botânicos adequados às suas necessidades.

Orientações

- Mantenha-se bem protegido antes, durante e depois deste ritual para garantir que ele não volte como um bumerangue para você. Não se deixe levar pelo feitiço ou ficará preso à amarra.
- Comece com o ritual Khernips, se necessário. No mínimo, um prato de sal deve ser colocado no espaço em que você faz o feitiço, para proteção. Este é um feitiço de bruxaria emocional, então fique calmo antes de lançá-lo para evitar efeitos colaterais e desorientações. A proteção é importante, pois você está lembrando do mal que o alvo causou a você ou a outras pessoas.
- Crie um cordão de ligação trançando os fios juntos enquanto recita este encantamento:

  Pelo cordão preto,
  __________ eu envio de volta.
  Pelo cordão vermelho,
  Todos os atos de __________ estão vinculados a eles/ a mim/etc.
  Pelo cordão branco,
  Eu amarro __________, como é meu direito.
- Amarre os cordões ao redor do *taglock*, a imagem usada. Isso cria uma espiral na qual você pode colocar os elementos botânicos. Talvez seja necessário embrulhá-los em papel vegetal primeiro, torcendo as duas pontas e depois o deslizando para dentro. Esta é sua tocha.
- Depois que a tocha estiver montada, queime-a para liberar o feitiço no alvo. Enquanto a tocha queima, invoque a energia do elemento Fogo para ativar o feitiço e, em seguida, invoque o elemento Ar para levar o feitiço até o alvo. Queime ambas as pontas da tocha e depois a enterre ou descarte de alguma outra forma. Tenho uma caverna onde escondo feitiços como esse.

- Quando a trança estiver completa, enrole-a ao redor do *taglock* três vezes enquanto visualiza a pessoa enrolada no cordão, com todos os seus pensamentos, ações e sentimentos prejudiciais ligados a ela. Você pode adicionar um pedaço de casca de bétula ao redor da imagem enrolada antes de passar o cordão ao redor do *taglock*. Dê três nós no cordão quando ele estiver em volta da imagem.
- Acenda ambas as pontas da tocha. Recite o encantamento anterior até que as chamas se apaguem. Direcione a fumaça para o alvo, o envolvendo até que esteja completamente preso.
- Termine pedindo aos espíritos e divindades escolhidos que amplifiquem o feitiço.
- Polvilhe o sal ao redor do talismã para contê-lo e depois o esfregue em suas próprias mãos para separá-lo completamente do trabalho. Nunca desamarre o cordão.

A Voz da Bruxa

Ao passar pelo processo de pensar sobre o que esperamos alcançar, podemos estreitar nosso foco exatamente para o que queremos. Quanto mais precisa for a intenção, mais eficaz será o feitiço. Você muda da intenção de manifestar para a afirmação de que algo já está manifestado.

Assim, uma grande intenção alinha nossa magia, nossas ações, nossos sentimentos e nossos pensamentos, conforme eles se relacionam com o objetivo do nosso feitiço. Reservar um tempo para escrever uma ótima intenção faz toda a diferença. Seja breve e preciso. Use verbos fortes que realmente ativem os elementos botânicos escolhidos.

Falar com as forças que estamos solicitando acrescenta energia incorporada, assim como práticas extáticas, como sinais de mão e dança. As antigas bruxas de Hécate praticavam dessa maneira. Elas dançaram, entraram em transe, recitaram encantamentos e cantaram espíritos em seus *pharmakoi*. Siga os passos de dança de Circe e Medeia, se movendo e cantando seus feitiços para dar vida.

Cantar e dançar nossos feitiços acrescenta o poder vibracional do Eu médio a qualquer trabalho, tanto pela energia real do tom e das palavras quanto pelo aprimoramento do nosso foco. Você não precisa ser um cantor habilidoso – lembre-se de que Circe tinha uma voz humana que era insuportável para os deuses. Ela cantou mesmo assim e percebeu que suas plantas e animais ficavam felizes em ouvi-la. Rimas e outras características estruturais do que você diz ou canta também acrescentam poder ao feitiço.

Anatomia de um Feitiço

A melhor maneira de entender a estrutura de um feitiço bem lançado é pelo exemplo. Sinta-se à vontade para lançar este feitiço da garrafa de bruxa exatamente como eu o escrevi, usando correspondências e espíritos adequados a você e ao seu objetivo, ou inspire-se nele para criar seu próprio trabalho exclusivo.

Minha intenção com esse feitiço era:

Keeping Her Keys estará protegida de todos os danos,
com um crescimento saudável e constante que leva ao sucesso,
apoia minha comunidade e cria segurança financeira.

Houve muita coisa envolvida no desenvolvimento dessa intenção. Proteção inclui muitos conceitos, desde banir *haters* até garantir que minha saúde permaneça boa. Meu objetivo é um crescimento constante e sustentável, não uma montanha-russa de altos e baixos. Sucesso, para mim, significa fornecer conteúdo que beneficie minha comunidade e também minha prosperidade pessoal. Se há uma coisa que aprendi, é que dedicar um tempo para desenvolver minha intenção se mostra vital para feitiços eficazes. Evite se precipitar. Bruxaria desesperada raramente dá certo.

A criação mágica que conterá a energia de um feitiço é conhecida como *magikeia*. Pode ser uma poção, um talismã, um sigilo, um boneco ou até mesmo um altar. Uma das minhas formas favoritas de *magikeia* é criar um altar com uma vela, uma carta e uma planta. Isso incorpora a energia sagrada Triformis das Deusas Tríplices, representando totalidade e criação. O feitiço de três partes pode consistir em correspondências que são aditivas ou complementares. Correspondências aditivas são plantas (e outros espíritos) que têm propriedades semelhantes evocadas no feitiço, para que amplifiquem o poder geral devido à sua homogeneidade. Correspondências complementares são aquelas que possuem habilidades díspares que combinamos em um feitiço completo.

Escolhi uma garrafa de bruxa com um talismã para esse feitiço, porque ambos são excelentes para feitiços duradouros. Sobrepor, misturar e unir as correspondências garante que o feitiço funcionará por um ano inteiro.

Dependendo dos espíritos invocados, você pode pedir seu favor ou comandar seus serviços. Geralmente, faço petições a espíritos e divindades de ordem superior. Para invocar a própria Hécate, eu sempre faço uma petição. Minha experiência com Circe é que ela é facilmente invocada sempre que há bruxaria acontecendo. Medeia tende a exigir mais de nós com nossas petições. Para comandar seu *Septem Novum*, suas sete forças sagradas, eu instruo e dirijo, mas não pergunto. As energias dos mundos e elementos como correntes mestras são onipresentes e estão disponíveis para nosso uso sem buscar aprovação. Isso não significa, no entanto, que eu não expresse gratidão pelo apoio delas. A gratidão é uma parte essencial de qualquer feitiço eficaz.

Correspondências e Espíritos

Embora este livro se concentre exclusivamente na magia das plantas, a *pharmakeia* envolve evocar, misturar e fundir espíritos de todos os reinos do mundo natural. Incorporar plantas, animais e pedras em feitiços é a camada fundamental de toda a bruxaria hecateana. Neste feitiço, eu uso penas de coruja e plantas, trançando-as no feitiço usando uma poção e um amuleto que amarro na garrafa.

Eu adoto uma abordagem simples, misturando os ingredientes botânicos escolhidos na direção adequada ao seu propósito, enquanto concentro minha atenção nas propriedades que estão sendo evocadas. Ervas de banimento são misturadas no sentido anti-horário, por exemplo. Neste feitiço, me concentro puramente em atrair proteção, crescimento e sucesso, então misturo no sentido horário enquanto atraio a Lua Nova para eles. É muito trabalho mental, mas, com a prática, fica muito mais fácil. Nele, há nove partes principais, com uma planta representando cada uma delas. Eu sempre incluo o número de ingredientes no feitiço também. Nove está associado à realização, inspiração, proteção e magia lunar. Por isso, faz todo o sentido ter esse número de ingredientes para um feitiço de proteção, crescimento e sucesso.

Neste feitiço, invoco a coruja para ser minha aliada enquanto o feitiço funciona. Eu faço um amuleto com suas penas, cordão preto, vermelho e branco e vários amuletos para representar as nove partes principais do feitiço.

Em seguida, seleciono correntes e arquétipos hecateanos para a magia. (Consulte os verbetes botânicos para os arquétipos correspondentes no capítulo *Gnosis*.) Peça a Hécate e suas filhas que usem os arquétipos que são relevantes para o que desejam. Geralmente, um feitiço hecateano tem três camadas de espíritos, sendo uma delas sempre botânico.

Use sua intenção para orientar sua seleção. Restrinja as características de cada correspondente e espírito. Pense em como cada um deles funciona junto, mas também em como cada um funciona de forma independente. Crie uma teia, uma rede – desenhá-la geralmente ajuda. Honestamente, eu uso uma planilha do Excel para meus feitiços principais. Tenha em mente que todos os espíritos, desde as plantas até as Deusas, possuem seu próprio livre-arbítrio e personalidade. Às vezes, você pode não conseguir trabalhar com eles. O processo pode levar tempo, mas vale a pena.

Certifique-se de personalizar seu feitiço. Eu nunca lanço um sem incluir representações materiais de pessoas e lugares envolvidos no resultado, especialmente as pessoas e os objetos. Sangue, cabelo, aparas de unhas, pele e até urina podem ser usados. Ao adicionar esses elementos, visualize sua energia como ela estará quando o feitiço for bem-sucedido, fluindo para ele e se misturando com os outros espíritos relacionados. Inserir sigilos, palavras e outras representações do seu foco no papel funciona muito bem. À medida que o líquido os decompõe, eles se tornam parte das correntes energéticas que emanam da garrafa da bruxa. Adicione, ainda, seus sigilos e símbolos pessoais. Imagens e nomes escritos também podem ser usados, mas geralmente não são tão eficazes.

Encantamento

Depois de escolher seus espíritos e suas correspondências, é hora de escrever um encantamento ativando todas as suas energias. Ele direciona os espíritos invocados para o feitiço.

Encantamentos podem incluir palavras, ações e sentimentos. Quanto mais energia for dada à orientação, maior será a probabilidade de o espírito agir conforme as instruções. Depois que os espíritos forem escolhidos (ou aparecerem por conta própria), crie o encantamento para que cada um seja invocado especificamente. Além disso, adicione seções em que você descreve sua missão geral. Compartilho a seguir o encantamento para minha proteção, meu crescimento e sucesso como exemplo.

Eu sempre escrevo um encantamento que rima, aproveitando a energia do ritmo, além do poder das palavras faladas. Minhas rimas nunca ganharão um prêmio de poesia, mas elas cumprem sua função. Ao escrever seus próprios encantamentos, use uma estrutura que pareça adequada para você. Se não puder dizer o encantamento com autoridade e confiança, seus espíritos ficarão preocupados com sua sinceridade.

Ações encantatórias incluem métodos com correspondências e espíritos, como misturar plantas de uma maneira específica. Evocar as emoções associadas à realização do seu objetivo também é útil. Se estou fazendo uma petição a Hécate, geralmente começo com esse processo, depois passo para as divindades inferiores, para os espíritos, para os *pharmakoi* etc.

Lançando um Feitiço

Dependendo do ambiente em que você está lançando o feitiço, pode ser necessário fazer uma limpeza, e você pode precisar lançar um círculo se houver discórdia, desordem ou angústia no local onde fará o trabalho. Eu uso uma vela preta neste feitiço.

Em seguida, recito o encantamento enquanto misturo os ingredientes botânicos e crio o amuleto da coruja. Também adiciono algumas gotas do meu sangue. O feitiço me une à coruja para que ela se torne uma espécie de buscadora, realizando o trabalho do feitiço para mim e me ajudando no caminho para atingir meus objetivos. Depois que todos os componentes estão prontos, eu crio a garrafa, dizendo novamente o encantamento. É fundamental manter a visão do que será alcançado por meio do feitiço enquanto você prepara a garrafa.

Criando a Garrafa da Bruxa

Use sempre uma garrafa ou jarra limpa e transparente com tampa de boa vedação para um feitiço de atração como este. Às vezes, a tampa prende o feitiço, como em um banimento, mas neste o objetivo é manter os ingredientes livres de contaminantes. Selar o frasco com cera e/ou tecido também é útil. Não se preocupe com o fato de o feitiço não conseguir escapar da garrafa. Os espíritos internos sabem como viajar através do espaço e do tempo.

O líquido em uma garrafa de bruxa pode ser água, álcool ou até mesmo urina. A água lunar, capturada durante uma fase lunar apropriada, é fácil de trabalhar. Vários tipos de álcool também têm diferentes espíritos, então use sua intuição e consulte interpretações padrão para fazer a escolha mais sensata. Você pode ter um tipo pessoal de álcool que realmente fale à sua alma. Eu certamente tenho – costumo usar *bourbon*, como faço neste feitiço. O álcool é bom para feitiços de períodos mais longos. O vinagre também é ótimo, especialmente para banir e limpar garrafas de bruxa.

Observe que, por um período longo como esse, pode haver acúmulo de mofo. Não lance um feitiço quando isso acontecer. Em um feitiço de atração, isso é um bom sinal – a menos que cheire mal. Para feitiços de repulsão, como banimentos ou remoção de barreiras, cheirar mal significa que o feitiço está funcionando.

Embora eu use aqui uma garrafa de bruxa, o mesmo processo pode ser seguido para outros tipos de feitiços, incluindo sigilos, sachês e bonecos.

Meu encantamento é assim:

Eu lanço este feitiço quando a lua é nova,
Grande Selene, agora eu a invoco.
Derrame sua luz fresca em meu pedido,
Eu chamo você em nome de Hécate.

Sua energia flui para essas plantas.
A cada gota, meu feitiço cresce.
Eu a saúdo, Pharmakoi Kyrios,
Saiba que sua hora finalmente chegou.
Junte-se ao meu feitiço, seu descanso já passou.
Preste atenção às minhas palavras, eu ordeno.
Faça com que esse feitiço seja forte e verdadeiro.
Sábia sálvia, primeiro a ti eu chamo,
Empreste sua força e purifique tudo.
Zimbro, concede-me conhecimento daqueles que têm más intenções,
Limites impostos; inimigos estão longe.
Dedaleira, seus poderes eu agora rasgo,
Cura e harmonia em minha mistura,
Minha linda e venenosa amiga bruxa.
Benjoim, resina de longe,
Adicione seu foco e calma a partir de hoje.
Bétula, criatividade e crescimento de você eu tiro,
Adicione sua sabedoria a este feitiço.
Artemísia, a planta mais potente,
Crescimento poderoso você agora concede.
Folhas de louro que adiciono para bênçãos e muito mais,
Eu imploro que envie verdade e gentileza.
Rosa, flor mais bela, peço que compartilhe
Apoio e bênçãos, tudo o que você puder dispensar,
Não só para mim, mas para todos aqueles que aqui entram.
Carvalho, conceda segurança e sucesso de agora em diante,
Poderosa árvore de magia eu agora invoco.
Grandes plantas, eu mexo e amarro,
Misturando seus espíritos, o da lua e o meu.
Meus companheiros espirituais e amigos ansiosos,
Eu os louvo por tudo que vocês emprestam.
Lua mais bela, envie este feitiço em um voo,
Liberando-o através da sua luz eterna.
Este feitiço foi lançado,
O trabalho está finalizado,
O que está vinculado não pode ser desfeito!

Tipos de Feitiços

Em geral, os feitiços são bênçãos (atraem coisas para nós) ou banimentos (afastam coisas de nós). O foco do feitiço é a energia dominante. A maioria dos feitiços pode ser adaptada para ser uma bênção ou um banimento. Limpeza e purificação, assim como no ritual Khernips, é um feitiço de banimento para remover todo o miasma. Banir o que causa dano deve sempre ser feito antes de se envolver em qualquer tipo de bênção. O tempo todo queremos nos livrar do que é nocivo e, ao mesmo tempo, acolher o que é belo, não importa como isso seja definido por nós. Aqui, estão alguns dos tipos mais comuns de feitiços:

- *Abundância:* Prosperidade é um conceito muito pessoal; o que representa abundância para mim pode parecer pobreza para você. Uma base de azeite de oliva, com ingredientes botânicos adicionais correspondentes às suas necessidades, é um superatrativo de abundância. Coloque uma tigela aberta no coração da sua casa.
- *Atração:* Feitiços de atração podem incluir qualquer coisa que queremos atrair para nós, desde um parceiro romântico até um novo emprego. O louro pode ser usado para praticamente qualquer feitiço de atração. Escreva seu foco em uma folha e a use em um cordão em volta do pescoço ou carregue no bolso. O louro perto do coração funciona excepcionalmente bem.
- *Amarração/vinculação:* Bétula e escutelária são excelentes amarradores. Adicioná-los a qualquer feitiço de restrição – porque é isso que é amarração – garantirá o sucesso.
- *Crescimento/desenvolvimento/expansão:* Não importa se você deseja desenvolver um negócio ou um atributo pessoal, como autoestima, os feitiços de crescimento são projetados para nutrir seja lá o que for. O tomilho, junto com plantas específicas para seu objetivo, é fantástico para o crescimento. Unte uma vela com tomilho e azeite de oliva e acenda diariamente enquanto se concentra em seu objetivo.

- *Acelerar:* Paciência pode ser uma virtude, mas há momentos em que precisamos acelerar as coisas. Sementes de erva-doce colocadas em um círculo sobre uma imagem de algo que precisa acontecer rápido funcionam bem.
- *Cura:* A cura é complexa. Podemos precisar banir ou abençoar, ou ambos, dependendo do problema. Alguns elementos botânicos, como alho e mil-folhas, costumam dar certo para todos os tipos de cura.
- *Manifestação:* Criar algo do nada é pura magia. Feitiços de manifestação podem incluir uma variedade de propósitos, desde encontrar objetos perdidos até se sentir grato quando as coisas estão um caos. Rosa e agrimônia são boas manifestadoras para todos os fins.
- *Mediunidade:* A comunicação com o Outro Lado, especificamente falar com os espíritos dos mortos, pode ser ampliada por meio de feitiços que aprimoram nossas habilidades nesse aspecto da caminhada com a morte. Ditamno e lavanda são especialmente úteis (veja o chá Atravessando o Véu no verbete sobre hortelã-pimenta).
- *Proteção:* Banir significa remover o que é prejudicial, enquanto proteger se refere a mantê-lo continuamente afastado. Os elementos botânicos de proteção, de modo geral, incluem sálvia e a maioria dos venenos mais fortes, como mandrágora americana e dedaleira. A fumigação do ambiente e do corpo, que envolve e vincula as propriedades dos *pharmakoi* protetores usando sua fumaça sagrada, enquanto descreve a proteção que está sendo aplicada, funciona muito bem.
- *Habilidades psíquicas:* Muitos elementos botânicos trabalham para fortalecer nosso Terceiro Olho. Se você estiver sentindo o seu corpo bloqueado, crie um talismã de emplastro de artemísia embebendo um tecido em uma decocção forte e o colocando no meio da testa por cerca de vinte minutos, deitado de barriga para cima com os joelhos levantados.

- *Remoção:* Esses feitiços envolvem todos os tipos de banimento do indesejado. A hortelã pode ser usada para praticamente qualquer tipo de remoção. Coloque uma imagem do que precisa ser banido no fundo de uma pequena caixa preta e cubra com hortelã enquanto visualiza o alvo sendo removido da sua vida. Feche a caixa e depois a descarte.

- *Reversão:* Essa técnica é usada sempre que precisamos mudar o curso dos acontecimentos, modificar nossos sentimentos ou desfazer nossas ações. Encha uma tigela preta pequena com plantas adequadas ao seu propósito. Usando o dedo indicador da mão esquerda, desenhe uma espiral invertida (sentido anti-horário) enquanto declara sua intenção. Se possível, queime os elementos botânicos; caso contrário, descarte-os.
- *Transmutação:* Há momentos em que temos uma abundância de algo que precisamos transformar em outra coisa. Se alguém estiver sendo odioso com você, por exemplo, transforme essa raiva em afeição dando a essa pessoa um presente composto de plantas amorosas, como áster ou rosa. Claro, você terá encantado esse presente com instruções sobre como exatamente as emoções e ações dessa pessoa serão transmutadas. Funciona perfeitamente.

Magia da Vela Botânica

O processo de infusão de bebidas botânicas em velas (*pharmakeia lucerna*) é uma das formas mais versáteis de feitiçaria. Você pode usar velas perfumadas, desde que contenham essências botânicas reais, para evocar os espíritos e direcioná-los para o seu feitiço. Mais eficaz é adicionar à vela os elementos botânicos que você escolheu para o feitiço. A técnica mais simples é colocá-los ao redor da base da vela, extraindo suas propriedades e então os mesclando com a vela por meio de suas instruções intencionais.

Velas nas cores elementais são excelentes escolhas, pois você pode invocar o espírito elemental correspondente, além do Fogo. Escolha uma que combine com o método. Se você estiver fazendo um feitiço único, use as que tenham um tempo de queima curto, como uma vela de difusor ou uma vela pequena. Você também pode cortar velas finas maiores.

Velas Adornadas

Comece limpando a vela de qualquer miasma, se necessário, esfregando sal ou terra nela. Em seguida, sintonize a vela para pharmakeia usando um fixador, como azeite de oliva, se concentrando em adicionar os poderes do fixador à vela enquanto você esfrega. Use um movimento circular no sentido horário para trabalhos de atração ou um movimento anti-horário para remoções, e alterne entre os dois para magias que são uma combinação.

Cubra a vela com os ingredientes botânicos escolhidos, certificando-se de que a mistura esteja moída em pedaços pequenos. Pedaços maiores podem queimar quando a vela estiver acesa, especialmente se ela for estreita. Espalhe a mistura em um pedaço de papel-manteiga e inclua um pouco do fixador, cobrindo apenas levemente os ingredientes botânicos. Role a vela para frente e para trás sobre a mistura, se concentrando em ativar os poderes dos espíritos das plantas e os direcionando para a vela. Depois, a enrole firmemente no papel-manteiga. Com velas cilíndricas, você pode aplicar mais força para que os ingredientes botânicos realmente se misturem a elas. Quando estiver satisfeito com a aparência, embrulhe a vela novamente até a hora de usá-la. Você também pode adicionar um pano preto protetor.

Velas de Infusão

Para infundir os ingredientes botânicos em uma vela, a aqueça suavemente no forno. Isso é complicado com velas finas, mas funciona bem com as que tenham pelo menos cinco centímetros de diâmetro. Aqueça o forno a 150 graus e siga o protocolo de preparo. Quando estiver satisfeito com a aparência, embrulhe a vela bem firmemente com papel-manteiga e depois com papel-alumínio. Certifique-se de selar cada extremidade, torcendo firmemente.

O tempo de aquecimento pode variar, então ajuste o *timer* para cinco minutos e verifique a cada minuto, mais ou menos, virando a vela com frequência se ela estiver deitada. Quando perceber que ela está levemente macia ao toque, gire-a. Você pode montar um ninho de papel-alumínio para segurar a vela no lugar. Quando ela estiver ligeiramente macia por toda parte, retire do forno e role mais um pouco. Tire do papel-alumínio e role a vela mais algumas vezes, depois abra o papel-manteiga e faça os ajustes finais para ficar satisfeito com a aparência. Adicione sigilos, amuletos, pedras etc., como desejar. Deixe a vela esfriar completamente. Depois, você pode embrulhá-la em papel-manteiga novo e/ou pano preto para guardar até a hora de usá-la.

Velas Simples e Infalíveis

Essas velas são ótimas sozinhas, mas adicionar uma mistura botânica adequada ao seu propósito é fantástico. Para criar velas pretas, adicione cerca de meia colher de chá de carvão ativado de qualidade alimentícia à cera derretida. Algumas gotas de água de rosas ou concentrado de romã podem ser adicionadas para velas rosas ou vermelhas. Experimente outros corantes naturais para outras cores, como mirtilo (roxo), açafrão (amarelo) e clorofila (verde).

Elementos

- Pequenas latas de metal com tampa, molde de silicone ou potes de vidro resistentes ao calor (2,5 cm ou mais de profundidade)
- Velas de difusor (cerca de uma dúzia) e/ou *pellets* de cera de abelha

Orientações

- Prepare sua mistura usando óleos essenciais e plantas secas moídas em pedaços pequenos.
- Preaqueça o forno a 120 graus e forre uma assadeira com papel-manteiga.
- Crie seu espaço de trabalho sagrado acendendo uma vela de proteção, limpando o espaço etc. Trabalhar em um pano preto é sempre uma boa ideia.
- Retire as velas dos recipientes de alumínio e corte em pedaços, guardando os pavios.
- Disponha as velas cortadas e/ou a cera de abelha (eu uso cerca de ⅔ de cera de abelha e ⅓ de vela) no recipiente à prova de calor. Se você usar flocos de soja em vez de velas, uma mistura de uma parte de cera de abelha para uma parte de soja funciona bem.

- Coloque no forno (existem muitas outras maneiras de derreter cera, mas esta é a mais fácil).
- Depois que a cera derreter, a retire do forno e misture os ingredientes botânicos usando um espeto de madeira.
- Adicione um pavio no centro. Você também pode usar vários pavios.
- Deixe esfriar por alguns minutos. Geralmente, aproveito esse tempo para dar os retoques finais nas ervas que serão usadas nas velas. Assim que a cera começar a formar uma película na superfície, coloque um pouco da mistura seca sobre ela.
- Deixe esfriar completamente e cubra.
- Elas são ótimas para feitiços, ritos sagrados e trabalho devocional diário. Também podem ser usadas no lugar do incenso.

Se você não puder acender velas, faça discos que derretem usando as latas ou um molde de silicone (há muitos formatos incríveis disponíveis) seguindo o mesmo procedimento anterior, mas omitindo os pavios. Derreta os discos os aquecendo, por exemplo, em um recipiente especialmente projetado ou até mesmo em uma almofada térmica. O vapor liberado atua da mesma forma que a fumaça.

Para fazer velas "mergulhadas" ou usar recipientes não resistentes ao calor, use a técnica de banho-maria (descrita na página 86) para derreter a cera e, em seguida, adicione os ingredientes botânicos. Mergulhe o comprimento desejado do pavio na cera repetidamente, até obter a espessura apropriada, ou despeje a cera em recipientes de vidro, como potes.

Lançando um Feitiço de Vela

Feitiços com velas, como todos os outros, começam com uma grande intenção. Então, invoque o Fogo e o direcione para o seu feitiço, liberando a energia na onda do elemento ígneo, adicionando o poder do Ar pela fumaça. As correspondências que você escolher seguirão essa linha: a cor da vela, as propriedades botânicas e os sigilos e símbolos que adicionar. Esses espíritos são combinados e direcionados por meio de um encantamento.

Depois de ter sua vela e intenção ou seu encantamento prontos, limpe o espaço, se necessário, usando o ritual Khernips, depois relaxe no ambiente purificado. Caso seja preciso, queime uma planta protetora para manter as energias prejudiciais afastadas. Agora acenda a vela. Enquanto você observa a chama, se concentre em sua intenção, encantamento ou petição. Se estiver evocando divindades como as Deusas Tríplices, ou outras energias como a lua ou os elementos, a hora de invocar é agora.

- Comece com as divindades, depois os espíritos, as forças astrológicas (por exemplo, a lua, Mercúrio) e, por fim, os espíritos terrestres. Sempre invoque o elemento Fogo, o conectando à vela acesa. Diga: *Vela, vela, queimando forte, me conceda este feitiço que eu falo esta noite.*
- Explique a cada um dos *pharmakoi* escolhidos a tarefa que você tem para eles. Sente-se em silêncio, contemplando o objetivo do seu feitiço. Projete imagens fortes em sua mente sobre o que você está manifestando na vela. Pense exatamente em como a intenção será manifestada em sua vida.
- Concentre-se nas imagens, nos sentimentos e nas ações associados à manifestação do seu feitiço enquanto olha fixamente para a chama. Ao fazer isso, coloque as mãos delicadamente em ambos os lados da vela, de modo que suas palmas fiquem planas ou em concha ao redor dela. Comece a transferir suas energias, através do seu corpo, para suas mãos e depois para a própria vela. Isso garantirá que a vela esteja sintonizada com você.
- Se for um feitiço único, continue esse processo até que a vela queime completamente. Como parte de um feitiço de período mais longo, cerca de cinco minutos por dia geralmente são suficientes.
- Depois que seu feitiço for lançado, comece a estudar a chama, a fumaça e a cera. Relaxe na chama, inalando os aromas dos elementos botânicos e permitindo que as mensagens sejam transmitidas. Fique calmo, mas consciente.
- Estude a direção da fumaça e sua composição. A fumaça deve ser direcional, indicando que está indo na direção das

correntes usadas no feitiço. Se estiver apenas flutuando, trabalhe para direcioná-la.

- A direção, o tamanho e a consistência da chama também fornecem mensagens dos espíritos e revelam a força do feitiço.
  - Se a vela se apagar sozinha, acenda novamente e reponha nela a energia da sua intenção.
  - Se queimar depressa, a energia que você colocou nela será liberada mais rapidamente e o feitiço funcionará da mesma forma.
  - Se queimar lentamente, a energia será liberada de forma lenta e uniforme e retornará a você suavemente e ao longo do tempo.

Descartar ou manter os restos de uma vela usada depende da natureza do feitiço. Velas utilizadas em magias de remoção devem ser descartadas imediatamente. Para feitiços de atração, como amor e prosperidade, você pode colocar os restos no altar até que o objetivo se manifeste.

Bonecos Botânicos

Os bonecos são mais bem utilizados quando você quer ter controle sobre alguém diferente, seja humano ou espírito. Para esta magia, mantenha um foco claro no controle. Um exemplo é amaldiçoar alguém para que experimente todo o mal que causou aos outros. Se estiver criando um boneco de cura, inclua símbolos e *taglocks* do foco – por exemplo, espalhe uma gota do sangue do alvo no "coração" do boneco com um encantamento para aliviar alguém que sofre de problemas cardíacos. É claro que essa mesma gota de sangue pode ser usada para causar problemas cardíacos. Tome cuidado. Magia é magia. As intenções são o que dizem a ela o que fazer.

Com os bonecos, você precisa listar os aspectos do alvo que você vai controlar. Eles podem ser aditivos – levando o alvo a novos pensamentos, sentimentos e ações – ou subtrativos – interrompendo hábitos específicos. Considere como esses controles complementarão a natureza existente da pessoa ou do espírito. Por exemplo, ao criar um boneco de maldição, a intenção pode ser que a pessoa não se envolva mais em comportamentos prejudiciais (subtrativo) e suporte o peso do dano que causou anteriormente (aditivo). Um aspecto complementar seria incluir que a raiva da pessoa (já existente) se torne direcionada para dentro.

Um boneco espiritual que tem a intenção de conter completamente uma entidade deve incluir claramente uma declaração, na intenção que indique isso; caso contrário, resquícios dela ainda vagarão livremente. Essa abordagem é particularmente útil para espíritos nocivos, como sombras e fantasmas malévolos. Por exemplo, você pode usar palavras como:

Ao espírito que me assombra, eu o lanço neste boneco,
você não está mais livre para vagar. Você entra no
boneco e eu controlo você de agora em diante.

O boneco é uma armadilha espiritual. Para aproveitar a energia de um espírito e, ao mesmo tempo, deixá-lo reter seu livre arbítrio, é preciso animar parte dele e deixá-lo inteiro. A intenção deve ser formulada para refletir isso. Por exemplo:

Lancei neste boneco o espírito da artemísia,
o ligando à minha magia.

Usar um boneco para aproveitar os poderes de um espírito ou divindade, para que eles estejam sempre sob seu controle, é outra intenção adequada. Para isso, use palavras como estas:

Eu vinculo os poderes da magia venenosa de Medeia
a este boneco, os reivindicando como meus.

Elaborando um Boneco

Os bonecos podem ter um *design* incrivelmente simples ou muito complexo. O mais simples é basicamente qualquer suporte que seja ativado para seu propósito. Uma barra de sabão de glicerina pode ser esculpida com símbolos. Um quadrado de tecido, conhecido como *paquet*, pode ser usado o enrolando em um *taglock* e amarrando.

Normalmente, um boneco assume a aparência física básica do alvo, como um corpo humano. Uma técnica simples é moldar uma cabeça, enchê-la com uma noz (por exemplo, uma noz para trabalho mental ou espiritual) e então amarrá-la e vinculá-la à pessoa ou espírito.

Tecido, argila e cera são fáceis de trabalhar. Considere a natureza do alvo. Tecido e argila são ótimos para fazer bonecos duradouros. A cera é excelente para um temporário ou para um boneco que será destruído. Tendo em mente a natureza do alvo e sua intenção, escolha correspondências que aumentem o poder do seu feitiço.

- *Tecido:* Preto para maldições, proteção, banimentos, amarras e a maioria dos tipos de bruxaria. Branco para pureza e revelação. Verde para abundância. Rosa para compaixão. Azul para comunicação. Amarelo para iluminação. Roxo para soberania e poder pessoal. O tecido pode ser o *taglock* – usar uma camiseta velha ou uma meia são dois exemplos. A linha e o barbante utilizados também devem corresponder à intenção.
- *Os Elementos Botânicos:* Escolha aqueles que provavelmente durarão tanto quanto o feitiço precisar. Os frescos murcham à medida que desidratam, por isso os secos são melhores para manter a integridade do boneco. Raízes cortadas e secas, como a cimicífuga (sagrado feminino, que alivia problemas da mulher e que se conecta com elas), funcionam bem. Uma raiz inteira de maçã-de-maio, cenoura selvagem, *yellow dock* e outras também podem ser usadas. Esculpa símbolos e adicione o *taglock*. Para bonecos de curto prazo, pode optar por vegetais como batatas e cenouras. Os elementos botânicos podem incluir artemísia (proteção, toda forma de bruxaria), mil-folhas (cura, profecia), rosa mosqueta (amor, proteção, desintoxicação), casca de bétula (poder pessoal, ligação) e pinhas (prosperidade). Nozes e sementes que sejam adequadas à intenção também podem ser usadas.
- *Pedras:* Elas podem representar a mente, o coração e os órgãos físicos. Escolha aquelas que funcionam com sua intenção: ágata azul para comunicação, acalmar a mente, controlar a mente de outra pessoa; quartzo rosa para criar energia amorosa, seja para persuadir seu alvo em sua direção ou para criar sentimentos de amor-próprio nele; obsidiana negra, azeviche, carvão vegetal ou carvão para remoção de magia de todos os tipos, de proteção a maldições.

- *Símbolos:* Eles podem ser desenhados, costurados ou esculpidos no boneco. Por exemplo, signos astrológicos, números, geometria sagrada etc.
- *Preenchimento:* Os ingredientes botânicos para encher os bonecos de pano podem ser complementados com pedaços extras do tecido usado para fazê-los, além de algodão, arroz e feijão.
- *Características:* Faça com que o boneco se assemelhe o máximo possível aos alvos. Eles são baixos ou altos? Gordos ou magros? Use um prendedor de cabelo. Desenhe características semelhantes ao alvo. Utilize botões que combinem com a cor dos olhos da pessoa.
- *Roupas:* Outra maneira de garantir sua eficácia é vestir o boneco para que ele se pareça com o alvo. Tiras de pano podem ser usadas para o processo de amarração. Recite sua intenção enquanto veste o boneco. Escolha um tipo apropriado de tecido e cor.

Depois que a intenção e o *design* estiverem definidos, escolha a hora e a data que funcionam melhor para você, considerando as influências astrológicas e os significados das datas (por exemplo, sexta-feira é o dia de Vênus, bem adequado para bonecos que são feitiços de amor). Depois, reúna seus materiais e sua intenção escrita. Gosto de inserir uma versão em miniatura da intenção como o coração do boneco.

Ao criá-lo, visualize os resultados da sua bruxaria. Como seu alvo irá se curar ou sofrer? Como os espíritos presos funcionarão para você?

Ativando um Boneco

Depois de concluído, ative o boneco com palavras de poder que dão vida a ele. Escreva um encantamento que seja firme e diretivo. Use verbos fortes e frases curtas. O boneco deve ser bem controlado por você para que funcione. Aqui está um exemplo:

Agora completo, este boneco ganha vida,
ligado ao que é meu alvo. Firmemente sob meu controle.
Enquanto eu falo, isso se torna real.

Você também pode ungi-lo com óleos ou águas apropriados, ou até batizá-lo. Bonecos são feitos para serem manipulados por seus donos, a menos que o objetivo seja prender um alvo completamente a si mesmo. No mínimo, você deve segurar o boneco enquanto ativa seus poderes e sempre que o alvo exigir atenção, ou quando você desejar aproveitar o poder do boneco. Esfregar os olhos para ajudar outra pessoa a obter clareza, ungir a coroa para encorajar a sabedoria, acalmar a mente ou perfurar o coração para infligir dor também podem ajudar.

O boneco pode ser destruído para cortar completamente sua conexão com o alvo ou para causar sua destruição, seja em relação a uma ação específica ou não. Ele pode ser trancado em um caixão ou uma caixa para impedir que o alvo aja. Essa armadilha espiritual é boa para entidades problemáticas. Enterrar esse tipo de boneco funciona bem.

Para controle de longo prazo de um alvo, o boneco precisa de uso regular e pode exigir reforços energéticos por meio de unção ou pulverização com um elemento botânico apropriado. Mantenha-o em local seco e longe da luz solar. Se o boneco estiver desempenhando uma função específica, como proteger objetos mágicos ou cuidar de uma criança, o deixe por perto.

Boneco de Espírito Botânico

Este boneco é produzido enchendo o tecido com a planta de sua escolha. Isso cria um espírito serviçal que é feito puramente do deva (alma arquetípica) da planta. Isso é mais adequado para plantas com personalidades fortes e é mais útil para aquelas que você não pode cultivar em seu ambiente.

Sr. Philip Mandrake

Meu boneco pessoal é o Sr. Philip Mandrake,
que guarda meus objetos mágicos mais preciosos.
Ele reside com eles, os mantendo seguros e energizados.
Falo com ele regularmente. A mandrágora é uma planta
muito obstinada que precisa de um manejo rigoroso,
mas é mais útil como um espírito para vigiar a bruxaria.

Orientações

- Escolha um *pharmakoi* que fale com você e/ou represente a energia que deseja controlar à vontade.
- Decida se este boneco será um companheiro constante ou para uso apenas em ocasiões específicas. Os bonecos podem ser amigos e guias com os quais interagimos diariamente ou podem ter uso limitado.
- Pesquise as propriedades e use sua intuição para selecionar um elemento. Quando sua intenção e seu planejamento estiverem prontos, crie o boneco.
- Ao encher o boneco com a planta, o anime como um espírito consciente e "com alma", mas sem livre arbítrio (a menos que você queira que ele aja de forma independente). Imagine os recortes de plantas se combinando em uma entidade viva, se fundindo com o tecido e os símbolos. Seja diretivo durante todo esse processo, para que o boneco não fique teimoso demais para ser controlado.
- Quando terminar, dê o comando para o boneco executar sua função.
- Use o boneco regularmente para lembrá-lo de sua função.
- Destrua o boneco quando a missão for concluída ou se ele ficar fraco demais para ser reanimado ou se for muito teimoso. Nesse caso, é melhor queimá-lo.

A Profecia

Senhora, invoco suas Sibilas.
Conceda-me a companhia delas agora.
Aceite minha gratidão por me receber em seu rebanho.
À Sibila da Terra, Guardiã da Chave das Visões
da Terra, eu a invoco agora.
À Sibila da Respiração, Guardiã da Chave
das Visões do Ar, eu a invoco agora.
À Sibila da Chama, Guardiã da Chave das
Visões do Fogo, eu a invoco agora.
À Sibila das Profundezes, Guardiã da
Chave das Visões da Água, eu a invoco agora.
À Sibila da Caverna, Guardiã da Chave das Visões
do Mundo Inferior, eu a invoco agora.
À Sibila do Jardim, Guardiã da Chave das
Visões do Mundo Médio, eu a invoco agora.
À Sibila do Caminho Estrelado, Guardiã da Chave
das Visões do Mundo Superior, eu a invoco agora.
Eu reivindico meu lugar entre vocês.
Mostra-me os mistérios, guia-me para uma compreensão
mais profunda, ensina-me os teus caminhos.

Hécate é a Fiandeira do Destino. Ela gira sua Roda de acordo com suas leis, compartilhando sua sabedoria com suas bruxas que buscam os poderes do místico com seriedade. Suas sacerdotisas-profetisas dos tempos antigos eram conhecidas como Sibilas. Quando abraçamos nossos poderes psíquicos, entramos na Roda, buscando conhecer o desconhecido por meio da profecia e reivindicamos nosso lugar entre as Sibilas. Assim como as Sibilas de antigamente, vivenciamos visões tanto por meio da comunicação direta com Hécate e os espíritos quanto por meio da magia simpática de nossas ferramentas escolhidas, como as cartas.

Os trabalhos oraculares, as revelações profundas de futuros possíveis, podem ser avassaladores quando vivenciados. Há um custo para esses dons de Hécate, que muitas vezes são sentidos como um tipo de loucura temporária, uma sensação de estar incrivelmente esgotado ou de estar conectado a todas as coisas. Pode até se manifestar como doença física. As Sibilas conheciam bem essa loucura. Procure o conselho delas para ajudar você a lidar com os sintomas do aprofundamento dos poderes psíquicos. Preste atenção aos avisos sobre ir muito fundo e muito longe. Trabalho oracular intenso deve ser reservado para ocasiões raras.

O louro é ótimo para estimular o trabalho psíquico, mas ele pode ser amplificado ungindo as folhas (secas ou frescas) com óleo essencial de lavanda e olíbano. Folhas secas assim preparadas podem ser queimadas como incenso. Use uma folha seca ungida como talismã em um cordão vermelho em volta do pescoço, a ativando com sigilos e símbolos psíquicos.

Óleo do Destino (Fates)

Faça este óleo misturando sete gotas de olíbano, sete gotas de lavanda e três folhas de louro em cerca de meia xícara de azeite de oliva. Deixe os óleos se fundirem e serem ativados durante a Lua Cheia, por uma semana. Unte seu Terceiro Olho com ele antes de qualquer trabalho espiritual. Você também pode usar isso para criar um "emplastro sibílico" embebendo um pedaço de pano no óleo, ou utilizá-lo para ungir todas as suas ferramentas proféticas, de cartas a cristais.

Banho de Magia Psíquica

Faça um banho ritual para induzir o transe profético adicionando sete folhas de louro à água, junto com sete gotas de óleo essencial de lavanda e sete gotas de óleo essencial de olíbano. Beba um pouco de Chá Atravessando o Véu (veja na página 176) antes do banho para aumentar ainda mais sua experiência de transe.

Lendo as Folhas

A leitura de plantas em busca de suas mensagens proféticas é praticada de muitas formas na bruxaria hecateana. O resíduo das preparações que fica no fundo de uma xícara pode ser usado para se conectar com as Deusas Tríplices e com o Outro Lado. O Chá Atravessando o Véu é excelente para essa prática. Beba uma xícara e então permita que seu Terceiro Olho se concentre no que resta no fundo.

As antigas Sibilas eram conhecidas por usar folhas de louro para adivinhar o futuro. Elas as lançavam em quantidade, prática conhecida como cleromancia, as utilizando como um conector para a sabedoria da Deusa. E então escreviam as mensagens recebidas nas folhas e as deixavam para o destinatário na entrada de suas cavernas sagradas.

Adapte essa prática marcando folhas com palavras, sigilos e símbolos. Guarde as folhas em um saco preto e as retire enquanto se concentra na sua consulta.

Você pode evocar os muitos arquétipos de Hécate, sua *nobilis coterie*, infundindo folhas de louro com seus mistérios:

- *Hécate Astrodia* representa o Mundo Superior, com mensagens de sabedoria, misticismo, contemplação, propósito e ritos sagrados. Ela fala com o futuro, revelando seus mistérios como a Senhora do Destino.
- *Hécate Enodia* simboliza a energia do Mundo Médio de posses materiais, carreira, relacionamentos e ação. Ela fala sobre o presente.
- *Hécate Chthonia* se refere ao Mundo Inferior e às transmissões relacionadas a emoções, cura, bruxaria, intuição e renascimento. Ela fala sobre o passado.
- *Hécate Kleidoukhos*, como Guardiã das Chaves, representa o elemento Ar e fala sobre a mente, a comunicação, a educação, o conhecimento e a transformação.
- *Hécate Lampadios*, como a Portadora da Tocha, está relacionada ao elemento Fogo e carrega mensagens sobre soberania, poder, mudança, crescimento, criação, destruição e orientação.
- *Hécate* Álquida, a Forte, representa o elemento Terra e fala de aceitação, coragem, esforço, resistência e força.

- *Hécate Einalia*, Rainha das Profundezas, simboliza o elemento Água, trazendo transmissões sobre assertividade, traição, o eu sombrio, causas raízes e segredos.

Hécate Astrodia

Querida Astrodia,
Caminhante nas estrelas
Mãe Lua.
Majestade Misteriosa,
Como posso contemplar você com minha mente humilde?

Montando seu Próprio Grupo Espiritual (Coterie)

Reunir um conjunto de espíritos botânicos que lhe transmitem profecias é incrivelmente recompensador. Este pode ser um processo intuitivo, em que o significado do elemento botânico é atribuído simplesmente conforme ele fala com você, ou pode ser fundamentado em suas propriedades padrão. Meu conjunto é uma mistura de ambos. Sementes, nozes, pequenos galhos, pedaços de raízes e folhas resistentes são excelentes para incluir no círculo. Seguem alguns exemplos de *pharmakoi* adequados para um grupo com suas energias dominantes para adivinhação:

- *Fruto do carvalho:* Autoridade, confiança, independência.
- *Mandrágora americana:* Fertilidade, revelação, segredos.
- *Pedaços de benjoim:* Equilíbrio, correção, reparações.
- *Casca de bétula:* Crescimento, propósito, tranquilidade.
- *Cimicífuga (Black Cohosh):* Feminilidade, Deusa, amor.
- *Sementes de dedaleira:* Inteligência, passado, viagem no tempo.
- *Bagas de zimbro:* Banimento, clareza, força.
- *Pinhas:* Criatividade, harmonia, reconciliação.
- *Sementes de romã:* Vida após a morte, destruição, perdão.
- *Sementes de papoula:* Sonhos, sexo, visões.
- *Noz:* Clareza, fertilidade, espíritos, mente.

Na antiga bruxaria hecateana, uma coleção de objetos como esses, usados em adivinhação, eram chamados de cleromancia e eram utilizados na prática de lançar sortes para revelar o futuro. Essa prática, mais popularmente conhecida como "jogar os ossos", era frequentemente realizada em oráculos e pelas Sibilas para se conectar com os deuses e pedir às Parcas (Moiras) que anunciassem seus segredos.

Vidência na Fumaça

Não há nada mais hecateano do que relaxar nas chamas de uma grande fogueira e se abrir para as mensagens de nossa Mãe. A adivinhação com velas, se concentrando na chama ardente como um canal de conexão com os espíritos, é uma técnica que nos liberta das restrições de métodos mais estruturados de adivinhação, como o tarô. O truque é mergulhar no espírito da chama e permitir que seus pensamentos venham e vão para que você possa se conectar com os espíritos e as Deusas.

Capnomancia, vidência usando fumaça, é outra prática excelente para se abrir para as Deusas ao queimar plantas. Selecione aquelas que falam com sua intenção, seja para orientação sobre como encontrar um novo emprego, seja para melhorar um relacionamento romântico com problemas. Queime sementes de erva-doce com artemísia para o primeiro caso e pétalas de rosa com escutelária para o segundo. O Incenso Hieros Pyr (veja na página 97) é excelente para todos os tipos de vidência na fumaça.

Cartas de Oráculos e Tarô

Os espíritos dos *pharmakoi* podem ser invocados usando os muitos e belos baralhos de oráculos botânicos disponíveis. Essa técnica é chamada de *cartomancia*. Utilize essas cartas em feitiços, como você faria com as plantas correspondentes. Leve uma carta como um amuleto ou as junte para formar um talismã. Estude as cartas e se conecte ao espírito dos *pharmakoi* contemplando cartas específicas.

Muitas cartas em baralhos de tarô apresentam plantas específicas. Ler o livro que veio com seu baralho lhe dará mais informações. Energize suas cartas ao colocá-las em um saco preto e depois passando o Incenso Hieros Pyr.

XI. AGIA

O Sagrado

Meus pés tocando a terra,
Sentindo seu pulso a cada passo.
O fogo-sangue do seu ventre
Que deu origem ao Universo.
Despertando sua Horda sagrada,
Tanto animal quanto botânica.
Os espíritos da carne e do éter
Que caminham pelo mundo nesta noite mais escura.
Assim também o seu fogo de sangue chama suas bruxas
Nesta noite mais escura,
Oferecendo nutrição.
A Mãe fala:
"Beba do meu cálice,
Jante no meu banquete."
E assim eu faço.

Restauramos nossa sacralidade por meio da nutrição fornecida por nossos altares e ritos, entrando nas delícias da Festa de Hécate. O sustento espiritual oferecido pela Bruxa Mãe pode ser ampliado pela celebração de um banquete que também alimenta o corpo, nosso *corpus sacris*. Tais festas também podem ser oferecidas a Hécate, Circe e Medeia. Compartilhamos a generosidade recíproca do banquete sagrado que abençoa a alma, a mente e o corpo. As Deusas Tríplices ficam muito satisfeitas com nossas oferendas feitas em seu Jardim. O que mais as satisfaz é quando nossas ofertas são sinceras, seja um *cheesecake* elaborado ou uma simples partilha da nossa barra de chocolate favorita. Nós somos seus descendentes; seus espíritos vivem em nós. Ao participar de um banquete compartilhado, celebramos nossa conexão abençoada com elas e seus dons.

Antigamente, famílias em certas partes da Grécia levavam uma refeição para Hécate nas encruzilhadas, nas noites de lua escura. Os hecateanos modernos frequentemente observam essa prática, conhecida como *Deipnon*. A oferenda de refeição era deixada após a realização de um ritual de purificação, talvez semelhante ao ritual Khernips. Depois que o miasma foi removido da casa, a proteção de Hécate era buscada, lhe deixando uma refeição deliciosa. Quaisquer oferendas depositadas em uma encruzilhada devem ser consideradas pensando naqueles que frequentam o local, especialmente os animais.

Quando escolhi quais receitas incluir nos verbetes, optei por aquelas que mais amo para celebrar a Festa de Hécate, desde as Crescentes de Queijo de Cabra até aquele inesquecível *Cheesecake* da Deusa Negra. Adicione sua própria proteína – uma espécie local de peixe é a mais tradicional – e você realmente jantará com as Rainhas. Coloque os lugares delas à mesa e as receba bem. Como alternativa para isso, um simples ritual de chá com a mistura Atravessando o Véu e um prato de biscoitos, acompanhado de um adorável incenso.

As Encruzilhadas

Para aqueles de nós que pertencem à sua Horda, nossas oferendas são feitas em gratidão. Nós a encontramos na encruzilhada para permanecermos em nosso poder, enquanto banimos aqueles que nos querem prejudicar por medo. O zimbro é um aliado botânico ideal para se conectar com Hécate em sua encruzilhada sagrada. Ele abre o caminho banindo energias nocivas, limpando a alma, evocando a presença de nossa Mãe e instilando calma e clareza. O onipresente zimbro é bastante útil para a mente, o corpo e a alma.

Ele é perfeito para entrar na encruzilhada, aquele portal em que o véu entre o mundo material e o Outro Mundo pode ser transcendido. Medeia usava zimbro em seus feitiços – por exemplo, quando ela domesticou uma cobra feroz com raminhos colocados sobre seus olhos enquanto a regava com outras ervas e cantava seu encantamento. Estátuas antigas de Hécate esculpidas em zimbro foram encontradas. Também era especial para Circe, que o queimava como incenso. Saudações à bruxa original por usar o zimbro. Preste atenção à prática dela: corte um raminho e o queime, fresco ou seco. A fumaça é de um branco adorável e o cheiro traz conforto, clareza e clarividência.

Como um *pharmaka*, explore os elementos botânicos na encruzilhada. Você encontrará espécies diferentes das que acha em outros lugares próximos. Tenha em mente que a encruzilhada se estende a todas as junções de mar, terra e céu, bem como ao ponto de encontro de estradas e caminhos. Brejos, lagoas e pântanos abrem caminho para o Outro Lado, pois combinam a energia refletida do céu com suas plantas, muitas vezes abundantes, e a escuridão de suas profundezas. Um local na floresta que pode parecer um portal para o Outro Lado provavelmente é uma encruzilhada.

O Altar

Os altares são portais de poder que nos conectam aos espíritos evocados em suas energias. Pense neles como uma rede sinérgica que se torna uma força unificada para evocar os espíritos que você procura. Se você acompanha meu blog, sabe que tenho uma queda por altares elaborados, cheios de muitos elementos botânicos, estátuas, ossos, pedras e outras relíquias. O que você não vê são os altares particulares que possuo em minha casa, com pedaços de plantas, pedras encontradas e objetos profundamente pessoais. Não existe uma maneira correta de criar um altar ou incorporar os *pharmakoi* a ele. Use os verbetes para orientá-lo na escolha dos objetos certos para o propósito do seu altar e, então, deixe sua intuição guiá-lo enquanto você cria um espaço sagrado que pode ser incrivelmente nutritivo.

Elabore seu próprio altar de encruzilhada combinando galhos e gravetos de bétula, pinheiro, zimbro ou carvalho em um tripé e colocando ícones da Deusa Tríplice dentro das três pontas. Pendure amuletos, ossos, fitas e outras relíquias nos galhos. Outra maneira de criar um altar de encruzilhada é pegar uma planta de cada um dos três arquétipos (Chthonia, Enodia e Astrodia) e formar uma estrela de seis pontas, como o centro da Roda de Hécate.

Altares podem ser praticamente qualquer coisa que fale do sagrado para você. Dispor dentes-de-leão em um círculo ao redor de seus cristais favoritos e adicionar uma vela branca cria um lindo altar de cura. Coloque no círculo os talismãs daqueles para quem você está intencionando bênçãos.

O Ritual

Nossos rituais são nossas expressões do sagrado por meio de palavras e movimentos. Podemos falar com os espíritos, manter um espaço silencioso ou dançar com alegria. Um ritual pode ser um momento de gratidão silenciosa ou tão intenso quanto o rito das Três Deusas. Os rituais criam quietude dentro de nós, mesmo quando estamos em movimento, o que é um sinal de que transcendemos o mundano para entrar no sagrado. O tempo passa rápido quando estamos nesse estado de fluxo. Muitos elementos botânicos são excelentes para nos ajudar a alcançar essa energia. Resinas como benjoim, olíbano e mirra sempre evocam o espírito de ritos sagrados e ativam nossa divindade interior. Manjericão, sálvia e tomilho também são excelentes para incentivar a criação e a realização de rituais.

Em geral, um ritual começa com um chamado aos espíritos procurados, sejam eles o *Septem Novum* ou as Deusas Tríplices. Essa evocação é acompanhada por uma oferenda; em seguida, a petição (ou o propósito do rito) é expressa ao espírito presente. Depois, passamos um tempo na presença deles, nos comunicando com eles e vivenciando sua sacralidade. Encerramos nossos rituais expressando gratidão aos espíritos de ordem superior, às nossas Deusas e liberando as energias dos espíritos de ordem inferior. Em geral, trate os *pharmakoi*, quando evocados como espíritos, como seres de ordem superior e sua *matéria* física como de ordem inferior. Como em qualquer relacionamento, quanto mais você abordar as entidades com respeito, mais elas lhe deixarão saber como desejam ser tratadas.

Ritual Triformis

As três partes fundamentais de qualquer rito sagrado são banimento, proteção e bênção. Nós banimos o que é prejudicial, protegemos de mais problemas e abençoamos a nós mesmos, nossos entes queridos, nossos espaços e nossas deusas e espíritos. Invocamos a magia, a medicina natural e o mistério dos espíritos das plantas para realizar esses três aspectos de qualquer rito sagrado. O nome deste ritual é um termo antigo que significa "de três faces". O termo também se aplica às Deusas Tríplices e reflete as três partes da magia das plantas: magia consciente, medicina natural e mistério.

Comece com o ritual Khernips, depois proteja seu espaço usando o fogo sagrado, acendendo uma vela e circundando seu ambiente para criar um local sagrado fechado. Esta é a chama que protege e nutre, gerando o ambiente para ativar a bênção. Para a bênção, escolha plantas apropriadas para seu foco. Um incenso feito de louro, artemísia e sálvia é um excelente benzedor para todos os fins. Inale a fumaça e use uma pena para direcioná-la para todos aqueles que está abençoando.

Você pode fazer este ritual como ele é e também para iniciar todos os ritos sagrados. Pode adaptá-lo, ainda, para os vários estágios do ciclo de vida. Para celebrar o nascimento de uma criança, unja o bebê com a *aqua sacris* criada durante o processo Khernips, envolva o bebê com uma vela ungida e o abençoe com uma mistura de lavanda, alecrim e mil-folhas. Já os adolescentes que estão embarcando na jornada rumo à vida adulta, unja com água sagrada, proteja com a vela e abençoe com uma mistura de espíritos vegetais apropriados: carvalho para masculinidade e cimicífuga para feminilidade.

Hécate ensina que, sem morte, não há vida. Realize este ritual para os falecidos usando plantas que facilitarão sua transição para o mundo espiritual, como uma mistura de lavanda, papoula e sálvia. Faça isso em casamentos com uma mistura adequada e adaptada ao casal. Áster, dente-de-leão, lavanda com louro e escutelária garantirão uma felicidade duradoura. O ritual realizado como parte da celebração de aniversário é um excelente acréscimo sagrado às festividades.

Este ritual também pode ser adaptado para outras ocasiões importantes, como abençoar uma casa para a qual acabou de se mudar, uma nova escola ou um novo emprego, ou até mesmo o recomeço que vem depois de um divórcio ou término de relacionamento. Para um ritual em casa, realize cada segmento em cada um dos cômodos e depois faça ao redor do terreno. Louro, zimbro e mil-folhas são excelentes para isso. O funcho é perfeito para a escola e o trabalho. Após um término ou outra perda emocional, use itam-no de Creta, lavanda, rosa e mil-folhas. Realize o ritual também para seus amados animais de estimação, seja para dar as boas-vindas a um novo gatinho ou para se despedir de um velho amigo. O ritual também pode ser usado para grandes aquisições e compras, de carros a móveis.

Neste ritual, você se comunica com um *pharmakoi* para receber sua magia/medicina e vislumbrar os mistérios do mundo mais profundo. Aborde o elemento botânico com cautela e respeito. Sente-se com o espírito da planta. Não espere contato imediato. Considere isso como algo semelhante a se conectar com Hécate ou mesmo com outros humanos. Isso leva tempo e prática. Você saberá que está conectado quando sentir um puxão no "cordão energético" da planta. O cordão verde se estenderá em sua direção, trazendo o remédio de que você precisa.

Pharmakoi pode ser invocado em nossos seres por meio da mistura e fusão. Depende inteiramente de você, do quanto está aberto para deixar a planta possuí-lo e entregar seu remédio. Vá com cautela com os professores de plantas mais poderosos, especialmente aqueles no Jardim Venenoso de Hécate.

Agradeça ao espírito por se abrir para você. Conte ao elemento botânico sua intenção para o ritual. Pergunte ao espírito da planta o que você pode saber sobre ela. Ouça todas as mensagens. Registre qualquer informação específica no seu Livro da Vida. Depois, agradeça à planta por emprestar suas energias ao seu trabalho e desconecte gentilmente o cordão de energia.

Ao fazer esse ritual, você pode perceber que está sendo atraído para uma conexão mais profunda com o elemento botânico. Há vários espíritos vegetais com os quais tenho um relacionamento – desde minha estreita conexão espiritual com a rosa até meu amor familiar pela sálvia. Estes são meus *pharmakoi* pessoais.

Orientações

Deixe a interação fluir naturalmente, mas mantendo seus limites. Vá apenas até onde você quiser.

Comece se conectando à sabedoria emocional, deixando que ela venha por intermédio do Eu inferior. Esta é uma interação recíproca. Quando o *pharmakoi* lhe mostrar uma imagem, responda compartilhando suas reações imediatas.

- Tente evitar aplicar palavras à experiência.
- Veja cores, sinta emoções.
- Peça ao espírito para compartilhar a gnose com seu ser encarnado a partir do Eu médio.
- Sinta as sensações que a planta compartilha e responda da mesma forma.
- Por fim, se conecte com o intelecto e as habilidades místicas do espírito botânico e compartilhe suas reações (o Eu superior).

Objetos Mágicos

Estátuas, imagens, símbolos e outras representações de divindades são lindas, mas seu poder vai muito além do estético. Esses objetos são faróis que nos conectam com os deuses e Deusas. Devidamente ativados, eles servem como um portal para comunicação com a divindade. As oferendas são frequentemente deixadas na forma de ícones como sinal de veneração. Decorar estátuas e imagens é outra maneira de honrar suas divindades. Colocar plantas, fitas, ossos, amuletos e muito mais em ícones é uma forma de veneração.

Por meio do processo de vivificação, objetos mágicos ficam sintonizados com a energia da divindade. Em algumas tradições, parte da energia das divindades se torna animada dentro do objeto, enquanto em outras abordagens a representação serve como um canal. Esses objetos devem ser limpos, protegidos e ativados. Em geral, recomendo usar uma lavagem específica para trabalhos sagrados. O ritual Khernips pode ser adaptado para esse uso, sendo utilizadas duas bacias de lavagem.

Vivificação é o processo de ativar uma representação ou objeto mágico e ligá-lo à divindade escolhida. Inclui pedir à divindade que abençoe tanto o objeto quanto seu dono, e que o ative como um meio de se conectar a ela. Animar uma estátua ou outro objeto direciona a energia do espírito para ele. Ao pedir ao deus ou à Deusa escolhidos para deificar um objeto, é provável que eles deixem sua marca nele, criando um portal para se conectar com eles.

- Prepare uma oferenda apropriada para fazer quando você pedir a bênção do objeto.

- Unte o objeto, geralmente com óleo, embora cinza e fumaça possam ser usadas em objetos que não sejam passíveis de unção líquida. Deuses e deusas podem ter requisitos diferentes. Representações de divindades ctônicas, como Hécate, Perséfone e Hermes, devem ser ungidas trabalhando da cabeça para baixo, terminando no Mundo Inferior, que é seu domínio principal.
- Seu óleo de unção deve ser feito de um fixador (óleo base) e plantas que sejam sagradas para a divindade escolhida. Divindades ctônicas, por exemplo, são receptivas ao óleo de caminhar com a morte, mas todas as divindades aceitarão o óleo do poder pessoal, pois ele reconhece o poder delas e o seu.
- Ungir três vezes: uma vez para proteção, uma vez para sua bênção e uma vez para ativação. Você pode revitalizar um objeto existente ou usar um novo. Pode recitar algo como o seguinte, enquanto faz cada uma das três rodadas.

  Eu o/a saúdo, ________________,
  Eu o/a honro com este ________________.
  Atenda-me agora,
  Proteja este ________________.
  Abençoe-o com seu ________________.
  Derrame seu espírito nele,
  Criando uma conexão entre mim e você.
  Eu prometo o/a honrar.
  Eu o/a saúdo, ________________,
  Eu lhe dou esta oferenda como símbolo da minha sinceridade.
  Sou grato por seus poderes concedidos neste ________________.

Objetos mágicos cujo poder está reduzido podem ser limpos e recarregados seguindo os passos acima.

XII. SOPHIA

A Sabedoria

Eu anseio pelas profundezas,
A escuridão,
O desconhecido,
Os lugares mais profundos dentro de mim
Que são infinitos e puros.
Eu anseio pelas alturas,
O fogo,
Os mistérios,
A ascensão em direção a inúmeras possibilidades.
Estou na encruzilhada,
O limiar,
O meio-termo,
E eu sou quietude.

A jornada rumo à sabedoria – *sophia* – acontece um passo de cada vez, à medida que nos aprofundamos e transcendemos para as forças além. Isso ocorre quando dançamos dentro de nós mesmos, unindo a sombra e a alma. Como praticantes de bruxaria com as plantas, recorremos aos nossos amados *pharmakoi* para nos acompanharem nessa dança eterna. Entrar na consciência expandida é onde realmente nos aprofundamos nessa dança para encontrar o êxtase.

Como medicina espiritual, os elementos botânicos atuam em nosso ser físico para alterar certos neuroquímicos, de modo que nossa capacidade de vivenciar os mistérios internos e externos seja aprimorada. Eles também atuam diretamente em nosso DNA espiritual para ampliar nossa conexão com os reinos etéricos. Quando bebemos, ungimos ou inalamos seus espíritos, ativamos nossa sintonização com tudo o que existe fora da consciência regular.

Eles nos auxiliam em nossos empreendimentos de expansão para que possamos avançar na jornada da alma, enquanto trabalhamos para ascender além da necessidade de corpos físicos. Também estão progredindo, com muitos se apresentando a nós como espíritos puros, não mais limitados pelo invólucro físico.

Parceiros de Dança

Muitos dos pharmakoi são nossos parceiros capazes de abrir caminhos, expandindo nossa pista de dança para um território espiritual desconhecido. Ao inalar sua fumaça sagrada, consumir suas poções, nos ungir com seus espíritos e até mesmo estar em sua presença, podemos viajar profundamente para dentro de nós mesmos e depois para fora, para os mundos invisíveis. Ofereci muitas técnicas, incluindo o Unguento Voador de Medeia (veja na página 144), o Emplastro Mágico de Artemísia (veja na página 157) e o chá Atravessando o Véu (veja na página 176), que ajudarão você a se abrir para o mundo mais profundo.

A Mãe e suas filhas são nossas guias enquanto cruzamos o limiar para o etérico, deixando o corpóreo para trás. Às vezes, entramos nesse espaço quando realizamos nossos rituais e feitiços, mas geralmente é por meio de práticas extáticas, como jornadas e cerimônias de transe, que realmente cruzamos para o Outro Lado.

Cronos e Kairós

O Mundo Verde segue um ritmo de vida-morte-renascimento que é cíclico e não linear. A Roda de Hécate é esse círculo, sempre girando. As Deusas e todos os espíritos funcionam nesse tempo circular, kairós, em vez do tempo cronológico humano. Quando entramos no mundo dos espíritos, entramos no kairós. Dessa forma, nossas interações podem não ocorrer de acordo com as restrições lineares que impomos a nós mesmos. Podemos ter uma experiência profunda, não sentir nada de especial ou até mesmo adormecer. Dias depois, podemos receber de repente uma mensagem profunda na vida desperta ou no mundo dos sonhos. Sinais aparecerão. Esteja aberto a eles. Preste atenção a ocorrências incomuns.

Duas histórias dos meus alunos podem ajudar você a entender como as Deusas chegam até nós. Na primeira, uma mulher encontrava o mesmo homem, totalmente desconhecido para ela, todos os dias em seu local de trabalho. Não importava a hora que ela chegasse para trabalhar, ele estava saindo do prédio e segurava a porta para ela. Minha aluna sentiu nele uma certa vibração de que ele era um *angelos* – um mensageiro – de Hécate. Ela estava passando por um momento muito difícil e, cada vez que se encontravam, sentia como se estivesse na presença do divino. Ela se sentia calma após cada breve encontro. Essa mulher estava aberta para que a Deusa falasse com ela como quisesse, confiando que Hécate saberia a melhor maneira de lhe oferecer conforto. Ela estava *prestando* atenção em vez de *buscar* atenção.

Na segunda história, um mentor estava estudando profundamente um ritual de *coven*, praticando os movimentos das mãos e os versos intensamente. Quando ele finalmente fez o ritual com outro membro do *coven*, ficou desapontado porque sua experiência não foi nada boa. Dois dias depois, ele olhou no espelho e foi imediatamente puxado para o kairós para experimentar uma profunda recuperação da alma.

Meditação

Meditação é a mudança da consciência para estar presente dentro de nós mesmos. Ela cria a pista de dança onde exploramos nossa chama gêmea. Move nosso ponto de vista do senso de identidade para o nosso *verdadeiro* Eu – de ter pensamentos para estar *ciente* de ter pensamentos. Ela nos transforma de atores em diretores. É por isso que a meditação é tão vital para nós em nossa jornada, porque é o microato de poder que se torna a macroexperiência de poder pessoal – a experiência da totalidade.

A capacidade de transcender no transe extático é fortalecida pela prática regular de expandir nossa mente consciente por meio da meditação. Quando nos apressamos demais para experimentar o mundo mais profundo, corremos o risco de "ignorar espiritualmente", o que é vivenciado como sofrimento físico, psicológico e espiritual. Isso pode ser evitado praticando regularmente a dança da sombra e da alma que a meditação proporciona.

Quando nos tornamos conscientes de nossos pensamentos por meio da contemplação (que é o início da meditação), criamos unidade interior. Entendemos que somos atores *e* diretores. Acredito que percepções errôneas comuns sobre meditação fazem com que a prática pareça muito intimidadora. Meditação não é esvaziar a mente; é atenção plena. É sentar consigo mesmo; é ver os pensamentos como se estivessem sob seu controle. É mudar conscientemente sua atenção para um mantra, uma imagem mental ou uma música, para que suas vibrações possam sintonizar você ainda mais em direção à totalidade.

A meditação pode abrir a porta para o transe, no qual experimentamos uma conexão com o mundo mais profundo, onde exploramos os mistérios internos e externos do cosmos e recebemos mensagens do divino de nossa compreensão e de nossos guias espirituais.

Meditação dos Três Eus

Mudar nossa consciência para nossos centros de poder espiritual nos encoraja a vivenciar a totalidade dentro de nós e permite a conexão com o fluxo universal. Somos belas criações do Jardim da Deusa, consistindo em raízes – o Eu inferior –, tronco – o Eu médio – e galhos – o Eu superior. Às vezes, estamos tão preocupados com a vida que perdemos a conexão com a nossa sacralidade interior, da mesma forma que esquecemos que fazemos parte do Mundo Verde. Esta meditação, também conhecida como *Meditatio Corpus Pharmaka*, unifica a raiz, que é a sede das emoções, com o tronco, que é a força unificadora que une o Eu inferior ao Eu superior, o que se reflete em nossos ramos. Esta é a meditação das bruxas das plantas que nos reconecta internamente para fortalecer nossa própria magia, medicina e mistério.

É importante, ao realizar esta meditação, que não haja qualquer energia indesejada presente no local. Queime zimbro ou sálvia para se livrar de algum miasma que esteja por perto. Uma tigela de sal também funciona. Realizar o ritual Khernips é uma maneira poderosa de começar qualquer meditação. Remova eletrônicos desnecessários do espaço.

Se você estiver se sentindo distraído, comece contando regressivamente a partir de treze, visualizando cada número na tela da sua mente. Expanda esta meditação ao se imaginar como uma planta específica. Você é uma rosa linda, ainda que espinhosa? Talvez uma mil-folhas muito curativa?

As raízes

O Eu inferior representa a magia. Seu centro está localizado na raiz, dentro da sua pélvis. Comece por aí. Alongando suas raízes profundamente no solo do jardim, conecte-se com as raízes profundas da terra. Libere tudo o que bloqueia e prende você ao lugar onde renascerá.

- Comece com seus sentimentos atuais. Você está estressado ou em paz? Quaisquer que sejam as emoções dentro de você, as reconheça e se aprofunde nelas, pois elas se tornarão uma experiência unificada de totalidade. Agora explore o estado do seu ser físico. Permita que sua raiz, através dos ísquios e pés, se enraíze na terra abaixo de você.
- Onde você está mantendo a tensão? Solte-a suavemente pelo seu corpo, deixando que se dissolva no chão abaixo de você.
- Sinta a terra sob você restaurando sua magia, a atraindo através de suas raízes.

O tronco

O Eu médio é o centro de poder da medicina natural. Seu centro está localizado no coração. Ele representa a combinação do mundo material externo com seu corpo e sua vida interior, acrescentando o poder do mundo sagrado invisível. Tudo isso se reúne na encruzilhada do centro do coração.

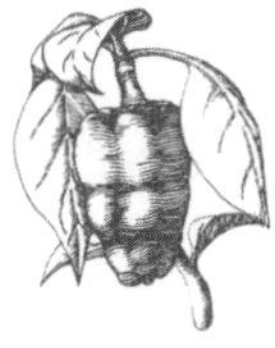

- Respire em direção ao centro do seu coração, sentindo o lindo fogo dentro de você, permitindo que ele se espalhe pelo seu corpo.
- Estenda esse fogo para que ele nutra tudo o que é bênção para você e queime tudo o que faz mal. Veja esse seu fogo conectado a todo o mundo ao seu redor. Esta é a medicina do tronco.

Os ramos

O centro do Eu superior está localizado na coroa. Esses são nossos ramos, que se estendem para cima em direção aos mistérios.

- Tome consciência de seus pensamentos, sentimentos e estado corporificado. Veja seus pensamentos como imagens fugazes em sua tela mental. Indo e vindo. Você não está apegado a nenhum deles. Nenhum deles está certo ou errado; eles simplesmente são. O não julgamento é a prática neste estágio da meditação. Você se alonga em direção ao Caminho Estrelado, se sintonizando com a energia mística acima.
- Descanse aqui neste espaço, permitindo que pensamentos e sentimentos venham e vão. Permita-se ir lentamente mais fundo dentro de si, até encontrar a quietude. Esteja neste lugar onde suas Deusas e espíritos podem falar livremente com você. Este é o mistério.
- Quando terminar, libere sua conexão com o Caminho Estrelado, puxando gentilmente sua energia de volta para sua coroa.
- Separe-se do mundo ao seu redor puxando sua energia de volta para o centro do seu coração.
- Desconecte-se do solo puxando suas raízes energéticas para cima.
- Conte de volta até doze, deixando aquele pedacinho de conexão com seu Eu energético e o mundo mais profundo.

Dança do Fogo

Dentro de cada um de nós arde a eterna Roda de Fogo, símbolo do poder de Hécate que alimenta todo o mundo natural. Este ritual de dança do fogo, *Animarum Pyriphoitos*, é um ritual cinético extático no qual você entrará na Roda de Fogo por meio de ações e também de palavras. Ponha uma música que faça sua roda de fogo girar para ajudar você a entrar na dança. A Roda de Fogo de Hécate queima intensamente, iluminando o caminho, nos nutrindo; mas também destrói tudo o que não serve mais. O fogo ilumina o caminho para a totalidade interior e para uma sabedoria mais profunda. Você vivenciará os *pharmakoi* enquanto eles são fortalecidos pelas chamas, liberando sua fumaça sagrada, cobrindo você com suas cinzas e abençoando com sua sabedoria.

Orientações

- Com um pilão, misture bem benjoim, artemísia e mandrágora americana, em partes iguais. Primeiro, triture o benjoim, depois macere delicadamente a mandrágora e, por fim, incorpore a artemísia.
- Queime como incenso durante o ritual para vivenciar as chamas completamente. A mistura também pode ser usada em um óleo para ungir o *Septem Novum* no corpo. Misture cerca de 1/3 de xícara de azeite de oliva com ¼ de colher de chá de mandrágora, uma colher de chá de artemísia e um pedaço de benjoim do tamanho de uma unha, esmagado. Tampe bem e guarde em local fresco, seco e escuro. Agite suavemente todos os dias. Recomendo que você prepare esta mistura na Lua Nova para usar durante a Lua Cheia. No meu caso, ungir pés, pulsos, coroa, centro cardíaco e parte inferior da barriga (não muito perto das partes sensíveis) com este óleo funciona bem para induzir a dança do fogo, especialmente com a queima de incenso. Se você é novo no uso de mandrágora, teste uma gota do óleo na parte interna do cotovelo direito.
- Construa um altar com simbolismo de fogo e se vista para trazer à tona o dançarino do fogo que existe em você. Como em todos os rituais, realize o ritual Khernips se o espaço estiver impuro.

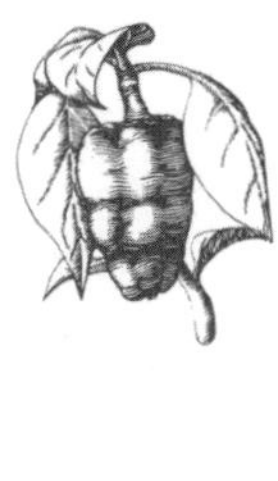

Evocação

- Visualize a Roda de Fogo girando profundamente dentro de você, no centro do seu coração. Ao movimentar os quadris, você os gira espalhando o fogo.
- Veja esse fogo se espalhando de você, se estendendo para todo o mundo natural, conectando seu fogo ao deles, formando a Roda de Fogo.

- Quando estiver pronto, chame Hécate:

  Eu a invoco, Terrível Rainha dos Hieros Pyr,
  Seu fogo reina.
  Suas chamas alimentam tudo o que existe.
  Eu o saúdo, Hieros Pyr, Guardião da Roda de Fogo.

Petição

Personalize conforme você se sentir guiado ou fale como está. Faça uma pausa após a evocação para se conectar completamente.

- Estabilize sua respiração e continue a dançar.
- Permita que as mensagens cheguem.
- Coloque os pés firmemente no chão antes de pedir para entrar na Roda de Fogo. Diga:

  Conceda-me acesso à sua Roda de Fogo!
  Revela-me os mistérios que há nela.

- Você sentirá a conexão aqui se o acesso for concedido. Diga:

  Eu entro no seu fogo, Hieros Pyr,
  Eu caminho na sua Roda de Fogo,
  Dançando nas chamas.

Êxtase

- Retome a dança física, se você tiver parado.
- Abrace as chamas enquanto você se move.
- Quando estiver pronto, continue com a petição:

  Deixe-me beber seu fogo,
  Alimentando meu poder,
  Deixe-me carregar seu fogo,
  Queimando tudo o que não serve mais,
  Acendendo o que deve nascer neste momento,
  Revelando-me os mistérios da sua Roda de Fogo!

- Permaneça na Roda, continuando a dançar e vivenciando o poder.
- Não tenha pressa em se desconectar da Roda de Fogo. Você pode ter recebido um símbolo do seu fogo único.
- Mantenha a respiração estável. Quando estiver pronto, termine o ritual com a bênção:

Pois o teu fogo não tem fim, nem começo,
A chama queima e dá à luz,
A fumaça espalha seu poder,
E eu ressuscito das cinzas
Em gratidão,
Vou me despedir agora.

O transe de andar sobre o fogo pode deixar você esgotado ou revigorado. O excesso de qualquer uma das sensações é um sinal de que precisa retornar ao Mundo Médio usando a centralização. Você também pode fazer a técnica de aterramento sensorial, se conectando com o paladar, o olfato, o tato e a visão. Emoções podem vir à tona enquanto você realiza o ritual e nas horas seguintes, porque você iluminou profundamente seu espírito. Procure um amigo de confiança para compartilhar suas experiências. Além disso, você sempre pode entrar em contato comigo. Dcpois de se desconectar do fogo, talvez sinta muito frio. Evite isso enrolando-se em um cobertor assim que o ritual terminar. Certifique-se de comer um lanche rico em carboidratos enquanto processa a sabedoria recebida.

Jornada para o Jardim

O Jardim de Hécate é todo o nosso universo – corpóreo e etérico. Sua *Anima Mundi* infunde tudo o que existe. Entretanto, há um epicentro no Jardim, uma câmara mais interna onde todos os espíritos mestres habitam. Esses espíritos também podem vagar pelo resto dos Mundos Médios etéricos/físicos. Podemos encontrá-los quando caçamos os *pharmakoi* selvagens. Eles podem nos visitar em nossos sonhos, e podemos procurá-los intencionalmente por meio do transe. Diferentemente da dança do fogo, esta jornada é de consciência calma. Ela fornece um contraponto ao calor da Roda de Fogo. E pode ser feita em qualquer ponto do ciclo lunar. Anote a fase lunar e as considerações astrológicas para a data escolhida em seu Livro da Vida e inclua essas possíveis influências ao processar suas experiências.

Você pode se preparar para essa jornada trabalhando com louro, artemísia e sálvia. Crie este incenso, faça um emplastro mediúnico ou um unguento voador, ou colha plantas vivas para colocar no seu altar. Se você não tiver acesso às formas materiais desses espíritos, compre ou faça cartas de espíritos vegetais deles. Organize seu altar em homenagem a esses espíritos. Para aumentar a experiência da viagem, você pode usar um emplastro ou uma pomada, ou consumir uma infusão.

Recomendo fazer o ritual de purificação Khernips antes de começar a jornada e queimar as Três Chaves como incenso ou aquecer um óleo feito com elas em um difusor.

A Jornada

Comece com a Meditação dos Três Eus (veja na página 290). Uma vez unificados, volte sua atenção para dentro, indo fundo em si mesmo. Você se encontra em seu Templo Interior, nosso centro sagrado. Estando lá dentro, acenda o fogo, cumprimente todos os moradores e observe os arredores. Você percebe uma porta nos fundos do seu templo. Abra-a, observando a aparência, os símbolos, a energia. Passe adiante.

Ao passar pela porta, você é cercado pelo Mundo Verde. Iluminado com a essência da *Anima Mundi*, ele brilha. Animadas pela *Anima Mundi*, suas vibrações criam um zumbido vibrante. Aos seus pés, *sprites*, fadas e duendes correm. Você cumprimenta seus companheiros animais. Seu caminho é feito de seus aliados espirituais de pedra: ametista, quartzo, obsidiana, jaspe vermelho e outros que só você conhece.

Você experimenta uma familiaridade, uma reconexão, uma dissolução da falsa separação entre você e o mundo espiritual. Suas três almas cantam em harmonia umas com as outras e com o lugar. Você voltou para o Jardim de Hécate. Não está aqui para vagar, mas está cheio de propósito, para conhecer os *Pharmakoi Kyrios* – Sálvia, Artemísia e Louro.

Seus protetores, guias e professores cuidam de você. Há uma carga no ar – um poder, uma sensação de realeza presente. Olhando para frente, você vê três seres sentados em tronos. Você se aproxima deles, sabendo que está na presença dos espíritos supremos das plantas.

Seu tamanho é substancial; os tronos são criações vivas, assim como eles. O ar está impregnado com sua energia, os cheiros de louro, artemísia e sálvia. É como uma névoa suave cobrindo você e penetrando em seus poros. Há *pharmakoi* menores circulando nesse lugar, que agora você percebe ser uma sala do trono natural que abriga muitos espíritos. Há animais, pássaros e outras criaturas. O rio que corre por ali está repleto de criaturas aquáticas e espíritos.

Os espíritos das plantas descem de seus tronos e vêm em sua direção. À medida que se aproximam, sua forma se torna mais semelhante à sua em aparência e tamanho. Há um profundo conforto, poder e conexão entre eles, que se estendem a você, esticando seus galhos e gavinhas. Eles estão diante de você, unidos, e o envolvem em seu abraço compartilhado. A ternura e o poder deles correm através de você.

Instintivamente, você sabe os nomes deles. A Sálvia o envolve com proteção, trabalho interior e fortalece sua bruxaria. O abraço da Artemísia traz clareza, visões, um fortalecimento do seu poder psíquico e o dom da integridade. O Louro presenteia você com gentileza, força de vontade e apoio aos outros, o que cria verdadeira prosperidade.

Juntos neste círculo, vocês fundem seus próprios ramos, galhos e raízes com os deles, compartilhando suas experiências, talentos e desejos. Você se comunica por meio de palavras e sentimentos, pelo movimento do seu círculo. Você recebe a sabedoria deles.

Eles lentamente começam a se desprender de você, liberando gentilmente seus ramos, galhos e raízes, retornando à aparência e estatura escolhidas. Gigantes poderosos mais uma vez. Você olha para suas mãos e encontra os símbolos que lhe foram dados. Agradeça a eles pela proteção, orientação e sabedoria. Observe-os ascenderem aos seus tronos.

Você se despede deles, sabendo que poderá retornar ao Jardim de Hécate sempre que desejar explorar mais profundamente. Passe pela porta vermelha de volta ao espaço liminar entre os reinos energéticos e seu Templo Interior. Feche a porta, novamente confiante de que, agora que você abriu este mundo, poderá retornar a qualquer momento.

Retorne ao seu Templo Interior e passe algum tempo aqui, pois você deseja se comunicar com os habitantes, compartilhando sua experiência. Talvez você deva ficar um pouco em seu trono contemplando o que encontrou.

Quando estiver pronto, saia do seu templo e caminhe novamente em direção ao seu Eu físico. Comece a retornar ao corpo, contando seus passos, percebendo como eles se tornam mais pesados com o peso do seu ser físico à medida que vocês se reencontram.

Traga de volta a totalidade da sua alma, seu espírito unido interna e externamente. Esse uníssono se espalha para seus Três Eus. De fato, seu corpo vibra com a sensação de totalidade. Passe algum tempo saboreando a experiência, imprimindo profundamente em seu ser físico, reconectando-se e ativando-se. Esta é uma totalidade calma – confiante, cheia da sabedoria que você adquiriu, curada da ilusão da separação. Unindo almas e Eus, intuição e intelecto, se encontrando no centro do coração que nos une ao mundo externo.

Retornando agora ao Eu Médio corpóreo, deixe sua atenção se voltar para seu ser físico. Comece com sua respiração, expandindo e liberando respirações profundas naturais, enviando sua essência de volta para o ambiente. Sinta seu pescoço, ombros, braços e mãos. Volte sua atenção para o tronco, para a raiz e para as pernas. Inspire e expire, usando a respiração para retornar ao seu ser físico. Solte sua amarra na terra abaixo, seu corpo agora está totalmente restaurado. Passe algum tempo neste espaço, consolidando a sabedoria e a experiência que você adquiriu.

O Mistério da Iniciação

Eu reivindico meu lugar de direito
Entre minha família
No Jardim da Deusa.

A iniciação (*Initio*) é o maior dos mistérios, pois com ela vem a destruição final da ilusão da separação. A sabedoria adquirida ao buscar a majestade da *Anima Mundi*, dançando em seu fogo sagrado, me mostrou que as coisas que me trouxeram mais dor são minhas maiores bênçãos. Essas provações, concedidas pela própria Bruxa Mãe, são testes necessários à medida que avançamos na iniciação. Assim como ela deu desafios às suas filhas ancestrais para provarem sua coragem, me concede essas bênçãos disfarçadas de dificuldades. A iniciação pode ser finalizada por meio de um belo ritual, mas a verdadeira iniciação acontece quando nos colocamos diante da Mãe em nossa fragilidade. Somos chamados à prática da *pharmakeia* pela Mãe, pois ela sabe que, por meio de seu caminho de bruxaria das plantas, podemos encontrar nossa totalidade. Nosso grito de desespero na noite abre os portões para nossas próprias profundezas, o que nos permite ser abraçados por Hécate.

Nossa cultura evita a escuridão. Temos medo de nossas sombras. Mas a verdadeira iniciação reside apenas nas profundezas. Somos iniciados em nossa totalidade por meio do desmembramento espiritual e da morte. A sabedoria do *pharmaka* é esta: todas as coisas devem morrer para renascer. Essa é a experiência da iniciação: permitir a morte, criando espaço para aprofundar nossas conexões com o Mundo Verde e as Deusas Tríplices. Subimos de nível nas mensagens que recebemos de nossos aliados, nossos feitiços se tornam mais fortes e viajamos mais profundamente no Jardim espiritual que é todo o cosmos. Assim como Circe e Medeia, encontramos a totalidade por meio dessa dança entre o espírito e os mundos corpóreos. Somos marcados muito antes do nascimento nesta vida particular – bruxas selvagens dançando dentro dos portões do Jardim de Hécate. Esta é a dança da totalidade entre a sombra e a alma. Nossa prática de *pharmakeia* é a melodia que nos move. Iniciação é a reconexão com nossa fonte.

Quando vivenciamos essa reconexão, conhecida como fusão, nossa conexão com as Deusas e com todos os espíritos se expande enormemente. Podemos nos abrir para recebê-los em nosso espaço por meio da evocação de maneiras que realmente revelem a enormidade de sua presença. Isso é diferente de quando nos conectamos a eles via nossas mentes. É uma experiência visceral. Sentimos seu toque em nossa pele; ouvimos sua respiração; eles estão conosco. Podemos expandir isso ainda mais permitindo que eles interajam dentro de nossos seres por meio de invocação. O processo de invocação envolve dançar com os espíritos da mesma forma que fazemos com nossas sombras. Essa experiência permite que os espíritos falem diretamente conosco, como se estivessem em nossas mentes e não como entidades externas.

A mistura vai ainda mais fundo. É a sensação de que o espírito está realmente interagindo conosco no nível celular. Aspectação (incorporação), ou possessão em transe, ocorre quando permitimos que o espírito use nosso corpo físico como um veículo através do qual ele pode falar ou agir. A falta de senso de identidade que experimentamos ao incorporar é semelhante ao que ocorre em todas as formas de invocação, mas incorporar geralmente traz uma remoção completa da mente consciente. Isso deve ser reservado para ocasiões raras.

A bela experiência de invocar as Deusas e outros espíritos e se conectar visceralmente com eles é uma das práticas legítimas da bruxaria das plantas. Com a iniciação vem a invocação, por meio de nossa reivindicação como praticantes de *pharmakeia*. Como bruxas hecateanas, ganhamos o poder de comungar mais profundamente com as Deusas e os *pharmakoi*.

Na iniciação a seguir, você permite que a presença de Hécate, Medeia e Circe permeie seu espaço e, se você se sentir confortável, as atraia para o seu ser. Dê a elas espaço dentro de você para que possa experimentar a totalidade como uma bruxa hecateana. Sinta os espíritos delas correndo em suas veias, comunique-se com elas de dentro da sua mente e dance com elas como um todo unificado, se você quiser. Este ritual é uma celebração da sabedoria.

Invocação e iniciação não requerem súplica, mas sim rendição. Súplica diz respeito a se curvar diante das Deusas para implorar favores. Isso coloca você em uma posição de medo, na qual tenta evitar perturbar os espíritos porque não confia em si mesmo para resolver seus próprios problemas. A rendição, por outro lado, ocorre quando você, voluntariamente, começa a buscar sua verdade e pede ajuda aos espíritos para fazê-lo. Rejeita o que é falso para você. Experimenta o desmembramento espiritual de liberar tudo o que não serve mais. Renasce como quem você deveria ser: uma bruxa soberana que trilha o caminho tortuoso do *pharmaka*.

O Ritual das Deusas Tríplices

Às vezes, enquanto escrevia este livro, as Deusas insistiram que eu incluísse certas coisas que eu sentia que estavam além do que eu poderia transmitir por escrito. Este foi o caso deste ritual de iniciação. A versão que estou compartilhando aqui é semelhante à que fazemos no meu *coven*, com adaptações para você fazer sozinho. Circe e Medeia foram enfáticas em suas orientações de que este era o único ritual adequado para encerrar sua jornada no Jardim de Hécate. Quando realizamos este ritual, é comum que a presença das Deusas seja incrivelmente visceral. A fusão geralmente ocorre, assim como a incorporação espontânea. É profundamente lindo. Que sua jornada seja assim.

Só você pode saber quando estará pronto para reivindicar seu lugar de direito como um dos escolhidos de Hécate. O momento ideal para realizar este ritual de iniciação é durante o mês sagrado de novembro de Hécate, mas faça sempre que for o momento certo para você.

Preparação

- *Momento:* A Lua Negra
- *Purificação:* Ritual Khernips Também recomendo que você queime um incenso criado por si próprio, que se tornará sua mistura de poder pessoal.
- *Localização:* Se você estiver fazendo isso ao ar livre (o que eu recomendo), encontre um local que permita que se conecte aos aspectos do Mundo Inferior das Deusas, como uma pequena caverna ou pântano que seja uma abertura natural para o mundo mais profundo, representando a Caverna da Iniciação. Se estiver realizando o ritual em ambientes fechados, construa um altar ctônico (baixo em relação ao chão), colocando uma encruzilhada simbólica nele para representar sua transição de novato para iniciado.
- *Adorno:* Crie uma chave de iniciação para se adornar durante o ritual.
- *Proclamação/decreto:* A iniciação é um processo íntimo entre você e as Deusas. Escrever seu próprio decreto de iniciação para ler durante o ritual aprofunda a experiência.
- *Altar:* Use a iconografia das Deusas e seus *pharmakoi* favoritos, além de suas ferramentas (lâmina, tigela, incensário).
- *Oferendas:* Escolha plantas para presentear, como prova de afeto, comprometimento e gratidão.
- *Elementos:* Três velas, três imagens ou ícones das Deusas, óleo de unção e o incenso de sua escolha.
- *Oráculo:* Durante o ritual, faça uma leitura divinatória buscando a sabedoria dessas Deusas. Construa um círculo se ainda não o fez, ou leve suas cartas para o espaço ritual.
- *Bênção:* Todas as ferramentas de bruxaria podem ser abençoadas pelas Deusas durante este ritual.

Ritual

Realize o ritual Khernips usando as plantas de sua escolha. Reserve um tempo para se conectar com sua respiração antes de começar o ritual, usando a Meditação dos Três Eus (veja na página 290). Tenha em mente que essas são Deusas poderosas, então, antes da evocação, perceba o quanto está confortável em fundir suas energias com as delas. Se você não se sentir tranquilo em deixá-las entrar, fique na presença delas e deixe-as falar com você.

- Ajoelhando-se diante do seu altar, diga:

  Eu reivindico este espaço sagrado para mim,
  Protegido de toda atenção indesejada e não bem-vinda
  de espíritos e de todos os outros seres.
  Eu entro neste ritual por minha livre e espontânea vontade,
  com mente sã e espírito forte.
  Eu proclamo que sou um praticante de bruxaria,
  Escolhido por Hécate,
  E descendente de Circe e Medeia.
  Eu abro meu Eu Inferior, sede das emoções e da magia,
  para este ritual e para as Deusas Tríplices da bruxaria.
  Eu abro meu Eu Médio, lar da ação e interação
  com o mundo material, para este ritual e para
  as Deusas Tríplices da bruxaria.
  Eu abro meu Eu Superior, reino do intelecto e portal
  para os mistérios do Caminho Estrelado, para este ritual
  e para as Deusas Tríplices da bruxaria.
  Que minhas emoções sejam verdadeiras,
  Minhas ações justas,
  E meus pensamentos puros
  Neste ritual e para sempre.

- Faça uma pausa aqui para deixar as energias dos Três Eus se misturarem por todo o seu ser, conectando e ativando suas correspondências dentro da sua alma, até que você se sinta unificado interiormente.
- Concentre-se no altar, conectando sua própria energia unificada aos símbolos e às correspondências nele, criando um espaço energético fechado e integrado, de onde você pode dar as boas-vindas às Deusas.
- Faça a seguinte petição ao apresentar as ofertas escolhidas:

  Agora eu faço estas oferendas a vocês,
  Poderosas Rainhas Soberanas,
  Expressando minha gratidão e solicitando sua presença.

Faço estas oferendas a Hécate e suas Bruxas Imortais.

Para Hécate, Rainha da Sabedoria, Regina Maleficarum, Guardiã das Chaves da Bruxaria, eu invoco agora, ouça minhas palavras, aceite esta humilde oferenda e me abençoe com sua presença.

Para Circe, Bruxa Original, Regina Pharmakeia, Rainha da Bruxaria Botânica, eu invoco agora, ouça minhas palavras, aceite esta humilde oferenda e me abençoe com sua presença.

Para Medeia, Bruxa Eterna, Regina Venificarum, Rainha do Caminho do Veneno, eu invoco agora, ouça minhas palavras, aceite esta humilde oferenda e me abençoe com sua presença.

- Faça uma pausa aqui para que elas aceitem as oferendas. Em seguida, fique em frente ao altar e, com as mãos no centro do coração, diga:

  Neste estado de graça e posição de poder,
  Agora invoco as Deusas da bruxaria.
  Hécate, Regina Maleficarum

- Com a mão direita para baixo, diga:

  Eu a saúdo, Circe, Regina Pharmakeia!

- Com a mão esquerda levantada, diga:

  Eu a saúdo, Medeia, Regina Venificarum!

- Faça uma pausa, respirando de maneira profunda e rápida três vezes, expirando sua energia e inspirando a delas, conectando-se à presença delas. Então, com as mãos no centro do coração, diga:

  Eu vos dou as boas-vindas a este lugar,
  Atendam-me agora!

- Faça uma pausa, respirando de maneira profunda e rápida três vezes, expirando sua energia e inspirando a de Hécate, conectando-se à presença dela. Então, com a mão direita para baixo, diga:

  Eu a saúdo, Circe, Regina Pharmakeia,
  Bruxa Original,
  Feiticeira Divina,
  Rainha dos Animais, Plantas e Minerais.
  Reveladora da Verdade, Oradora Espiritual.

Eu lhe dou as boas-vindas a este lugar,
Atenda-me agora!

- Faça uma pausa, respirando de maneira profunda e rápida três vezes, expirando sua energia e inspirando a de Circe, conectando-se à presença dela. Então, com a mão esquerda para baixo, diga:

Eu a saúdo, Medeia, Regina Venificarum,
Senhora da Cura e da Dor,
Rainha do Fogo e da Paixão,
Deusa das Sombras,
Aquela que comanda o Caldeirão do Renascimento
E empunha a carruagem do dragão,
Eu lhe dou as boas-vindas a este lugar,
Atenda-me agora!

- Faça uma pausa, respirando de maneira profunda e rápida três vezes, expirando sua energia e inspirando a de Medeia, conectando-se à presença dela. Então, com as mãos no centro do coração, diga:

Eu a saúdo, Hécate, Regina Maleficarum!

- Com a mão direita para baixo, diga:

Eu a saúdo, Circe, Regina Pharmakeia!

- Com a mão esquerda levantada, diga:

Eu a saúdo, Medeia, Regina Venificarum!

- Faça uma pausa, respirando de maneira profunda e rápida três vezes, expirando sua energia e inspirando a delas, conectando-se à presença delas. Então, com as mãos no centro do coração, diga:

Eu a saúdo, Hécate, Regina Maleficarum,
Anima Mundi, Espírito de Tudo.
Rainha das Bruxas.
Eu reivindico meu lugar entre suas bruxas.
Abençoe-me e proteja-me.

- Beije a imagem dela com o dedo indicador da sua mão dominante, acenda a vela apropriada e unja sua coroa com o dedo indicador da sua mão não dominante.

- Faça uma pausa aqui para dar boas-vindas à bênção de Hécate. Então, com a mão direita para baixo, diga:

  Eu a saúdo, Circe, Regina Pharmakeia,
  Bruxa Original,
  Feiticeira Divina,
  Abençoe-me e proteja-me.

- Beije a imagem dela com o dedo indicador da sua mão dominante, acenda a vela apropriada e unja sua coroa com o dedo indicador da sua mão não dominante.
- Faça uma pausa aqui para dar boas-vindas à bênção de Circe. Então, com a mão esquerda levantada, diga:

  Eu a saúdo, Medeia, Regina Venificarum,
  Senhora da Cura e da Dor,
  Rainha do Fogo e da Paixão.
  Abençoe-me e proteja-me.

- Beije a imagem dela com o dedo indicador da sua mão dominante, acenda a vela apropriada e unja sua coroa com o dedo indicador da sua mão não dominante.
- Faça uma pausa aqui para dar boas-vindas à bênção de Medeia.

  Grandes Deusas e Bruxas,
  Ancestrais, mas novas,
  Eu honro a mim mesmo e a cada uma de vocês.

- Agora você pode fazer seu decreto de compromisso e se enfeitar com seu talismã. Enquanto estiver nesse estado de ativação e conexão, peça orientação a cada Deusa tirando, em seu nome, uma carta, runa, osso etc. Você também pode reivindicar a bênção delas em todas as ferramentas de bruxaria neste momento.
- Quando terminar, levante-se novamente, se estiver ajoelhado ou sentado, e diga:

  Deusas da Bruxaria,
  Em gratidão por sua bênção, aceite meu carinho e minha despedida.

- Faça uma pausa aqui para iniciar o processo de desconexão. Respire fundo três vezes e diga:

  Bem-aventurada Hécate, Regina Maleficarum, aceite minha gratidão e minha afetuosa despedida.

- Faça uma pausa, respire fundo três vezes e diga:

  Bem-aventurada Circe, Regina Pharmakeia, aceite minha gratidão e minha afetuosa despedida.

- Faça uma pausa, respire fundo três vezes e diga:

  Medeia, Regina Venificarum, aceite minha gratidão e minha afetuosa despedida.

- Respire fundo três vezes.

Hécate, Circe e Medeia mantêm seus próprios horários e conselhos. Tenha sempre isso em mente. Se elas compareceram e abençoaram você durante o ritual, provavelmente estarão perto, talvez até permanecendo constantemente ao seu lado. Ou elas podem vir até você depois do ritual. As Deusas nem sempre reconhecem nossa necessidade de tempo cronológico. Registre sua iniciação no seu Livro da Vida.

Agradecimentos

Sou muito grata à magia, à medicina natural e ao mistério do Jardim da Deusa. Foi no Mundo Verde, tanto material quanto etérico, que encontrei minha verdadeira cura. Para Hécate, de quem o Jardim flui, por me inspirar a pegar as chaves da magia dos espíritos das plantas, da medicina e do mistério. Para Circe, que me guia pelas florestas selvagens e ao longo dos penhascos marinhos, e zela pela minha prática de bruxaria com espíritos vegetais. Para Medeia, a professora que fala somente a verdade, não importa quão forte seja o remédio. Para Namiweh e Millie, minhas professoras espirituais, que me mostraram o poder dos espíritos das plantas.

Meus professores de carne e osso em magia das plantas são muitos. Em particular, minha querida irmã bruxa, Willow, compartilhou sua própria medicina comigo, me ensinando o poder dos vegetais. Minha irmã de sangue e alma, Anjali, nossa paixão compartilhada pela medicina natural tem sido uma bênção que agora compartilhamos com o mundo. Sua paixão pela cura por meio da herbalismo me inspirou muito. Muito obrigada por ler o manuscrito também.

Aos alunos de Keeping Her Keys que leram partes do manuscrito e testaram as preparações, técnicas e rituais deste livro, meus mais sinceros agradecimentos. A comunidade Keeping Her Keys é incrível. Todos os dias, recebo mensagens dizendo como meu trabalho os levou à magia, à medicina natural e ao mistério da bruxaria hecateana. Estou eternamente honrada e inspirada por suas palavras. Para Geoffery, Ivy, Kaycee, Linda e Tania, sou muito abençoada por ter vocês caminhando comigo nesta jornada. Não consigo nem começar a dizer o quanto sou grata.

Também quero expressar minha gratidão a Pinar por seus excelentes conselhos sobre o uso das traduções e minhas adaptações modernas dessas palavras poderosas. Pinar e eu tivemos muitas conversas sobre a maneira como eu peguei as raízes de palavras antigas e depois as transformei em novas.

Por fim, aos meus filhos. Eu sou o tronco que une suas raízes e seus galhos. Juntos somos inteiros. Obrigada por serem voluntários da minha magia, medicina natural e mistério do espírito das plantas, e das minhas mãos amigas.

Para saber mais, visite *keepingherkeys.com*

Fontes e Leituras Adicionais

Nyssa: O Chamado

BRANNEN, Cyndi (2019). *Seeking Hekate and the Deeper World.* patheos.com

______ (2017). *Hekate and Beginnings.* patheos.com

Origio: A Fonte

BRANNEN, Cyndi (2019). "Who Are Hekate's Horde of Spirits." keepingherkeys.com

______ (2019). *Keeping Her Keys: The rise of Hekate and her witches.* Patheos.com

______ (2018). "Circe: Summoning the Original Witch." keepingherkeys.com

______ (2018). *Medea: Her story, themes, correspondences, rituals, spells and more.* patheos.com

D'ESTE, Sorita (2002). *Circle for Hekate – Volume 1: History and mythology.*

HARVEY, William, J. (2013). "Reflections on the Enigmatic Goddess: The origins of Hekate and the development of her character to the end of the Fifth Century BC." ourarchive.otago.ac.nz

MILLER, Frank Justus, trans. (1960). *Seneca's Tragedies Volume 1: Hercules Furens, Troades, Medea, Hippolytus, Oedipus.*

OGDEN, Daniel (2002), *Magic, Witchcraft and Ghosts in the Greek and Roman Worlds: A sourcebook.*

Seaton, R. C., trans. (1990). *Apollonius Rhodius: The argonautica.* Loeb Classical Library.

Smith, William; Anton, Charles (1884). *A New Classical Dictionary of Greek and Roman Biography, Mythology and Geography.*

Spretnak, Charlene (1992). *Lost Goddesses of Early Greece: A collection of pre-hellenic myths.*

Praeparatio: A Preparação

Para coleta de plantas silvestres na natureza, recomendo os dois livros clássicos de Euell Gibbons, *Stalking the Wild Asparagus* (1962) e *Stalking the Healthful Herbs* (1966).

The Plant Spirit Familiar, de Christopher Penczak, é uma excelente exploração aprofundada dos muitos tipos de espíritos vegetais.

Ratio: O Método

Denning; Phillips (2011). *Planetary Magick: Invoking and directing the powers of the planets.* Minha referência favorita sobre os planetas.

Myss, Caroline (1996). *Anatomy of the Spirit: The seven stages of power and healing.* Um dos livros que mais influenciou minha maneira de pensar sobre mim mesma.

Penczak, Christopher (2005). *The Temple of Shamanic Witchcraft.* Influenciou muito minha abordagem sobre os Três Mundos.

Os Três Iniciados (1912). *O Caibalion.* Explica os princípios herméticos que informam amplamente sobre as sete leis sagradas.

Practica: O Processo de Execução

Blackthorn, Amy (2018). *Blackthorn's Botanical Magic: The Green Witch's guide to essential oils for spellcraft, ritual and healing.*

Brannen, Cyndi (2019). *A Practical Guide for Making and Using Poppets in Witchery.* www.patheos.com

Hieros Pyr: O Fogo Sagrado

Blackthorn, Amy (2019). *Sacred Smoke: Clear away negative energies and purify body, mind, and spirit.* Recurso fantástico sobre como usar fumaça na magia das plantas.

Gnosis: O Conhecimento Profundo

As informações compartilhadas nos verbetes foram fundamentadas em pesquisas de muitas fontes, incluindo os livros listados a seguir. As informações etnográficas foram baseadas em parte no Banco de Dados de Medicina Botânica dos Povos Indígenas da América do Norte, que pode ser encontrado em naeb.brit.org.

Andrews, Ted (2009). *Animal Speak: The spiritual and magical powers of creatures great and small.*

Arber, Agnes (1938). *Herbals: Their origin and evolution.*

Betz, Hans Dieter, ed. (1992). *The Greek Magical Papyri in Translation.*

Beyerl, Paul (1984). *The Master Book of Herbalism.*

Cech, Richo (2000). *Making Plant Medicine.*

Conway, David (1973). *The Magic of Herbs.*

Culpeper's Complete Herbal Index. www.complete-herbal.com

Cunningham, Scott (1990). *Encyclopedia of Wicca in the Kitchen.*

______ (1985). *Encyclopedia of Magical Herbs.*

Grieve, Margaret (1971). *A Modern Herbal.* botanical.com

Harrison, Karen (2011). *The Herbal Alchemist's Handbook: A grimoire of philtres, exilirs, oils, incense, and formulas for ritual use.*

Heaven, Ross; Charing, Howard G. (2006). *Plant Spirit Shamanism: Traditional techniques for healing the soul.*

Illes, Judika (2014). *Encyclopedia of Witchcraft: The complete A–Z for the entire magical world.*

Kynes, Sandra (2014). *Llewellyn's Complete Book of Correspondences.*

Lawless, Julia (1995). *The Encyclopedia of Essential Oils: The complete guide to the use of aromatic oils in aromatherapy, herbalism, health, and well-being.*

Müller-Ebeling, Claudia; Ratsch, Christian; Storl, Wolf-Dieter (2003). *Witchcraft Medicine: Healing arts, shamanic practices, and forbidden plants.*

Pearson, Nicholas (2019). *Stones of the Goddess: crystals for the divine feminine.*

Pendell, Dale (2005). *Pharmako Gnosis: Plant teachers and the poison path.*

Roth, Harold (2017). *The Witching Herbs: 13 essential plants and herbs for your magical garden.*

Simmons, Robert; Ahsian, Naisha; Ravel, Hazel (2015). *The Book of Stones.*

As informações sobre plantas específicas para os verbetes vieram de uma variedade de fontes, incluindo:

Algas: Cunningham, Scott (2002). *Earth Power: Techniques of natural magic.*

Canela: sacredearth.com

Carvalho: offthegridnews.com

Escutelária: pennstatehershey.adam.com

Mandrágora e Mandrágora Americana: keepingherkeys.com

Musgo: Chandra, Satish et al. Bryophytes: Hoard of remedies, an ethno-medicinal review. *Journal of Traditional Complementary Medicine.* Jan. 2017; 7(1): 94–98.

Nogueira: druidgarden.wordpress.com

Pinhas: Lidonnici, Lynn R. (2001). Single-Stemmed Wormwood, Pinecones and Myrrh: Expense and availability of recipe ingredients in the greek magical papyri. *Kernos Revue internationale et pluridisciplinaire de religion grecque antique.*

Rosas: patheos.com

Verbena: academia.edu

Magikeia: A Magia

Saiba mais sobre a psicologia do fluxo em: positivepsychology.com

Brannen, Cyndi (2019). *Spellbound: Ways of using binding in witchery.* patheos.com

______ (2019). *The Truth of "A Witch That Can't Hex, Can't Heal."* patheos.com

______ (2019). *Reasons WhySpells Fail and Remedies for Avoiding Magickal Disasters.* patheos.com

Miller, Jason (2017). *The Elements of Spellcrafting: 21 keys to successful sorcery.* Uma boa referência.

Sibylika: A Profecia

Auryn, Mat (2020). *Psychic Witch.* Um extenso compêndio de práticas para liberar seus poderes preditivos.

Brannen, Cyndi (2017). *Dark Mother Tarot Ritual: Healing the shadow and revealing the truth through Hekate's wisdom.* patheos.com

______ (2019). *Witches are Soul Collectors.* patheos.com

Pollack, Rachel (2012). *New Tarot Handbook: Master the meanings of the cards. É ótimo para aprender o tarô por meio de exercícios.*

Sharman-Burke, Juliet (2007). *The New Complete Book of Tarot.* É uma ótima referência completa.

Webster, Richard (2017). *Llewellyn's Complete Book of Divination: Your definitive source for learning predictive and prophetic techniques.*

Mais informações sobre a Sibila de Cumas e sua caverna estão disponíveis em: italiangems.wordpress.com e classicalwisdom.com

Agia: O Sagrado

Dominguez Jr., Ivo (2012). *Casting Sacred Space: The core of all magickal work.* Um guia detalhado sobre como lançar círculos e muito mais. Altamente recomendado.

Sophia: A Sabedoria

Brannen, Cyndi (2018). *Hekate and Soul Retrieval.* patheos.com

______ (2019). *Managing a Spiritual Upgrade.* keepingherkeys.com

Ingerman, Sharon (2011). *Soul Retrieval: Mending the fragmented self.* Um clássico excelente para aprender mais sobre como recuperar suas partes perdidas.

Parma, Gede (2012). *Ecstatic Witchcraft: Magick, philosophy and trance in the shamanic craft.* Um bom guia para inspirar você a aprofundar sua prática.

Initio: O Mistério da Iniciação

Brannen, Cyndi (2018). *Hekate and November: The underworld, crossroads, death walking & initiation.* patheos.com

______. Vídeo demonstrando o Canto da Respiração de Hécate (*Hekate's Breath Chant*). youtube.com

Sobre a Autora

Cyndi Brannen, PhD, ensina as chaves da magia consciente, da medicina natural e do mistério do mundo profundo. As Chaves da Deusa que ela guarda são as de curandeira, professora e autora. A autora do best-seller *Keeping Her Keys: An introduction to Hekate's modern witchcraft*, Cyndi também escreveu *True Magic: Unleashing your inner witch*, que ensina as Sete Leis Sagradas de cura, relacionamentos, soberania, crescimento, conexão, abundância e totalidade.

O extenso repertório de práticas de cura de Cyndi inclui psicologia arquetípica, aconselhamento, adivinhação, cura energética, mediunidade, medicina espiritual das plantas, desenvolvimento psíquico e práticas xamânicas. Uma pesquisadora aclamada em saúde feminina e familiar, a Dra. Brannen desenvolveu sua paixão por incorporar métodos tradicionais de cura com sua experiência em intervenções psicológicas eficazes ao longo de suas duas décadas na academia e na saúde.

Cyndi é doutora em psicologia social aplicada. Além disso, ela estudou vários tratamentos e abordagens para melhorar o bem-estar pessoal. Sua carreira anterior em pesquisa em saúde e academia lhe traz para o ensino e a escrita sua experiência em programas de autoajuda fundamentados em evidências para depressão materna, transtorno do estresse pós-traumático e diversas vulnerabilidades infantis.

Comprometida com a igualdade, Cyndi é uma aliada declarada dos grupos marginalizados e é uma especialista reconhecida em análise baseada em gênero.

Saiba mais sobre ela em *keepingherkeys.com*

Registros da Pharmakeia

Registros da Pharmakeia

Registros da Pharmakeia